Angewandte Landschaftsökologie
Heft 8

Landschaftsbild in der Eingriffsregelung

Hinweise zur Berücksichtigung von Landschaftsbildelementen

Ergebnisse aus dem F + E-Vorhaben 808 01 139
des Bundesamtes für Naturschutz

bearbeitet von:
Christian L. Krause
Dieter Klöppel

unter Mitwirkung von
Petra von Hoegen

Bundesamt für Naturschutz
Bonn-Bad Godesberg 1996

Lehrstuhl für Landschaftsökologie und Landschaftsgestaltung
der Rheinisch-Westfälischen Technischen Hochschule Aachen

Titelbild: C.L. Krause/D. Klöppel

Fachbetreuung des F+E-Vorhabens durch das BfN:
A. Winkelbrandt

Herausgegeben vom Bundesamt für Naturschutz (BfN)
Konstantinstraße 110, 53179 Bonn

Der Herausgeber übernimmt keine Gewähr für die Richtigkeit,
die Genauigkeit und Vollständigkeit der Angaben sowie für die
Beachtung privater Rechte Dritter. Dieser Bericht gibt die
Meinung und Auffassung des Auftragnehmers wieder und muß
nicht mit der Meinung des Herausgebers übereinstimmen.

Nachdruck nur mit Genehmigung des BfN

Druck: Landwirtschaftsverlag GmbH, Münster-Hiltrup

Diese Veröffentlichung ist zum Preis von DM 21,80
zuzüglich Versandkosten beim
Landwirtschaftsverlag GmbH,
Hülsebrockstraße 2, 48165 Münster, zu beziehen.

ISBN: 3-89624-303-9

Gedruckt auf chlorfrei gebleichtem Papier

Bonn-Bad Godesberg 1996

Vorwort

Zu den Aufgaben des Naturschutzes und der Landschaftspflege gehört, die Vielfalt, Eigenart und Schönheit von Natur und Landschaft zu erhalten, zu entwickeln und wiederherzustellen. Hierzu hält der Gesetzgeber die Instrumente des Gebiets- und Objektschutzes sowie der Landschaftsplanung und der Eingriffsregelung bereit.

Gerade die Eingriffsregelung hat sich bei Großvorhaben zu einem methodisch anspruchsvollen Instrument mit verfahrenserheblichen Wirkungen entwickelt.

Allerdings war die Methodenentwicklung überwiegend auf die Berücksichtigung der Belange der Leistungsfähigkeit des Naturhaushalts abgestellt worden. Methodische Arbeiten zur Berücksichtigung des Landschaftsbildes liegen fast ausschließlich unter Kompensationsgesichtspunkten vor.

Viele Eingriffe in das Landschaftsbild könnten jedoch vermieden werden, wenn der Vorhabensträger schon frühzeitig auf das ästhetische Schutzgut Landschaftsbild hingewiesen werden würde. Auf diese Weise wäre er in die Lage versetzt, sein Planungsvorhaben an die charakteristische Landschaftsgestalt anzupassen, den Eingriff so zu vermeiden oder zu mindern.

Daher müssen Konzepte und Methoden entwickelt werden, die es ermöglichen, die sachlichen Anforderungen zum Schutzgut Landschaftsbild räumlich und standörtlich präzise darzustellen.

Diese Arbeit stellt einen Beitrag zum Ausbau der methodischen Grundlagen für die Berücksichtigung des Landschaftsbildes in der Eingriffsregelung dar. Die darin aufgezeigten Hinweise gelten zwar in erster Linie als Hilfestellung für den Vorhabensträger. Der Naturschutzverwaltung und sonstigen Planungsbetroffenen liefern sie jedoch ebenfalls praktische Verständigungs- und Handlungsmöglichkeiten.

Das ästhetische Anliegen des Naturschutzes und der Landschaftspflege im Rahmen der Eingriffsregelung kann nur gemeinsam, das heißt unter Mitwirkung von Vorhabensträgern und Naturschützern, verfolgt und zur Handlungsmaxime werden.

Prof. Dr. Martin Uppenbrink
Präsident des Bundesamtes für Naturschutz

Vorwort der Verfasser

Zur besseren Durchsetzbarkeit der Eingriffsregelung kommt es entscheidend darauf an, daß auch die ästhetischen Aspekte des Naturschutzes für das Verfahren operabel gemacht werden können. Bei der Berücksichtigung von Landschaftsbildelementen bestehen jedoch trotz wachsender Anzahl methodischer Ansätze noch Defizite. So mangelt es insbesonders an Kriterien und Verfahren zur Darstellung des charakteristischen Gepräges einer Landschaft und der in sie eingebundenen Gestaltmerkmale von Relief, Gewässern, Pflanzendecke und landschaftsangepaßten Bau- und Siedlungsformen. Durch die Bereitstellung planungsrelevanter Daten sowie Bearbeitungs- und Bewertungsmethoden auf räumlich normativer Basis könnte dem Anspruch auf eine standortübergreifende und objektivierbare Einschätzung des Schutzgutes Landschaftsbild und dessen Empfindlichkeit für bestimmte Eingriffsarten besser entsprochen werden. Auch könnte dadurch die Herleitung und Begründung von erforderlichen Maßnahmen zur Vermeidung von Beeinträchtigungen und zur Festlegung von Ausgleichs- und Ersatzmaßnahmen erleichtert werden.
Hierin liegt das Ziel der vorliegenden Arbeit.

Angeregt durch den Auftrag des Bundesamtes für Naturschutz an den Lehrstuhl für Landschaftsökologie und Landschaftsgestaltung, Rheinisch-Westfälische Technische Hochschule Aachen, ein Anforderungsprofil zur Berücksichtigung der Schlüsselelemente des Landschaftsbildes für verschiedene Vorhabenstypen zu entwickeln, sahen sich die Auftragnehmer in die Lage versetzt, das methodische Konzept auf eine breite instrumentelle Basis zu stellen. So arbeitet der hier entwickelte Ansatz mit Konzepten und Konventionen zur räumlichen Gliederung des Landschaftsbildes. Darin werden das Anordnungsmuster und die Gestaltmerkmale einzelner Bildelemente als tragende Komponenten des ganzheitlichen Bildausdrucks flächendeckend-kartographisch, bildlich-anschaulich und beschreibend verarbeitet.

Den Bedingungen der Planungspraxis folgend werden die seitens verschiedener Vorhabenstypen auf einzelnen Planungsstufen beanspruchten Kriterien und Datensätze anhand gegebener landschaftlicher Konfigurationen aufbereitet. Die hier nicht dargestellte Verprobung der Methode fand unter realen Planungsbedingungen im Flach- und Mittelgbirgslandschaftstyp des Aachener Raumes statt, wobei es um die Bewertung geeigneter Standorte für Windkraftfelder ging.

Im Vorfeld der Ausarbeitung stand eine Synopse derzeitig in der Planungspraxis und Eingriffsregelung angewandter Methoden, ebenso wurde der heutige Stand der Rechtsprechung zum Landschaftsbild im Rahmen der Naturschutzpraxis hinterfragt. Dank der Mitarbeit vieler Angehöriger des Lehrstuhls für Landschaftsökologie und Landschaftsgestaltung und der zahlreichen Diskussionen mit Fachleuten des Bundesamtes für Naturschutz und anderen Stellen des Naturschutzes, konnten wesentliche Beiträge erstellt und inhaltlich abgestimmt werden.

Die Verantwortung für verbleibende Fehler, so auch für technische Defizite bei der Drucklegung der zahlreichen Karten verbleibt allein bei den Bearbeitern.

Dem Bundesamt für Naturschutz möchten wir für die finanzielle Unterstützung der Entwicklungsarbeit und der Veröffentlichung besonders danken.

Prof. Dr. Christian L. Krause
Dipl.-Ing. Dieter Klöppel

INHALTSVERZEICHNIS Seite

Vorwort des Präsidenten des Bundesamtes für Naturschutz
Vorwort der Verfasser
Abbildungsverzeichnis 11
Tabellenverzeichnis 13

1.	**Ausgangssituation und Problemstellung**	**15**
1.1	Anlaß	15
1.2	Rechtliche Ausgangslage	15
1.3	Materielles Ausgangsproblem	16
1.4	Methodische Ausgangslage	16
1.5	Methodische Weiterentwicklung	17
1.6	Verfahrensansprüche der Eingriffsregelung	17
1.7	Hinweise zu Vermeidung, Minimierung, Ausgleich, Ersatz	18
2.	**Struktur- und Gestalterfassung des Landschaftsbildes**	**21**
2.1	Baustein 1: Ausweisung von Landschaftsbildeinheiten und Zuordnung der Landschaftselemente in die Makro-, Meso- und Mikrostrukturebene	21
	2.1.1 Landschaftsbildgliederung in Strukturebenen und Landschaftsbildeinheit	21
	2.1.2 Landschaftsbildeinheit und Gliederungskriterien	22
	2.1.3 Formal-strukturelle Kriterien zur Zuordnung von Landschaftselementen in die Makro-, Meso- und Mikrostrukturebene	25
	2.1.4 Wahrnehmungsbezogener Aspekt zur Einteilung der Makro-, Meso- und Mikrostrukturebene	25
2.2	Baustein 2: Hinweise zur Erfassung des Anordnungsmusters von Landschaftsbildelementen	29
	2.2.1 Ausprägungsstufen von Vielfalt, Dichte und Ordnung	29
	2.2.2 Herleitung von Anordnungsmustern	30
2.3	Baustein 3: Hinweise zur Erfassung von Landschaftsbildelementen - Gestaltcharakterisierung und Formenschatz	35
	2.3.1 Relief- und Gewässerelemente	35
	2.3.1.1 Merkmale zur Abgrenzung und Charakterisierung der Reliefformen	35
	2.3.1.2 Reliefformenkatalog nach rein geomorphographischen Kriterien	36
	2.3.1.3 Gestaltcharakterisierung von Reliefbereichen	48
	2.3.1.4 Merkmale zur Klassifizierung und Charakterisierung von Gewässerformen	49
	2.3.1.5 Anthropogene Reliefformen	50
	2.3.1.6 Die Bodenfarbe im Landschaftsbild	51
	2.3.1.7 Informationsgrundlagen der Topographischen Karten	54

		Seite
	2.3.2 Vegetation und Landnutzung	56
	2.3.2.1 Habituelle Vegetationscharakterisierung	56
	2.3.2.2 Vegetationsformenkatalog unter Berücksichtigung faunistischer Aspekte für das Landschaftserlebnis	57
	2.3.2.3 Kulturhistorische Vegetationsvorkommen	61
	2.3.3 Siedlungsstruktur und Bebauung	63
	2.3.3.1 Merkmale zur Klassifizierung und Charakterisierung der Siedlungsstruktur	63
	2.3.3.2 Siedlungsstruktur, Grundrißgestalt und Größe der ländlichen Siedlungsformen	66
	2.3.3.3 Hinweise zu den Informationsinhalten zur Erfassung der Siedlungsstruktur	70
	2.3.3.4 Bauformen und Baudenkmäler	70
	2.3.3.5 Bodendenkmäler	74

3. Verfahrenstechnische Berücksichtigung des Landschaftsbildes in der Eingriffsregelung — 76

3.1 Untersuchungs- und Planungsschritte — 76
    3.1.1 Analyse des Schutzgutes Landschaftsbild — 76
    3.1.2 Planungsvorgaben und vorhabensspezifische Wirkfaktoren — 79
        3.1.2.1 Konditionen der räumlichen und gestalterischen Planung des Vorhabens — 79
        3.1.2.2 Ermittlung der landschaftsbildbezogenen Beeinträchtigungen des Vorhabens — 81
    3.1.3 Veränderungsbewertung und Herleitung der Erheblichkeitsvermutung — 91
        3.1.3.1 Definition von Erheblichkeit und Nachhaltigkeit — 91
        3.1.3.2 Sensibilität des Landschaftsbildes und Erheblichkeitsvermutung — 92
    3.1.4 Kriterien zur Anpassung des Vorhabens zur Vermeidung oder Minimierung von Beeinträchtigungen (Wirkfaktoren) — 94
    3.1.5 Kriterien zur Feststellung der Ausgleichbarkeit und der Ausgleichsfläche — 95
        3.1.5.1 Vorgehensweise zur Ermittlung der prinzipiellen Ausgleichbarkeit — 95
        3.1.5.2 Abgrenzung der Fläche für Ausgleichsmaßnahmen — 95
        3.1.5.3 Definition von Ausgleichsmaßnahmen — 98
    3.1.6 Ersatzmaßnahmen — 104
    3.1.7 Naturschutzfachlich abgeleitete Wertkriterien (ideelle Wertebene) und Schutzkategorien — 105
    3.1.8 Gesamtbilanzierung: Feststellen der Erheblichkeit, Nachhaltigkeit und der Ausgleichsmaßnahmen — 109

3.2 Veranschaulichung einzelner Untersuchungs- und Planungsschritte am ausgesuchten Beispiel — 111
    3.2.1 Auswahl einer Beispiellandschaft und eines Eingriffsvorhabens — 111
    3.2.2 Allgemeine Hinweise zur Berücksichtigung des Landschaftsbildes beim Bundesfernstraßenbau — 112

Seite

    3.2.3 Demonstration der einzelnen Untersuchungsschritte   113

        3.2.3.1 Ebene der Landschaftsbildregion und Landschaftsbildeinheiten:
        Eingriffsvermutung und Abstecken des sachlichen Untersuchungsrahmens   114

        3.2.3.2 Ebene der Makrostruktur: Korridorfindung   126

        3.2.3.3 Ebene der Mesostruktur:
        Suche, Vergleich und Empfehlung einer geeigneten Linie   135

        3.2.3.4 Ebene der Mikrostruktur: Ausführungsplanung und Bilanzierung
        erheblicher und nachhaltiger Beeinträchtigungen und Ausgleichsmaßnahmen   155

4.   **Zusammenfassung**   **167**

5.   **Literaturverzeichnis**   **168**

5.1   Allgemeine Literatur   168

5.2   In der Synopse ausgewertete Verfahren   176

5.3   Kommentare zur Rechtssprechung   180

ABBILDUNGSVERZEICHNIS Seite

Abb. 1: Der Grundfläche aufliegende Landschaftselemente und Nutzungen	22
Abb. 2: Strukturelle Gliederung komplexer Landschaftsbildeinheiten und Eigenart der Gestaltkonstanten	24
Abb. 3: Blickfeld und Mindestentfernung zum Maßbaum	28
Abb. 4: Blickfeld beim Abstand zum Maßbaum unterhalb 50 Meter	28
Abb. 5: Blickfeld beim Abstand zum Maßbaum oberhalb 50 Meter	28
Abb. 6: Ausprägungsstufen von Vielfalt, Dichte und Ordnung	29
Abb. 7: Wölbungsarten und Wölbungsradius	35
Abb. 8: Wölbungsarten und schematisches Bild der Höhenlinien im Grundriß	35
Abb. 9: Faktoren zur Ermittlung von Reliefbereichen	49
Abb. 10: Gebiete mit den wichtigsten Bodentypen Deutschlands zur Zuordnung der Bodenfarbe	53
Abb. 11: Schichtmodell der Vegetation	57
Abb. 12: Zusammenhang von Dorfstruktur und Flurgliederung	65
Abb. 13: Ablaufschema zur Untersuchung der vorhabensbedingten Veränderungen des Landschaftsbildes	77
Abb. 14: Sensibilität des Anordnungsmusters	92
Abb. 15: Sensibilität der Landschaftselemente bei Beeinträchtigung der Gestaltmerkmale	93
Abb. 16: Kartographische Ermittlung des Sichtbereiches und der Sichtverschattungen	97
Abb. 17: Beispiel für Ausgleichsmaßnahmen auf restaurativer Basis durch Wiederherstellung des Originalzustandes mittels einer sogenannten 'Landschaftsbrücke"	98
Abb. 18: Beispiel für Ausgleichsmaßnahmen auf strukturell-integrativer Basis durch Einbindung in das herrschende Anordnungsmuster und Sichtverschattungen großer Teile des Vorhabens	99
Abb. 19: Beispiel für Ausgleichsmaßnahmen auf substitutiver Basis durch Ergänzung des lückenhaften Anordnungsmusters (Heckennetz)	101
Abb. 20: Beispiele für Ausgleichsmaßnahmen auf substitutiver Basis durch Wiederherstellung eines ehemals geschlossenen Waldareals durch Lückenschließen und Einbringung standortgerechter Vegetationsbestände	102
Abb. 21: Beispiele für Ausgleichsmaßnahmen auf substitutiver Basis durch Revitalisierung von Biotopstrukturen und Beseitigung störender Anlagen zur Wiedererlangung des landschaftscharakteristischen Gestaltentwicklungspotentials	103
Abb. 22: Einordnung des Untersuchungsraumes in die naturräumliche Gliederung	115
Abb. 23: Ausweisung von Landschaftsbildeinheiten	121
Abb. 24: Sensibilität der Landschaftsbildeinheiten und Erheblichkeits- / Nachhaltigkeitsvermutung	122
Abb. 25: Kritische Standortpräferenzen, näher zu untersuchende Bereiche	125
Abb. 26: Herleitung der Erheblichkeitsvermutung	131
Abb. 27: Bildareale nach Anordnungsmuster und Elementinventar	132
Abb. 28: Bereiche unterschiedlicher Raumwiderstände	133
Abb. 29: Vergleichsweise konfliktarme Planungsräume (Korridore)	134
Abb. 30: Herleitung von Erheblichkeit, Nachhaltigkeit und Vermeidbarkeit	136
Abb. 31: Strukturerfassung Mesoelemente: Vegetation, Landnutzung, Siedlungsstruktur	137

Abb. 32: Strukturerfassung Mesoelemente: Relief und Gewässer 139
Abb. 33: Anordnungsmuster von Vegetation, Landnutzung, Siedlungsstruktur 141
Abb. 34: Vorhabensspezifische Sensibilität von Vegetation, Landnutzung, Siedlungsstruktur 145
Abb. 35: Methodische Schritte zur Herleitung von Erheblichkeit und Nachhaltigkeit, Vermeidbarkeit und Ausgleichsmaßnahmen in der Ausführungsplanung 156
Abb. 36: Ableitung der Mikrostruktur der Landschaftsbildeinheit 157
Abb. 37: Feststellung der Erheblichkeit und Nachhaltigkeit 160
Abb. 38: Bestimmung der Ausgleichsmaßnahmen und -flächen 161

TABELLENVERZEICHNIS

Tab. 1:	Spektrum und Intensität der entfernungsabhängig wahrnehmbaren ästhetischen Merkmale am Beispiel Baum	26
Tab. 2:	Herleitung von Anordnungsmustern aus Trägern der Ordnung und Ordnungsprinzipien	33
Tab. 3:	Bildbeispiele zum Anordnungsmuster	34
Tab. 4:	Übersicht der wichtigsten Bodenfarben	52
Tab. 5:	Schematische Darstellung der verschiedenen Konstellationen aus den Konditionen der räumlich-gestalterischen Planung	79
Tab. 6:	Gestaltaspekte und Anordnungsmuster des Vorhabens und ihre Beeinträchtigungsfaktoren und Prüfungskonditionen	82
Tab. 7:	Spektrum der vom Eingriffstyp abhängigen Wirkfaktoren	85
Tab. 8:	Kennzeichnen des Vorhabens als Eingriffstyp und Herleiten der Beeinträchtigungsdimension	90
Tab. 9:	Grundschema zur Gesamtbilanzierung	110
Tab. 10:	Charakteristik der Landschaftsbildeinheiten und Feststellung der grundsätzlichen Sensibilität	118
Tab. 11:	Ermittlung der vorhabensspezifischen Veränderungen für die Landschaftsstruktur	123
Tab. 12:	Bilanzierungstabellen zum Linienalternativvergleich nach Streckenabschnitten	147
Tab. 13:	Bilanzierung für die Linienalternative IA und II	154

1. Ausgangssituation und Problemstellung

1.1 Anlaß

In der Praxis zur Beurteilung des Landschaftsbildes im Sinne des Bundesnaturschutzgesetzes bestehen inhaltliche und methodische Probleme. Dies führt einerseits zur unklaren Auffassung über die materiellen Inhalte des Landschaftsbildes und andererseits besteht die Gefahr der Methodenverwirrung sowie der daraus resultierenden inhaltlichen und verfahrensbezogenen Unstimmigkeiten und Gegensätze.

So werden die Begriffe Vielfalt, Eigenart und Schönheit (Bundesnaturschutzgesetz: BNatSchG § 1) im Rahmen der Landschaftsplanung, des Gebiets- und Objektschutzes, der Eingriffsregelung und der landschaftspflegerischen Begleitplanung häufig nicht in erster Linie aufgrund der vorgegebenen Bildmaterie ausgelegt. Vielmehr bestimmen mangels klarer Vorgaben über grundsätzliche und spezielle Bildelemente die persönliche Landschaftsbildauffassung des mit der Planung, dem Schutz oder der Eingriffsregelung Befaßten die Auswahl der als vielfältig, eigenartig oder schön empfundenen Merkmale. Die Wahl und der Zugriff auf Bewertungskriterien und die Verwendung methodischer Instrumente bleiben daher häufig der Urteilskraft einzelner Planer oder Institutionen überlassen, wodurch sich die Bewertungsergebnisse ebenso häufig objektiven und allgemein anwendbaren Kriterien entziehen.

Dadurch ist die Gefahr gegeben, daß ähnliche Fälle in der Landschaftsbildbewertung mit verschiedenen Maßstäben gemessen werden. Die rechtlichen und administrativen Gleichbehandlungsgrundsätze können dann nicht garantiert werden.

1.2 Rechtliche Ausgangslage

Ausgehend von der derzeit gültigen Rechtslage (BNatSchG) soll der gegenständliche und der instrumentelle Bezugs- und Handlungsrahmen geklärt werden.

Die im Bundesnaturschutzgesetz festgelegten *Begriffe* bilden die diesbezügliche gesetzliche Basis:

- § 1 Vielfalt, Eigenart und Schönheit
- § 8 Grundfläche, Gestalt und Nutzung
  landschaftsgerecht
  Nachvollziehbarkeit

Der materielle Gehalt dieser Begriffe ist zu definieren und strukturell auszuformen. Die funktionalen Beziehungen der Begriffe untereinander sowie zu anderen Anliegen des BNatSchG sind zu strukturieren, inhaltlich zu füllen und in ihrer Wirkungskonsequenz darzustellen.

Wie aus einer Durchsicht von ausgesuchten Fällen zur Rechtsprechung zum Problemfeld „Eingriffe in das Landschaftsbild" (siehe Literaturübersicht) hervorgeht, stehen unter anderem folgende Aspekte im sachlichen Mittelpunkt:

- der Landschaftsbildcharakter hat eine standortübergreifende Komponente (Raumausdehnung, Komplexitätsabstufungen);
- das Bildhafte drückt sich nicht in der Ansprache von Einzelelementen aus, sondern als Konfigurationen der Elemente auf einer definierten Grundfläche (Ausgangsmuster - landschaftsgerechte Wiederherstellung - Sichtbeziehungen);
- das einzelne Element ist stets als Bestandteil eines Ganzen zu erkennen und Ausdruck eines durchgängigen Gestaltkanons (Gestaltkonstante - landschaftsgerechte Wiederherstellung - Formenensemble);

– die Landschaftsbildner umfassen die Elemente des Naturraumes und der Kulturlandschaft (material-, formen-, farbengerechte Neugestaltung - Elementrepertoire).

1.3 Materielles Ausgangsproblem

Das grundsätzliche Anforderungsprofil hinsichtlich der methodischen Bedhandlung der Bildmaterie ist festzulegen, und die spezifischen methodischen Leistungen sind differenziert abzuleiten.

Hierbei spielt das Problem der strukturellen Faßbarkeit der o.g. Begriffsinhalte auf dem Wege methodisch-instrumenteller Verkürzungen die zentrale Frage. Wie können grundsätzliche und spezifische Bildattribute im Sinne der Legaldefinition bildgegenständlich dargestellt, nach objektiven Kriterien beschrieben und meßbar gemacht werden? Welche standardisierte Behandlung läßt z.B. der Schlüsselbegriff *Grundfläche* zu?

Ähnliche Anforderungen bestehen für die Begriffe:
– Flächennutzung;
– genetisch-formale Gestaltverwandtschaft von Landschaften und Teilgebieten;
– Bildelemente und -strukturen, optische Geltungsbereiche;
– Erlebnisgehalt aufgrund intersubjektiver und wahrnehmungstechnisch abgeleiteter Gesetzmäßigkeiten und Parameter;
– Empfindlichkeit für Eingriffe u.a.

1.4 Methodische Ausgangslage

Das derzeit methodische Spektrum ist im wesentlichen durch zwei Hauptrichtungen gekennzeichnet:
– die psychologisch-empirische und die
– räumlich-normative.

Während die psychologisch-empirische Ästhetiktheorie über Befragungen u.a. Techniken herauszufinden versucht, worin der Landschaftsbildwert zur Zeit erkannt wird, operiert die räumlich-normative mit landschaftsstrukturell-räumlichen Vorgaben. Deren Nachweis und Bedeutung erfolgt auf gesetzlichen und anderen pragmatischen Konditionen.

Die analytisch-konstruktive Vorgehensweise ist in beiden Richtungen gegeben, in der letzteren endet sie jedoch dort, wo das Feld allgemeinverbindlicher (intersubjektiv anerkannter) Wertmaßstäbe verlassen wird.

In dieser Arbeit wird daher zunächst in Form einer Synopse des vorhandenen Methodenangebots geprüft, welche Methoden den zuletzt genannten Anliegen entsprechen und/oder welche methodischen Bausteine und Parameter zur Methodenfortentwicklung geeignet sind.

Nach dem derzeitigen Kenntnisstand treten unter dem Gesichtspunkt der räumlich-normativen Ansprache mit strukturell ganzheitlicher Abdeckung des bildprägenden landschaftlichen Inventars nur wenige Ansätze hervor. Diese wiederum unterscheiden sich im wesentlichen durch die Konsequenz zur Bildung von räumlich definierten Bildeinheiten auf lokaler, regionaler und naturräumlicher Maßstabsebene.

Der Zugriff auf das Methodenmodell zur umfassenden Landschaftsbildgliederung (KRAUSE & ADAM, 1983) ist unter dem Gesichtspunkt des für raumplanerische Anliegen ganzheitlichen Gliederungsansatzes angezeigt. Mithin sind dessen Fortentwicklungen aufgrund spezifischer Sachzwänge und verfahrenstechnischer Kriterien in diesem Arbeitszusammenhang aufzuzeigen und weiterzuentwickeln.

1.5 Methodische Weiterentwicklung

Die in dieser Arbeit erstellten methodischen Bausteine beinhalten Hinweise zu folgenden raumeinheitlich abgeleiteten Bildaspekten:

1.) Makro-, Meso-, Mikrostrukturebene: Kriterien zur Ableitung von charakteristischen Raumausdehnungen, Elementkomplexen und Strukturauflösungen zwischen Großraum und Einzelstandort/-element;

2.) Anordnungsmuster: Prinzipien und Techniken zur Erfassung von charakteristischen Elementvergesellschaftungen und Verteilungskonzepten auf der Grundfläche, Gliederungs- und Einbindungssystemen, Strukturhierarchien u.a.;

3.) Gestaltausprägungen von Elementgruppen und Einzelelementen:
aufgrund des ganzheitlichen Naturraumkonzeptes (Gestaltkonstante des Reliefs) oder als kultureller Ausdruck des durchgängigen Kanons von Kulturlandschaften (Vegetation, Siedlung);

4.) Erheblichkeit und Nachhaltigkeit: Kriterien zur Berücksichtigung der unter 1.) bis 4.) genannten Aspekte und der Sichtverhältnisse von eingriffsbedingten Veränderungen im ganzheitlichen und partiellen Strukturaufbau und einzelnen Landschaftsbildern.

1.6 Verfahrensansprüche der Eingriffsregelung

Der Bedarf an konsensfähigen und zeitstabilen Festlegungen, die nicht von gruppenspezifischen Einstellungen und modisch subjektiven Werthaltungen verzerrt sind, besteht bei den Verfahrensbeteiligten der Eingriffsregelung als

– Vorhabensträger, Gutachtermitwirkender
– Genehmigungsbehörde
– fachlich zuständige Behörde, Naturschutzbehörde, ggf. anerkannter Naturschutzverband
– Planungsbetroffene.

Seitens des Vorhabensträgers besteht

– der Wunsch nach zügiger Vorhabensgenehmigung; deshalb frühest mögliche Vorgaben bezüglich der Standortwahl und der Gestalt des Vorhabens zwecks Minimierung der Beeinträchtigungen bei unterschiedlichen Varianten (bereits auf höheren Planungsstufen) und Anpassung an das Landschaftsbild;

– das Erfordernis des strengen Vorhabensbezugs der gelieferten Aussagen über das Landschaftsbild ohne
  - weitschweifige Ursachenforschung,
  - schwer verständliche Darstellung,
  - methodische Überausstattung und Unsicherheit;
dagegen mit Hinweisen zu Vermeidungs- und Ausgleichsmöglichkeiten bereits in der Genehmigungsphase;

– die Erwartung hinsichtlich der Verfügbarkeit von Daten und Wertangaben, die dem Planungs- und Entscheidungsprozeß stufenweise angepaßt und dem iterativen Verfahren nicht behinderlich sein sollen, indem die Daten und Kriterien eine zum Aggregationsgrad der Planungsstufe vergleichbare Dichte besitzen und ausgestattet sind mit:
  - Lenkungsfunktion für nachgeordnete Planungs- und Entscheidungsschritte (zum Beispiel Klarheit des Untersuchungsrahmens - insbesondere Abgrenzung von Untersuchungsraum und Wirkungen, wodurch zusätzlicher Untersuchungsaufwand vermieden werden soll);

- Präzisierungsfunktion auf unteren Planungsstufen mit Ankoppelungsmöglichkeiten von Daten der psychisch-empirischen Ebene zwecks Akzeptanzfestigung im Genehmigungsstadium.

Für die fachlich zuständigen Naturschutzbehörden besteht Anspruch auf planerisch-instrumentell verwertbare Aussagen, die sowohl in abstrahierter als auch in konkreter Form auf unterschiedlichen Aktionsebenen vorwegdenkend eingesetzt werden können:

– Schutzgutbestimmung und -sicherung;
– Festlegung von Landschaftsbereichen besonderer Verletzlichkeiten gegenüber vorhabensspezifischen Eingriffswirkungen;
– Angaben zur Bestimmung der Erheblichkeit oder Nachhaltigkeit von Beeinträchtigungen, zur Vermeidung, zum Ausgleich und Ersatz.

Ziel ist die wenig zeitaufwendige Verfahrensbeteiligung, damit die bessere Berücksichtigung des Landschaftsbildes auf räumlich-struktureller Basis gelingen kann.

Vorhabensträger und Vorhabensbetroffener haben schließlich das Anliegen zur Einbringung der ästhetischen Präferenz von Ortsansässigen, Besuchern und anderen „Bildnutzergruppen" durch:

– Bestätigung und Akzeptanz vorausdefinierter normativer Feststellungen
– Untermauerung von Expertenaussagen oder deren Differenzierung: z.B. durch Betonung spezifischer ästhetischer Sensibilitäten in Verbindung mit sich wandelnden Grundhaltungen zum Naturschutz.

1.7 Hinweise zu Vermeidung, Minimierung, Augleich, Ersatz

Die schrittweise methodische Erfassung und Aufbereitung des Landschaftsbildes für die Eingriffsregelung, beginnend auf der Ebene der Landschaftsbildeinheiten im regionalen Maßstab, soll zur Aufteilung des Gesamtkomplexes in überschaubare Teilkomplexe und weiter in größen- und wahrnehmungsadäquate Bildstrukturen führen. Die aus dem Anforderungsprofil der Praxis zur Sicherung des Schutzgutes hervortretende Frage betrifft somit die Planungs- und Entscheidungskonsequenzen auf den einzelnen Vollzugsstufen, mit dem Ziel der Ausgewogenheit zwischen Landschaftsbild und Vorhabensplanung/Eingriffsregelung über die Kriterien:

– Komplexität und Orientierung
– Generalisierung und Programmentwicklung
– Strukturierung und Vorentscheidung
– Konkretisierung und Entscheidungsfindung.

Hinweise zum Planungs-/Eingriffsvollzug auf den einzelnen Stufen (siehe Abb. 13)

Stufe 1: Ebene der Landschaftsbildeinheiten im regionalen Maßstab

Strategisches Ziel: Vermeidung von erheblichen Beeinträchtigungen
Schritte:

- Abstrakte und generalisierende normative Analyse des Schutzgutkomplexes Landschaftsbild und des Planungsvorhabens hinsichtlich genereller Auswirkungen; Gegenüberstellung mit Bildsensibilitäten und Herleitung von Bereichen mit Erheblichkeitsvermutung;
- Ableitung sensibler Bereiche und Steuerung des Suchprozesses von Standortmöglichkeiten in der Orientierungsphase.

Stufe 2: Ebene der Rahmen- und Strukturbildner (Makrostruktur) einzelner Landschaftsbildeinheiten

Strategisches Ziel: Verminderung von erheblichen Beeinträchtigungen
Schritte:

- Abstrakte und räumlich-strukturelle Analyse des Schutzgutes Landschaftsbild und des Planungsvorhabens, Gegenüberstellung von Bereichen unterschiedlicher Sensibilität mit kategorisch definierten Wirkfaktoren (Gruppen) zur Herleitung von Flächen mit differenziertem Raumwiderstand;
- Steuerung des Suchprozesses durch Ableitung sensibler Bereiche und Auswahl von möglichen, jedoch näher zu untersuchenden Flächen: Phase der Programmentwicklung.

Stufe 3: Ebene der Raumbildner auf mittlerer Maßstabsebene des Anordnungskonzeptes (Mesostruktur) der Landschaftsbildeinheit

Strategisches Ziel: Ausgleichbarkeit von erheblichen oder nachhaltigen Beeinträchtigungen
Schritte:

- Überwiegend strukturell-gegenständliche normative Analyse des Schutzgutes Landschaftsbild, jedoch mit abstrakten Ableitungen des Anordnungsmusters und Herleitung räumlich definierter Sichtbeziehungen (in Abhängigkeit vom Eingriffstatbestand); Gegenüberstellung von Standortbereichen unterschiedlicher Sensibilität mit Wirkfaktoren des Vorhabens zur Herleitung der Erheblichkeit oder Nachhaltigkeit.
- Suche, Vergleich und Auswahl geeigneter Standorte unter Berücksichtigung von Vermeidung (Hinweise zur Vorhabensanpassung) und Vergleichbarkeit;
- Steuerung des Vorentscheidungsprozesses.

Stufe 4: Ebene der raum- und flächenfüllenden und -gliedernden Elemente und Anordnungsmuster auf unterer Maßstabsebene (Mikrostruktur) der Landschaftsbildeinheit

Strategisches Ziel: Ausgleich von erheblichen oder nachhaltigen Beeinträchtigungen durch geeignete Maßnahmen

Schritte:

- Strukturell-gegenständliche normative Analyse des Schutzgutes Landschaftsbild unter Berücksichtigung von Sichtweiten u.a. Sinnesbeziehungen (in Abhängigkeit vom Eingriffstatbestand); Hinzuziehung örtlich geltender ästhetischer Präferenzskalen;
- Gegenüberstellung von Strukturbereichen mit Gestaltmerkmalen des ausführungsreifen Vorhabensplans;
- Bewertung der Auswirkungen des Projektes in verschiedenen Phasen; Bilanzierung erheblicher und nachhaltiger Beeinträchtigungen und Ausgleichs-/Ersatzmaßnahmen unter Berücksichtigung sanierungsfähiger bestehender Beeinträchtigungen; Steuerung des Genehmigungsprozesses.

2. Struktur- und Gestalterfassung des Landschaftsbildes

2.1 Baustein 1:
Ausweisung von Landschaftsbildeinheiten und Zuordnung der Landschaftselemente in die Makro-, Meso- und Mikrostrukturebene

2.1.1 Landschaftsbildgliederung in Strukturebenen und Landschaftsbildeinheit

Aufgrund des Übersichtscharakters von Landschaftsbildgliederungen lassen sich auf dem Wege des Vergleichens und der deskriptiven Kennzeichnung Eigenartsprofile ableiten und räumlich festlegen. Landschaftselemente und ihre Anordnungsmuster verfügen über eine bestimmte räumlich-geometrische Dimension innerhalb eines strukturellen, geographischen Bezugsfeldes, das nach Größenordnungen einteilbar ist in Makro-, Meso- und Mikrostrukturebenen.

Innerhalb dieser Strukturkategorien ist es möglich, sowohl für Anordnungsmuster als auch für Elemente Gestaltübereinstimmungen (über die Kriterien Ursprünglichkeit, Alter, Reife, Sukzession, Stetigkeit und Gleichheit) oder Gestaltbesonderheiten (Einmaligkeit, Einzigartigkeit) nachweisbar aufzuzeigen. Auf der Basis des Vergleichens von Getstaltausprägungen der Grundfläche lassen sich im natur- und kulturräumlichen Kontext homogene oder verwandte Bereiche von heterogenen Erscheinungen und Einzelausprägungen abgrenzen.

Der komplexe Zusammenhang der Elemente und Anordnungsmuster zwischen den Strukturebenen bildet als Ganzes die Landschaftsbildeinheit:

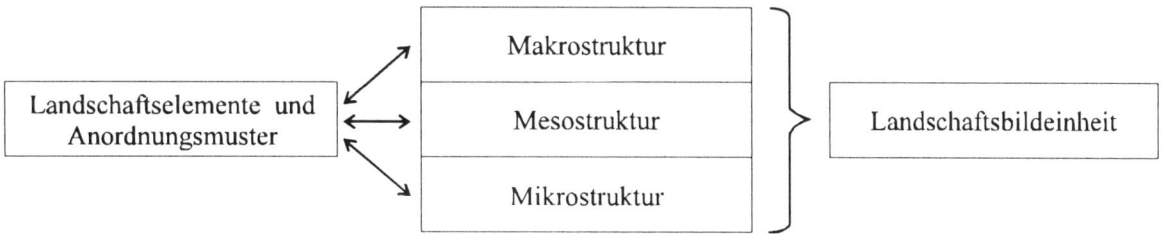

Der naturschutzfachlich-planerische Wert von Landschaftsbildgliederungen wird durch folgende Positionen markiert:
− Kennzeichnung der den Ort/Landschaftsraum physiognomisch strukturierenden Landschaftselemente und deren Anordnungsmuster (materiell-strukturelle Eigenart)
− Zusammenfaßbarkeit gestaltidentischer/-ähnlicher Landschaftselemente und Anordnungsmuster zu Bildeinheiten und räumliche Abgrenzbarkeit (geschichtlich-verwandtschaftliche Eigenart)
− Gliederungsfähigkeit komplexer Landschaftsbildeinheiten in Teilbereiche nach dem Prinzip der Gestaltidentität zwischen Ganzem und Detail (Eigenart der Gestaltkonstanten) und -abweichung
− Abschätzbarkeit der **Sensibilität** von Landschaftsbildeinheiten für Veränderungen.

2.1.2 Landschaftsbildeinheit und Gliederungskriterien

1.) Materiell-strukturelle Eigenart: Physiognomisch formende und füllende Landschaftselemente und Anordnungsmuster

Die Bezugsobjekte der Landschaftsbildgliederung sind natürliche und kulturelle Elemente als relativ stabile, visuell wirksame Landschaftsbildner des besiedelten und unbesiedelten Bereiches: Geomorphographische Struktur (Relief, Gewässer), Vegetation (natürliche und anthropogene), Besiedlung.

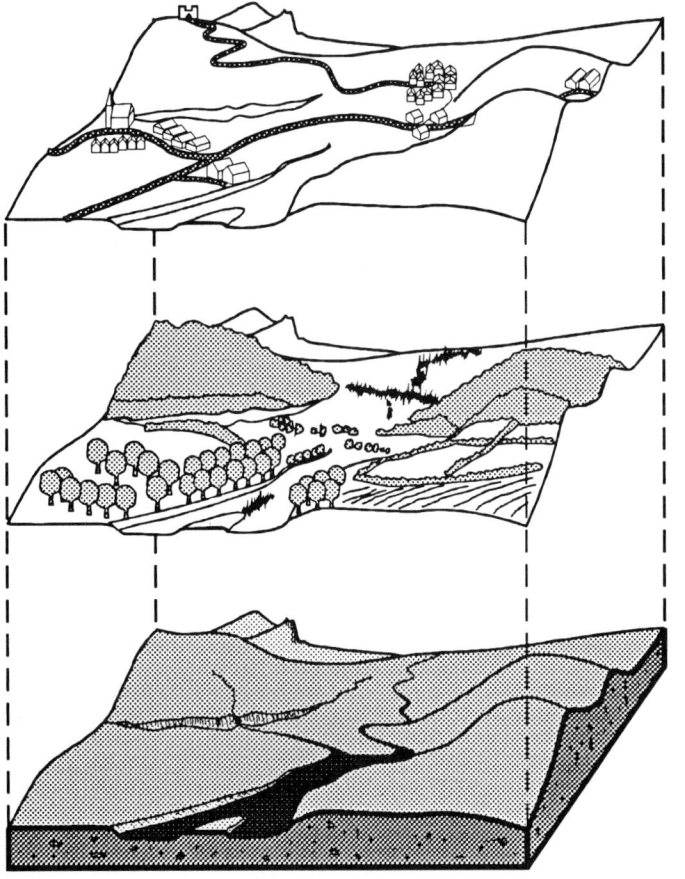

Landschaftselement "Besiedlung, Bebauung, Ver- und Entsorgungssysteme": Einzelbauwerke, Siedlungen, Städte, Straßen etc.

Landschaftselement "Vegetation": natürliche und landwirtschaftlich bzw. forstwirtschaftlich genutzte Pflanzendecke

Landschaftselement "Relief und Gewässer":
Hohlformen: Täler, Senken etc.
Vollformen: Berge, Hügel etc.
Wasserläufe und -flächen
Kleinstrukturen u.a.

Abb. 1: Der Grundfläche aufliegende Landschaftselemente und Nutzungen

Die gestaltinstabilen Landschaftselemente werden wie die relativ (stabilen) unveränderlichen Elemente und Anordnungsmuster erfaßt. Es wird jedoch empfohlen, solchen Gestaltaspekten, die zeitlichen Schwankungen ausgesetzt sind, nur bedingte Bildkonditionen zuzusprechen (z.B. unbestimmte Fruchtwechsel bei acker- und gartenbaulichen Kulturen; Flächen der Kulturbrache und deren Sukzessionsstadien). Bei Landschaftsbildnern, die aus dem landschaftsgenetischen Kontext hervorgerufen sind und innerhalb des Bezugsraumes eine bestimmte Ausprägungsvielfalt besitzen, sollte die ihnen gemäße Erscheinungsvielfalt aufgezeigt werden (z.B. Teile und Anordnungsformen des ursprünglich flächendeckenden Waldes in einem Landschaftsraum).

Den Naturschutzzielen zuwiderlaufende Nutzungsformen und daraus resultierende Landschaftselemente und Anordnungsmuster gelten als Defizitbereiche. Die darin verbliebenen Restelemente begründen den

Schutzwertzuwachs auf der Knappheitsebene. Grundsätzlich können folgende Ausschlußkriterien im Sinne einer allgemeinen Richtlinie festgelegt werden:
- bis zur Unkenntlichkeit des vormaligen Ortscharakters herrschende Überprägung oder Verlustsituation (z.B. Siedlungsflächen und Baugebiete, die durch Umbau oder Verlust zur Standortverfremdung des Reliefs, der Pflanzenwelt und der ortstypischen Bauformen geführt haben und für die grundsätzlich keine Rückbildungsmöglichkeiten mehr bestehen; irreparable Schädigungen oder Verluste)
- umwelthygienisch, naturhaushälterisch, artenschützerisch bedenkliche Einrichtungen (zum Beispiel alle in der Anlage zum UVP-Gesetz aufgeführten Prüfvorhaben der Positivliste)
- wahrnehmungsstörende oder -blockierende Anlagen und Nutzungsformen (Sichtbarrieren, Lärm-, Geruchsquellen u.a.).

2.) Geschichtlich-verwandtschaftliche Eigenart

Da die beschreibende Aufnahme von Elementen und Anordnungsmustern dem Gliederungszweck dienlich sein soll, gilt es insbesondere solche Eigenschaften aufzunehmen und zu kennzeichnen, die den gemeinsamen Entwicklungsprozeß einzelner Bereiche gestalthaft widerspiegeln:
- Repräsentation des natur- und kulturräumlichen funktionalen Zusammenhanges (z.B. Feuchtvegetation oder Talauen; Zwergstrauchweiden der Geestbereiche; ländliche Siedlungs- und Hausformen; Baum- und Heckenschnittformen)
- Zeugen gemeinsamen Ursprungs (z.B. Vulkantrichter und Maare; nacheiszeitliche Ablagerungs- und Ausräumungsformen; Baumaterialien der Gegend)
- Indikatoren für vormalige Entwicklungsphasen (z.B. Relikte von ehemals ausgeprägten Biotopen; Reste bäuerlicher Kulturlandschaften in verstädterten und agrarindustrialisierten Gegenden).

Meßgrößen zur Abgrenzung von einheitlich geprägten Räumen leiten sich aus dem Prinzip der Ähnlichkeit und der Bildung von "Gestaltfamilien" auf morpho-taxonomischer Basis ab.

3.) Eigenart der Gestaltkonstanten und -abweichung

Aus dem naturräumlich vorgegebenen Raummaßstab leitet sich das grobe Gliederungsschema ab (vgl. KRAUSE & ADAM, 1983):
- Landschaftsbildregion (z.B. Norddeutsches Flachland; Mittelgebirgsrumpfschollenland; Alpen)
- Landschaftsbildkomplex (z.B. Rheinisches Schiefergebirge; Talböden der Alpen, die wiederum untergliedert werden können, z.B. Küstengebiete: Amphibische Flachlandschaften und vorgelagerte Inseln, Nichtamphibische Flachlandschaften der Nordseeküste).

Die feingliedrige Unterteilung des Landschaftskomplexes greift auf folgende Kriterien zurück:
- Raumaufteilung nach dem Prinzip der geographischen Differenzierung
- Gestaltidentitätsvergleich wiederkehrender Objekte auf unteren Maßstabsebenen (Abb. 2)
- Identifizieren von Gestaltabweichungen, -brüchen, -zuwächsen auf der jeweils niedrigeren Maßstabsebene (Abb. 2).

Gestaltkonstanten bezeichnen den zwei und mehr Maßstabsebenen durchlaufenden Gestaltkanon und/oder Anordnungsaufbau. Sie führen zur Kennzeichnung der Gestaltverwandtschaften kleinräumiger, kleinteiliger und elementarer Bildbereiche mit dem umfassenden und großräumig ganzheitlichen Bildkomplex.

Gestaltabweichungen sind Variierende oder Kontrastierende zur Konstanten; sie bewirken Gestalt- und Anordnungsänderungen auf niedrigeren Maßstabsebenen (siehe Baustein 2, Anordnungsmuster).

Abweichung: z.B. Einzelhäuser mit individueller Zuordnung von Anbauten auf Mikroebene	Abweichung: z.B. Wegeführung, Wald-/ Feldgrenze, Ortsgestaltwechsel durch hervorragende Einzelbauwerke	Abweichung: Hervortretende Bildelemente auf der Mikroebene
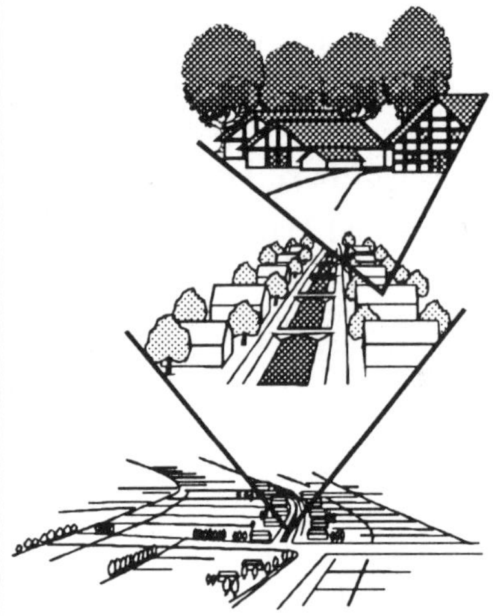	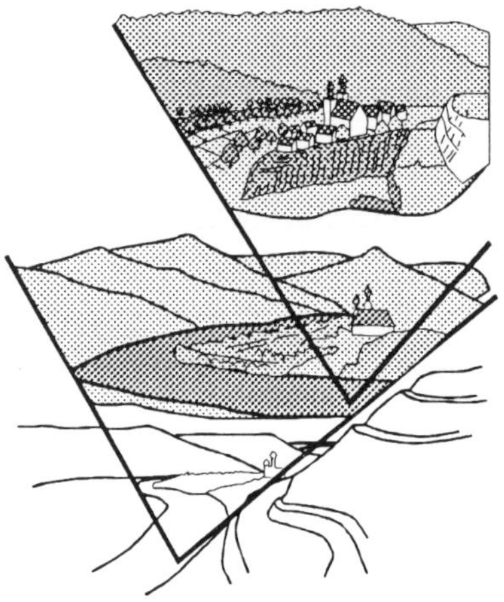	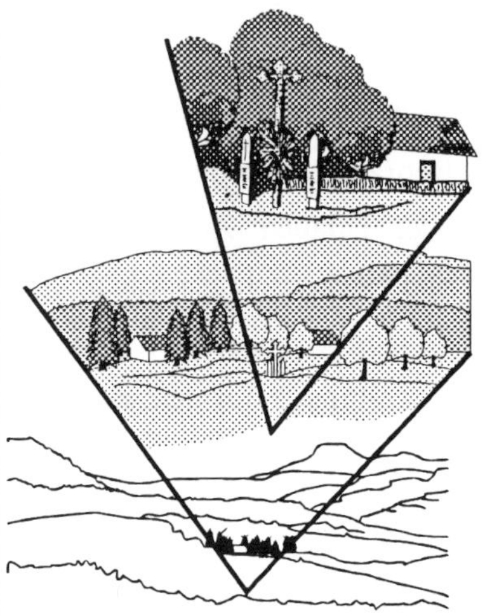
Gestaltkonstante: Maßstabsebenen durchlaufendes ähnliches Muster der Flächenaufteilung und der Siedlungs-/ Gebäudeanordnung	Raumbildende Talhänge und Ortslagen	Baumarten, Bauformen von Gehöften
Landschaftsbildeinheit: Nichtamphibische Flachlandschaft der Nordseeküste	Landschaftsbildeinheit: Landterrassen (Schichtflächen) aus Sandsteinen des Buntsandstein und Keuper	Landschaftsbildeinheit: Gebiete außerhalb der Hochflächen
Landschaftsbildkomplex: Küstengebiet	Landschaftsbildkomplex: Main-Durchbruchstal im Schicht- und Schichtflächenland	Landschaftsbildkomplex: Oberpfälzer Wald
Landschaftsbildregion: Norddeutsches Flachland	Landschaftsbildregion: Mittelgebirgsstufenland	Landschaftsbildregion: Mittelgebirgsrumpfschollenland

Abb. 2: Strukturelle Gliederung komplexer Landschaftsbildeinheiten und Eigenart der Gestaltkonstanten

2.1.3 Formal-strukturelle Kriterien zur Zuordnung von Landschaftselementen in die Makro-, Meso- und Mikrostrukturebene

Die Größenverhältnisse der Makro-, Meso- und Mikrostruktur können je nach Landschaftsbildeinheit variieren. Das Anordnungsmuster der Elemente ist aber immer gebunden an die nächst höhere Strukturebene. Deshalb ist es unbedingt erforderlich, bei jedem Analyseverfahren von oben nach unten vorzugehen - von der Landschaftsbildeinheit zur Mikrostruktur. Außerdem ist es daher nicht sinnvoll, bestimmte Größen (Flächen, Längen, Höhen - nach Metern oder Quadratmetern) für die vier Strukturebenen festzuschreiben, um die Landschaftselemente danach zu ordnen. Hinweise können nur aus dem jeweiligen Strukturzusammenhang der Landschaft selbst abgeleitet werden.

Entsprechend der unterschiedlichen Maßstabsgrößen kann auch jede Strukturebene andere Raum- und Gestaltmerkmale aufweisen. Die Komplexität der Anordnungsmuster nimmt von der Landschaftsbildebene zur Mikrostrukturebene hin zu. Ebenso auch die Quantität der Raum- und Gestaltmerkmale.

Die Zuordnung der Landschaftselemente stützt sich daher insbesondere auf Kriterien, die den räumlichen Strukturaufbau des Landschaftsbildes berücksichtigen:

- Landschaftsbildeinheit-aufbauende und -tragende, relativ stabile Gerüststruktur, insbesondere das geomorphographische Inventar betreffend (z.B. Urstromtal: Ebene, Grundmoränenplatten, Flüsse); Kriterien: Anordnungsmuster und Raumgestaltmerkmale (z.B. Achsen, Raster, Richtungsdominante, Kanten);
- Raummuster homogener Gestalt der Grundfläche (z.B. Ebene, landwirtschaftliche Nutzung, Bördenlandschaft, Wald); Kriterien: Flächenhomogenität in der Anordnung der Nutzungen und Gestalt auf der Grundfläche;
- Verteilungsmuster landschaftscharakteristischer Elemente (idealtypische Formen der Landschaftsentwicklung: Landschaftsgenese und Kulturgeschichte, z.B. Alleen-, Heckensystem; Hang- und Terrassenkanten); Kriterien: durchlaufendes Raumgliederungssystem und Anordnungsmuster.

Bei der Zuordnung von Elementen zur jeweiligen Betrachtungsebene tritt also die Analyse der charakteristischen räumlichen Ausprägung (Konstanten, Regelmäßigkeiten, Dominanten) des Landschaftsbildinventars in den Vordergrund, nicht die Gestalt der einzelnen Elemente.

Hinweise für einzelne Landschaftsbildeinheiten und deren Charakterzüge und Eigenartsstrukturen befinden sich in den Naturräumlichen Gliederungen und bei KRAUSE, ADAM & SCHÄFER (1983) in der Gliederung der Landschaftsbildregionen des Gebietes der alten Bundesländer. Diese Beschreibung der Charakterzüge und Eigenartsstrukturen erfolgt mit Hinweisen zu den "gestaltspezifischen Maßstabsebenen" - Makro- Meso- und Mikrostruktur - des Landschaftsraumes.

2.1.4 Wahrnehmungsbezogener Aspekt zur Einteilung der Makro-, Meso- und Mikrostrukturebene

Wie nachfolgend aufgezeigt werden soll, kann ein Zusammenhang festgestellt werden zwischen den vorher beschriebenen formal-strukturellen Kriterien zur Landschaftsbildgliederung und den Aspekten der visuell-räumlichen Wahrnehmung beim Menschen.

Das Erscheinungsbild einer Landschaft wird in ein räumliches Bezugssystem eingeordnet, das auf den Bedingungen des perspektivischen Sehens beruht und der Orientierung dient. Aufgrund der kontinuierlichen Verkleinerung der Dinge mit zunehmender Entfernung zum Blickstandpunkt des Menschen wird das Bild eingeteilt in einen Vorder-, Mittel- und Hintergrund.

Meter:	Mikroebene 0 30	50	Mesoebene 100	500	Makroebene über 500 m
1. Gestalt					
1.1 einzeln					
	Rindenstruktur, Frucht-, Blatt- und Blütenform, Oberfläche, Ast- Verzweigungssystem, Verwurzelung, Unterwuchs		Textureinbindung von Einzelbestandteilen, hohe Texturvielfalt	Formenvielfalt nimmt ab. Textur wird gleichartiger	Texturabweichung in Richtung homogener Flächenausbildung
1.2 gruppiert					
	Unterscheidungsmerkmale: Größe, Form, Anordnungsmuster, Dichte			Flächen homogener Texturen übernehmen Unterscheidungsfunktion: Bäume mit individueller Gestalt in der Gruppe erkennbar	Texturangleichung führt zum Verlust von Einzelgestalten der Bäume; homogen texturierte Fläche und Umrißlinie prägen den Gesamtaspekt
2. Farben					
2.1 einzeln	Grünfarbenspektrum und Bunt-/Kontrastfarben mit Hell - Dunkelmuster			Mischfarben auf Grüntonbasis: reduziertes Farbspektrum, Vergrößertes Hell-Dunkelmosaik	graugrüne Grundfarbe, zunehmend verblauender Effekt
2.2 gruppiert	Bäume mit eigenem Farbfeld treten hervor		Bäume mit ähnlichem Farbfeld um Grünbereich bilden Untergruppen	Verschmelzung aller Farben des Grünbereichs hin zu verblauendem Ton	

	Mikroebene		Mesoebene		Makroebene	
Meter:	0 30	50	100	500	über 500	m
3. Körper und Raum						
3.1 einzeln	Innenraumbildende Funktion der Vollformenkonstruktion aus Stamm, Ästen, Blattwerk	Plastische Oberflächenausformung, Innen- und Außenraumverhältnis		zunehmende Steigerung der gestaltganzheitlichen Plastizität durch generalisierende Reduktion der Oberflächenausformung: Außenraumbetonung	Verlust der Körperlichkeit und Hervortreten flächiger und linearer Gestaltkomponenten: Raumbildende Funktion reduziert sich auf Kulissenwirkung	
3.2 gruppiert	Bildung verschachtelter Innenraumgefüge zwischen einzelnen Baumkörpern: Wirkung verstärkt bei verschiedenartigen, abgeschwächt bei gleichartigen Bäumen	Raumaufteilung durch körperhaft autonom wirkende Baumkörper: die Baumartenverschiedenheit steigert den Effekt		Verlust der Raumaufteilungswirkung zugunsten der Körperbildung (Vollform des Waldes, Gehölzblock) oder der Scheiben/Kulissenfunktion auf der Grundfläche		
4. Raum-Zeitgefüge						
	Jahreszeitliche Phänomene; witterungsbedingte Bewegung und Veränderung; Wachstum, Alterung und Zusammenbruch in Verbindung mit außervisueller Wahrnehmung			Jahreszeitliche Phänomene reduziert wahrnehmbar auf Gestalt-, Farben-, Körpereigenschaften, stark eingeschränkter außervisueller Wahrnehmungsbereich	in wenigen Gestalt-, Farb-, Körper-/Raumaspekten wahrnehmbar; im allgemeinen sehr stark eingeschränkter außervisueller Wahrnehmungsbereich	

Die Meterangaben in der Tabelle sind Durchschnittswerte, die der jeweiligen Landschaftsdimension angepaßt werden müssen und keinen absoluten Einteilungsmaßstab darstellen.

Tab. 1: Spektrum und Intensität der entfernungsabhängig wahrnehmbaren ästhetischen Merkmale am Beispiel Baum

Diese Einteilung ist abhängig von den räumlichen Bedingungen einer Landschaft und dem eingenommenen Blickstandpunkt, wodurch sich unterschiedliche perspektivische Wirkungen ergeben. Die Blickfeldeinschränkung des Auges (als physiologische Bedingung) erlaubt aber eine regelhafte Maßgröße: das Verhältnis von Blickfeld und Mindestentfernung zu einem Gegenstand, um diesen in seiner vollen Größe erfassen zu können.

Der Baum ist durch sein weit verbreitetes Auftreten in einer Landschaft als durchgängiges Proportionsmaß geeignet. Nimmt man eine mittlere Wuchshöhe von 25 Metern an, was einem durchschnittlichen Waldbaum entspricht, so ist ein solcher Maßbaum ohne Kopfbewegung ganzheitlich wahrnehmbar in einer Mindestentfernung von 50 Metern (siehe Abb. 3). Unterhalb dieser Entfernungsschwelle sieht der Betrachter bei gleicher Kopfhaltung immer nur einen Ausschnitt des Baumes (siehe Abb. 4).

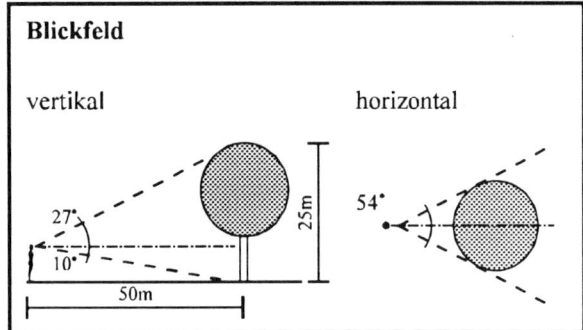
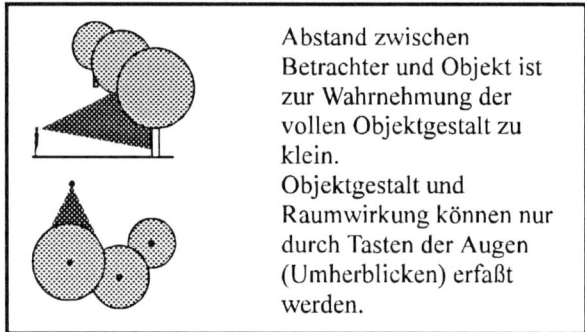

Abb. 3: Blickfeld und Mindestentfernung zum Maßbaum

Abb. 4: Blickfeld beim Abstand zum Maßbaum unterhalb 50 Meter

Oberhalb der 50 Meter-Distanz umfaßt das Blickfeld des Betrachters den Baum als in die benachbarte Umgebung integriertes Landschaftselement. Detailschärfe des Einzelelements verliert sich zugunsten von gestaltganzheitlicher Plastizität bis hin zum Verlust der Körperlichkeit bzw. flächenhafter Kulissenwirkung (siehe Abb. 5).

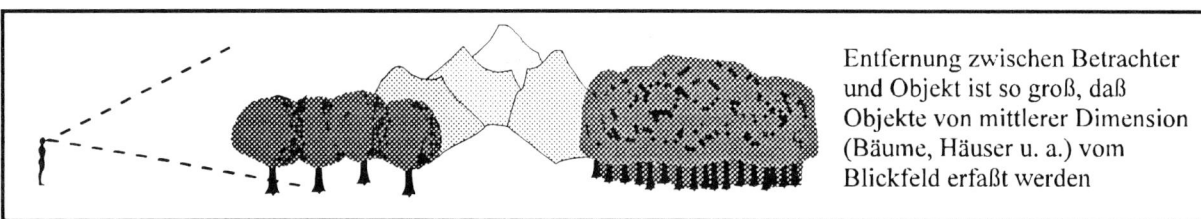

Abb. 5: Blickfeld beim Abstand zum Maßbaum oberhalb 50 Meter

Wird eine durchschnittliche visuelle Wahrnehmungsfähigkeit des Menschen vorausgesetzt sowie durchschnittlich vorkommende Sichtbedingungen unter Berücksichtigung phänologischer Aspekte, so lassen sich über diese entfernungsabhängigen ästhetischen Merkmale eines exemplarischen Baumtyps Hinweise zur Abgrenzung und Qualitätsbeschreibung von Makro-, Meso- und Mikrostrukturebene ableiten.

Die Meterangaben in der Tabelle 1 (siehe vorher, Seite 24, 25) sind Durchschnittswerte, die der jeweiligen Landschaftsdimension angepaßt werden müssen und daher keinen absoluten Einteilungsmaßstab darstellen.

2.2 Baustein 2:
Hinweise zur Erfassung des Anordnungsmusters von Landschaftsbildelementen

2.2.1 Ausprägungsstufen von Vielfalt, Dichte und Ordnung

Das aus nahezu unendlich vielen Einzelteilen zusammengesetzte Landschaftsbild kann auch durch eine Vielzahl von Vernetzungen auf allen dinglichen Komplex- und räumlichen Maßstabsebenen geprägt sein. Daraus leitet sich die methodische Konsequenz für die Landschaftsbildanalyse ab, zunächst die Frage nach den Bauprinzipien des Landschaftsbildes zu beantworten, um anschließend die Funktion und Bedeutung einzelner Landschaftselemente erkennen zu können.

Die Komplexität landschaftlicher Erscheinungsformen wird allgemein mit dem legaldefinierten Terminus Vielfalt sowie den Zustandsattributen Dichte und Ordnung umschrieben. Vielfalt, Dichte und Ordnung besitzen Ausprägungsstufen. Aus der Kombination ihrer Minima-Maxima-Ausprägung ergeben sich acht Kategorien, wobei Landschaftselemente verschiedener Maßstabsebenen verknüpft werden. Die Abbildung 6 soll diesen Sachverhalt beispielhaft veranschaulichen:

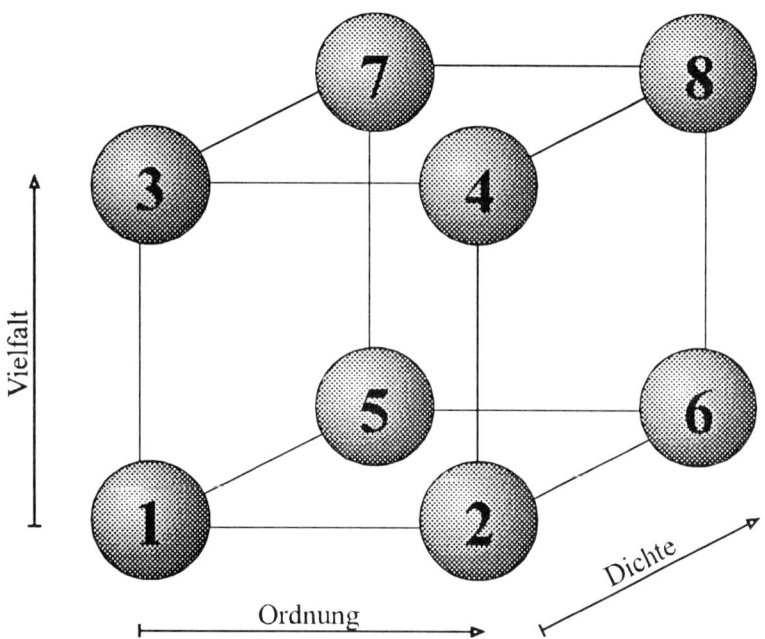

1 geringe Vielfalt, Dichte und Ordnung:
z.B. Dauergrünland oder Wasserflächen (ohne Ufer)
2 geringe Vielfalt, Dichte; hohe Ordnung:
z.B. Getreide-Ackerland, Gewannflur
3 geringe Dichte, Ordnung; hohe Vielfalt:
z.B. lockere Streusiedlung, unterschiedliche Nutzungsformen, Pflanzen
4 geringe Dichte; hohe Vielfalt, Ordnung:
z.B. locker und unterschiedlich bebaute und bepflanzte Flurparzellen
5 geringe Vielfalt, Ordnung; hohe Dichte
z.B. natürlicher Hochgebirgswald aus zwei Baumarten
6 geringe Vielfalt; hohe Dichte, Ordnung:
z.B. historischer Jagdwald, Fichtenforst
7 geringe Ordnung; hohe Vielfalt, Dichte:
z.B. verstreute Bebauung innerhalb von Restflächen der Natur- und Kulturlandschaft
8 hohe Vielfalt, Dichte, Ordnung:
z.B. regelhafte Dorfformen mit geordneter Flurparzellierung und vielfältiger Struktur

Abb. 6: Ausprägungsstufen von Vielfalt, Dichte und Ordnung

Da Vielfalt, Dichte und Ordnung keine Zielqualitäten, sondern Zustandsattribute des Landschaftsbildes darstellen, gilt es einen methodisch verkürzenden Indikator zur Erschließung der jeweils das Landschaftsbild charakterisierenden Kombinationsformen zu finden.

Die in Tabelle 2 aufgezeigten Prinzipien zur Anordnung setzen auf der Ordnungsebene an und binden auf räumlich-kartographischer Ebene die jeweiligen Ausprägungsstufen von Vielfalt und Dichte mit ein.

2.2.2 Herleitung von Anordnungsmustern

Die in Tabelle 2 aufgezeigten Ordnungsprinzipien stellen jeweils mögliche Anordnungsmuster von Landschaftselementen dar, hier "Träger der Ordnung" genannt. **Dabei ist "Anordnung" zu verstehen als die geometrisch beschreibbare Positionierung von Elementen auf der Grundfläche.**

Im konkreten Untersuchungsfall gilt es zu entscheiden, ob ein Anordnungsmuster zum Beispiel insgesamt eher dem Typ "unregelmäßig, Reihe" oder "regelmäßig, Reihe" entspricht. Dabei dürften die real existierenden Anordnungsmuster auf der Grundfläche, wie sie aus kartographischen Darstellungen zu entnehmen sind, nur in Ausnahmefällen den schematisch dargestellten Ordnungsprinzipien genau entsprechen. In den meisten Fällen werden eher Mischtypen bzw. Annäherungstypen mit weitestgehender Ähnlichkeit bzw. Entsprechung auftreten (Prinzip der Generalisierung).

Generell gilt: Die Qualität und die Kombination von Trägerkategorien der Ordnung spielt keine Rolle. Es sind bestimmte Maximalabstände der an einem Anordnungsmuster beteiligten Elemente zu beachten, die sich aus dem Wesen der einzelnen Landschaftsbestandteile ergeben, wobei der Totalcharakter der Landschaftsbildeinheit berücksichtigt werden muß.

Die Regel- bzw. Unregelmäßigkeit ist eine Funktion des Abstandes der Trägerelemente auf der Grundfläche. Bei der Festlegung von Abständen ist als Maßstab die "Körperachse" entscheidend; wenn in nachfolgenden Definitionen dieser Begriff auftaucht, bezieht er sich immer nur auf die Grundrißausdehnung und nicht auf die vertikale Ausdehnung eines Objektes.

Die im folgenden aufgelisteten **Definitionen zu Ordnungsprinzipien** sind als eine Hilfestellung mit Annäherungsqualität zur Charakterisierung bzw. Identifizierung von Anordnungsmustern zu verstehen.

Reihe

Gerichtete lineare Anordnung von mindestens drei Trägerelementen, wobei die Körperachse der an der Reihenbildung beteiligten linearen bzw. flächigen Elemente identisch ist mit der Achse der Raumausrichtung der Reihe. Bei punktuellen Ordnungsträgern entfällt elementbedingt der letztgenannte Ordnungsaspekt. Eine Reihe ist dann noch als solche definiert, wenn elementspezifische Maximalabstände nicht überschritten werden.

Bei Vollformen besteht eine Relation zwischen der Größe der Grundrißfläche und deren Höhe, die maßgeblich für die Festlegung von Maximalabständen sein kann. Sie ist elementspezifisch zu definieren.

Je größer die Gesamtzahl der an einer Reihenbildung beteiligten Elemente ist, desto größer darf im Ausnahmefall einmal ein Zwischenabstand sein.

regelmäßig: der Abstand der aufgereihten Trägerelemente ist annähernd gleichgroß

unregelmäßig: der Abstand der aufgereihten Trägerelemente variiert.

Staffel

Gerichtete lineare Anordnung von mindestens drei Trägerelementen, wobei die Körperachse der beteiligten linearen bzw. flächigen Elemente senkrecht zur Achse der Raumausrichtung der Staffel steht.

Damit eine Staffel noch als solche zu erkennen ist, dürfen - wie bereits oben für die Reihe beschrieben - bestimmte Maximalabstände der Trägerelemente nicht überschritten werden: Die Abstände sind aufgrund der zur gesamten Staffelrichtung raumrichtungskonträren Trägerelement-Körperachsen allerdings kürzer und sollten in der Regel nicht die durchschnittliche Körperlänge der Einzelelemente überschreiten. Je größer jedoch die Gesamtzahl der an einer Staffelbildung beteiligten Elemente ist, desto größer dürfen im Ausnahmefall die Abstandslücken sein.

Für die Beurteilung der Regel- bzw. Unregelmäßigkeit einer Staffel gelten dieselben Kriterien, wie sie oben bei der Reihe genannt werden:

regelmäßig: der Abstand der gestaffelten Trägerelemente ist annähernd gleichgroß

unregelmäßig: der Abstand der gestaffelten Trägerelemente variiert.

Gruppe

Lockere räumliche Benachbarung von Trägerelementen ohne direkte Berührung, Vernetzung oder Anbindung.

Für die Beurteilung der Regel- bzw. Unregelmäßigkeit der Gruppenordnung spielt neben der Abstandsfrage die geometrisch-symmetrische Wiederholung innerhalb der Anordnung eine Rolle; bei linearen bzw. flächigen Trägerelementen kommt somit die Wiederholung einer bestimmten geometrischen Ausrichtung der Körperachse als weiteres Ordnungskriterium hinzu.

regelmäßig: Gruppenbildung, bei der Abstandsgleichheit sowie geometrisch-symmetrische Wiederholung der beteiligten Trägerelement-Körperachsen vorliegt

unregelmäßig: Gruppenbildung, bei der keines der oben genannten Ordnungskriterien erfüllt ist.

Verband

Räumlicher Zusammenschluß von benachbarten Ordnungsträgern mit erkennbaren Vernetzungs-, Raster- oder Gefügefunktionen. (Durch direkte Benachbarung bzw. Vernetzung von einzelnen Ordnungsträgern entstehendes komplexes Ordnungssystem, z.B. ein Heckensystem oder eine Feldflueraufteilung)

Zur Beurteilung der Regel- bzw. Unregelmäßigkeit von Verbänden gelten dieselben Ordnungskriterien, wie sie bereits für Gruppenbildungen oben formuliert wurden:

regelmäßig: Verband, bei dem Abstandsgleichheit sowie geometrisch-symmetrische Wiederholung der beteiligten Trägerelement-Körperachsen vorliegt

unregelmäßig: Verband, bei dem keines der oben genannten Ordnungskriterien erfüllt ist.

Hierarchie

Zentrum- / achsenbildend:

Anordnung von Trägerelementen, die eine Orientierung auf eine punktuelle oder flächige Mitte (Zentrum) oder eine Achse erkennen lassen.

Es kann zudem eine Betonung des Zentrums bzw. der Achse als Dominante durch verschiedene Elementeigenschaften erfolgen, zum Beispiel:

- Größendimension,
- Andersartigkeit/Einzigartigkeit des dominanten (zentralen) Trägerelementes im Vergleich zu den anderen anordnungsmusterbildenden Elementen

Rahmenbildend / Einbindungsfunktion:

Anordnung von punktuellen, flächigen oder linearen Trägerelementen, die eine Randausprägung ergeben. Um rahmenbildend zu wirken, müssen die betreffenden Trägerelemente mehr oder weniger lückenlos aneinanderschließen bzw. eine Gleichartigkeit des Anordnungsmusters erkennen lassen.

Richtung:

Richtung meint die hervortretende Raumrichtung, wie sie bei der Gesamtbetrachtung der Anordnung mehrerer Trägerelemente sichtbar wird: Zum Beispiel können unregelmäßig gruppierte Trägerelemente insgesamt eine gerichtete Anordnung haben. Bei großdimensionierten flächigen Trägerelementen kann sich die Richtungsbestimmung auch auf eine einzelne Fläche beziehen.

Parallelität:

Gerichtete lineare Anordnung von mindestens zwei Trägerelementen mit gleichem Abstand der Körperachsen.

Trägerkategorie der Ordnung		punktuelle Elemente •			lineare Elemente ↔			flächige Elemente ▫		
Ordnungsprinzipien		flacher Punkt	als Vollform	als Hohlform	flache Linie	als Vollform, Raumkante	als Hohlform	Ebene, Fläche	als Vollform	als Hohlform
unregelmäßig	Reihe	⊗ ⊗⊗ ⊗⊗ ⊗			— — — —			▱▱ ▱		
	Staffel				∥∕∣ ∣∣ ∣∕∣			▯▯ ▯▯ ▯▯		
	Gruppe	⊗⊗ ⊗ ⊗⊗			⋁⟨⟩			▱▱ ▱		
	Verband	(⊗⊗⊗⊗⊗)			✕✕✕			▰▰▰		
regelmäßig	Reihe	⊗⊗⊗⊗⊗⊗			– – – –			▪ ▪ ▪		
	Staffel				∣∣∣∣∣			▯▯▯▯		
	Gruppe	⊗⊗ ⊗⊗ ⊗⊗			= = ∥			▪ ▪ ▪		
	Verband	⊗⊗⊗⊗⊗⊗⊗ ⊗⊗⊗⊗⊗⊗⊗ ⊗⊗⊗⊗⊗⊗⊗			┼┼┼┼			▬▬▬		
hierarchisch	zentrum-/achsen- bildend	⊗⊗⊗ ⊗ ⊗ ⊗⊗⊗			⤳			✿		
	rahmenbildend/ Einbindungsfunktion	◯			⬭			⬯		
	Richtung	⋯⋯⋯			═ ═ ═			▬▬▬		
	Angaben zur Parallelität	∿			≈			⬯⬯⬯ ⬯⬯⬯		

Tab. 2: Herleitung von Anordnungsmustern aus Trägern der Ordnung und Ordnungsprinzipien

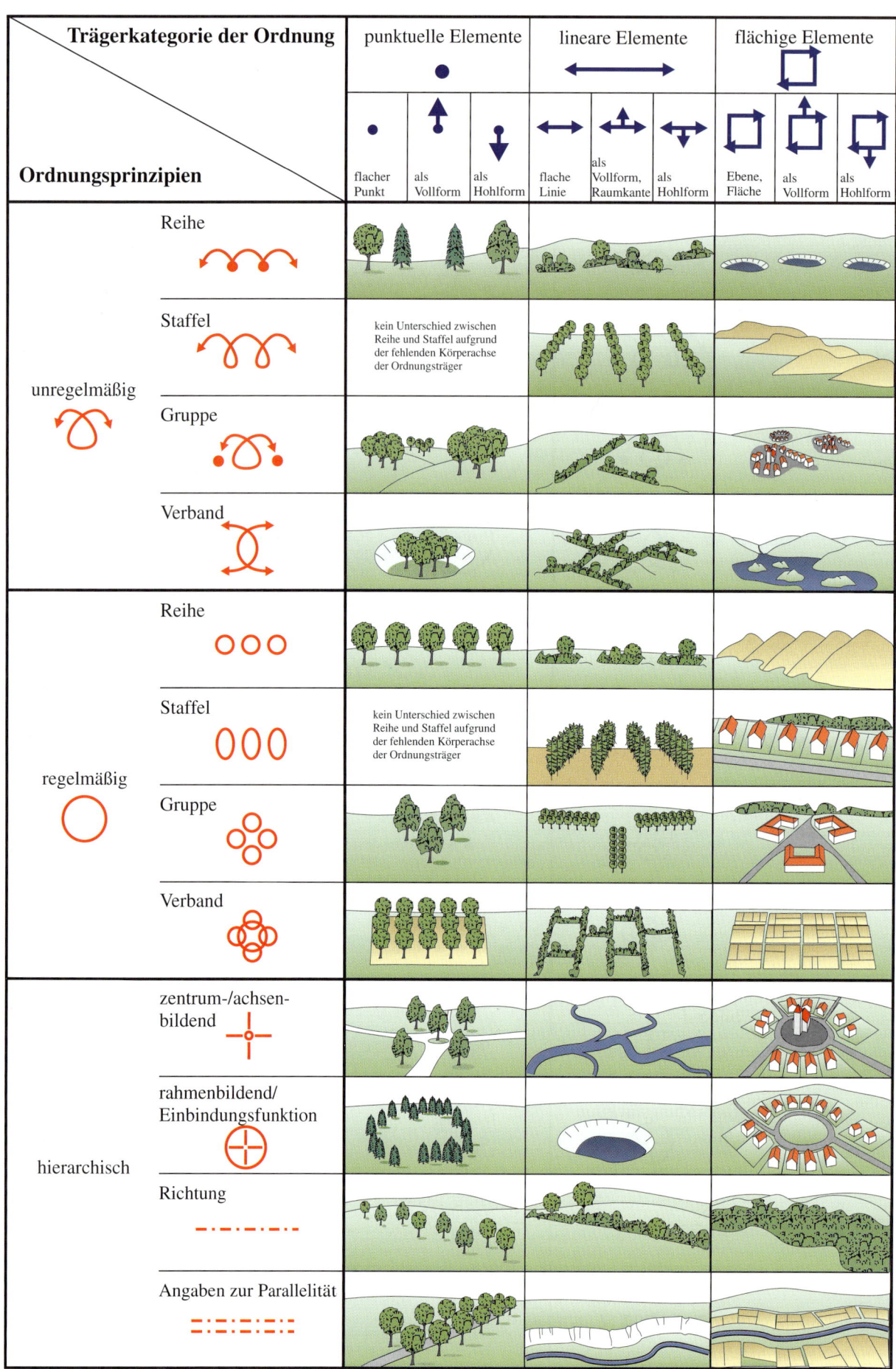

Tabelle 3: Bildbeispiele zum Anordnungsmuster

2.3 Baustein 3:
Hinweise zur Erfassung von Landschaftsbildelementen
- Gestaltcharakterisierung und Formenschatz

2.3.1 Relief- und Gewässerelemente

2.3.1.1 Merkmale zur Abgrenzung und Charakterisierung der Reliefformen

Nachfolgend werden die einzelnen Kriterien erläutert, die zur Beschreibung der Gestaltmerkmale der Reliefelemente auf der Grundlage der topographischen Karten ermittelbar sind.

Für die habituelle Reliefcharakterisierung sind die Begriffe Gestalt und Größe von zentraler Bedeutung: Die **Gestalt** ist bestimmbar über die Reliefmerkmale Neigungsstärke, Neigungsrichtung, Wölbung, Grundrißtyp und Aufrißtyp (Längs- und Queraufrißtyp). Die **Größe** ist metrisch durch Länge, Breite und relative Höhenangaben beschreibbar und direkt meßbar.

Wölbung:

Mit dem Merkmal der Wölbung sind alle Formen im Gelände beschreibbar.

- Wölbungsarten: konvex, konkav oder gestreckt
- Wölbungsstärke: Radius der Wölbung in Metern
- Wölbungsrichtung: Hangfall- oder Hangstreichrichtung

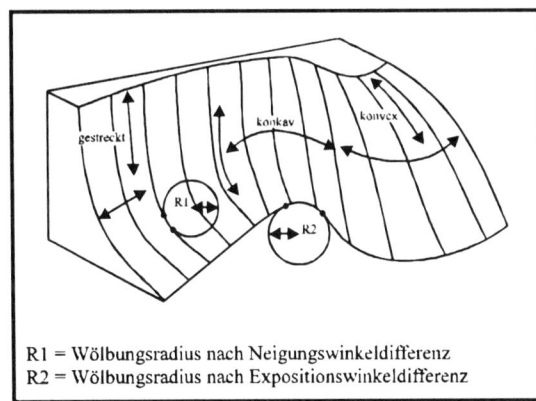

Abb. 7: Wölbungsarten und Wölbungsradius (in Anlehnung an KUGLER & BILLWITZ, zit. in LESER & PANZER 1981)

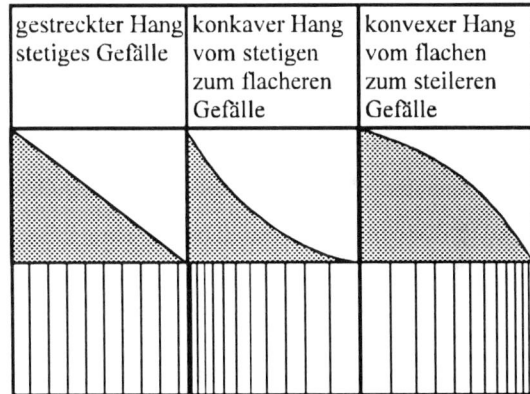

Abb. 8: Wölbungsarten und schematisches Bild der Höhenlinien im Grundriß

Hang:

Unabhängig von der Größenordnung, der Hangneigungsstärke und der Wölbung bezeichnet der Begriff Hang geneigte Flächen des Reliefs.

- Hangneigung (Handneigungsstärke): Neigungswinkel, in Winkelgraden oder Prozenten ausgedrückt, für ein bestimmtes Hangstück gegenüber einer gedachten Horizontalfläche
- Hangneigungsrichtung (Exposition): Winkeldifferenz zwischen der Fallinie eines Hanges und der geographischen Nordrichtung in einer gedachten Horizontalebene

Aufriß/Grundriß:
- Aufriß: Die Darstellung eines Gegenstandes durch senkrechte Projektion auf eine Vertikalebene; hier Darstellung der Reliefform im Profilschnitt
- Grundriß: Die senkrechte Projektion eines Gegenstandes auf eine waagerechte Ebene; hier Darstellung der Reliefform im Höhenlinienbild

2.3.1.2 Reliefformenkatalog nach rein geomorphographischen Kriterien

Definitionen der Reliefformen:
- **Flachformen:** (oder flächenartige Formen) treten nur als Gruppenformen auf, da eine ungegliederte, geomorphographisch völlig einheitliche Fläche ein Reliefelement darstellt.
- **Vollformen:** (Erhebungen) Hänge fallen nach mehreren Seiten, mehr oder weniger stark geneigt von einer Linie, einem Punkt oder einer Fläche aus ab.
  Nach der Größe unterscheidet man *Berge, Hügel, Bodenwellen*. Die Grundtypen der Bergformen sind differenzierbar nach der Gestaltung des Grundrisses und der Formung der Scheitelregion; Unterscheidungen der Erhebungen nach dem oberen Teil, zum Beispiel bei Bergen nach den Gipfelformen: u.a. Kuppenberge, Rückenberge, Tafelberge, Kegelberge.
- **Hohlformen:** (Vertiefungen) Hänge fallen von mehreren Seiten, mehr oder weniger stark geneigt und höchstens engräumig durch Verebnungen und durch Steigungen unterbrochen, einer Fläche, Linie oder einem Punkt zu.
  Unterscheidbar sind die Hohlformen nach Art der Eintiefung und der randlichen Öffnung: *Geschlossene* Hohlformen sind Wannen und Mulden; *offene* Hohlformen sind alle Abflußrinnen von Fließgewässern, die Täler, und ohne Fließgewässer zum Beispiel Dellen, Schlenken.
  Die Mannigfaltigkeit der Talformen ist sowohl auf die örtliche Entwicklungsgeschichte der Erosion als auch auf das anstehende Gestein und seine Lagerung sowie auf quartärzeitliche Materialdecken zurückzuführen; entscheidender Vorgang bei der Talbildung ist die fluviatile Erosion und damit verbundene Schwankungen der Erosionsleistung eines Flusses (siehe Punkt 5: Fluviale Formen).

Die nachfolgende schematische Darstellung der Reliefformen ist eine Generalisierung zum Erkennen der wesentlichen Merkmale der Reliefelemente und ihrer Gestaltsensibilität. Im Sinne einer Vereinfachung der Reliefformbeschreibung ermöglicht es der nachfolgende Formenkatalog Reliefformen anzusprechen, ohne diese in allen Einzelheiten (Reliefelemente, Fazetten) zu umschreiben.

Die Darstellung der Geländeformen als kartographisches Höhenlinienbild (Grundriß) gibt gleichzeitig Hinweise zur richtigen Interpretation einer Topographischen Karte. Das Erkennen einer Reliefform aus einem Höhenlinienbild ist aber nicht einfach und erfordert neben einer plastisch-visuellen Vorstellungskraft zusätzliche Informationen über die Entstehung und das Aussehen der Landschaft (Quellen: Geomorphologische Karte, naturräumliche Gliederung u.a., Besichtigung vor Ort). Daher werden neben der Grundrißdarstellung (Figur) ein oder zwei Aufrißdarstellungen (Profil) gezeigt.

Die Gestaltcharakterisierung der Reliefformen im nachfolgenden Katalog erfolgt insbesondere in Anlehnung an SCHULZ (1991) und LESER et al. (1992).

Reliefformenkatalog nach rein geomorphographischen Kriterien

1.) Flachformen

Ebene/Fläche

(meint geomorphographisch das gleiche) größerer Teil der Erdoberfläche mit geringen Höhenunterschieden und in beliebiger Höhenlage, teilweise wird die Ebene als reliefärmere Flachform gegen die Fläche abgegrenzt; zum Beispiel definiert SCHULZ (1991) für die Tiefebene relative Überragungen über die Ebene < 10 m im Umkreis von 5 km;

2.) Hohlformen

Becken:

zumeist weiträumige, randlich mehr oder weniger geschlossene Hohlform unterschiedlicher Gestalt, Größe, Bildungsbedingungen und Lage im Formenverband. Becken repräsentieren als Riesenformen häufig Sedimentationsräume.

Regionale Beispiele:
- Mainzer Becken
- Thüringer Becken
- Neuwieder Becken

Bucht:
Einbiegung von Tiefebenen und tiefem Flachland in Berg- und Gebirgsbereiche hinein

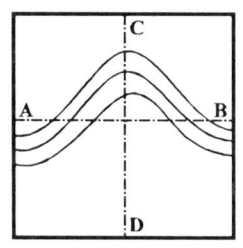

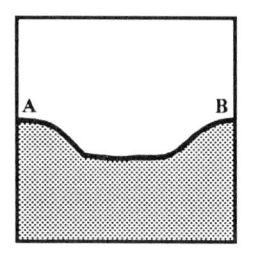

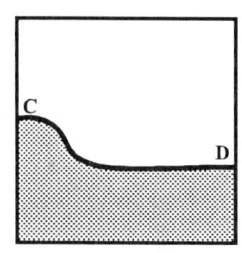

Delle:
am Talanfang gelegene, flache, breite Vertiefung mit muldenformigem Querschnitt

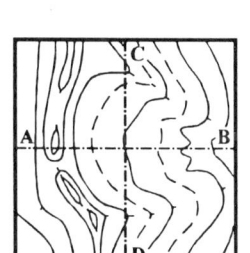

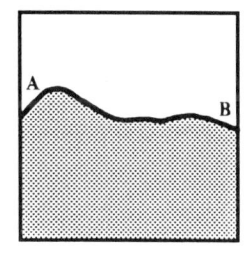

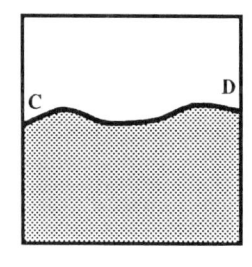

Rinne:
längliche und meist schmale sowie unterschiedlich tiefe Hohlform

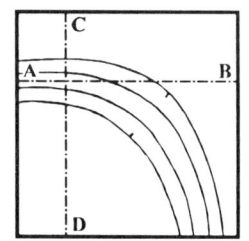

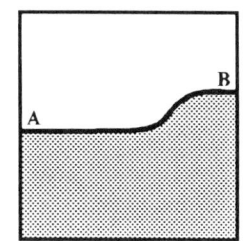

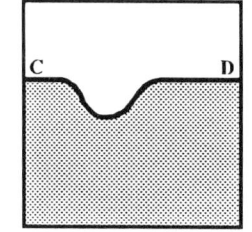

Pfanne:
sehr flache, abflußlose Hohlform mehr oder weniger runder Gestalt mit ringsum ganz allmählich ansteigendem Gelände

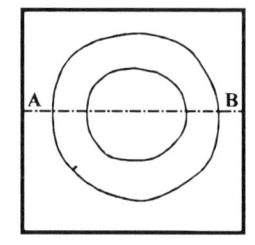

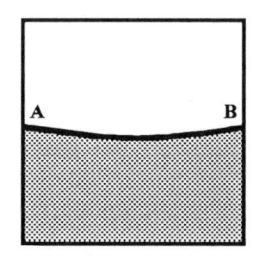

Mulde:
mehr oder weniger runde, ringsherum von sanft ansteigenden Böschungen umgebene Hohlform
- mit flachen, meist konkaven Hängen
- mit mehr oder weniger ebenem, rundlichem Muldenboden

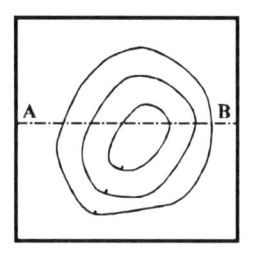

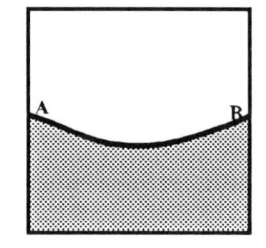

Kessel:
kleinere, abflußlose Hohlform, die ringsherum von ansteigenden Böschungen umgeben ist
- entwässert an der Oberfläche nur nach innen
- mit steilen, zum Teil konvexen Hängen
- im Umriß rundlicher, mehr oder weniger ebener Kesselboden

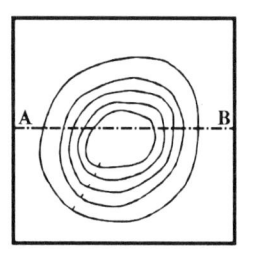

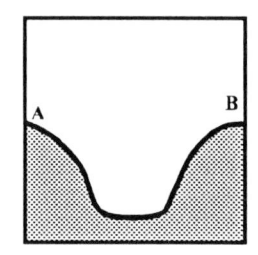

Trichter:
runde, zentrierte Vertiefung einer geschlossenen Umrahmung mit V-förmigem Querschnitt

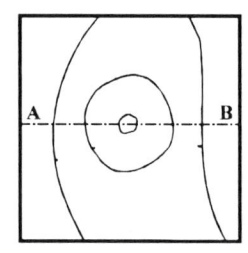

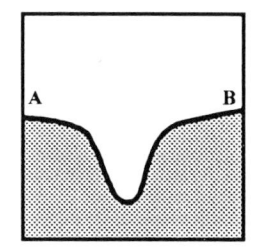

Wanne:
kleinere, abflußlose Hohlform mit länglichem bis ovalem Grundriß, die ringsherum von ansteigenden Böschungen umgeben ist
- mit zumeist steilen, zum Teil konvexen Hängen
- im Umriß länglicher, mehr oder weniger ebener Wannenboden

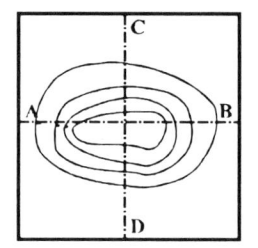

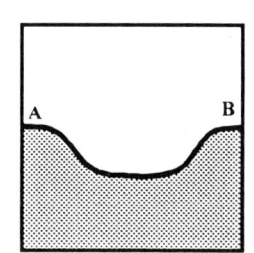

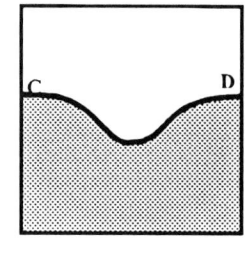

Nische:
halbkreisförmige, lehnsesselartige Kleinform an Hängen
- Nischenboden hangabwärts flacher als Nischenhänge
- Nischenboden flacher als die generelle Böschung des Haupthanges
- Nischenboden hat in der Regel kein rückläufiges Gefälle

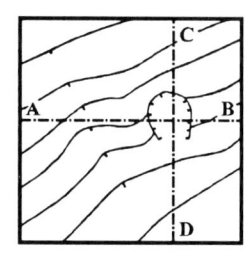

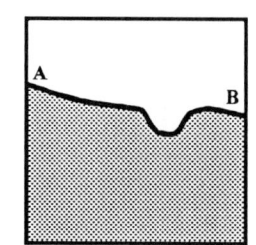

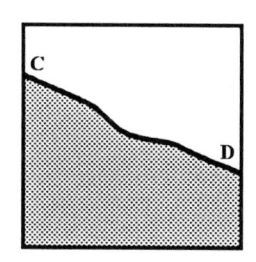

Sattel:
Einmuldung/Einsattelung zwischen zwei höheren Vollformen im Sinne eines Passes (keine eindeutige Zuordnung bezüglich Hohlformen und Vollformen möglich)

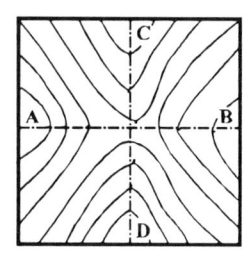

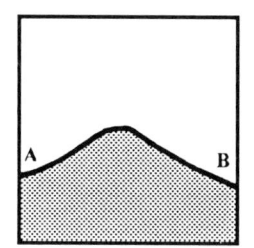

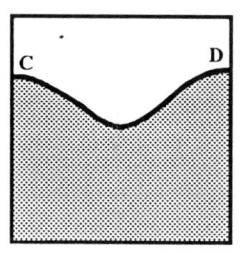

3.) Vollformen

Gipfel: höchster Punkt einer Vollform

Grat: Scharfkantige Vollform im Sinne des →*Firstes* mit nach beiden Seiten steil abfallenden Hängen

Schwelle:
flache, rückenartige Erhebung in einem →*Becken*, Kar, einer Talung, →*Wanne* oder →*Mulde* auftretende, flache, rückenartige Erhebung mit allseits sanften Übergängen

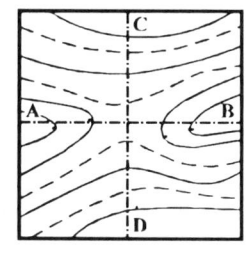

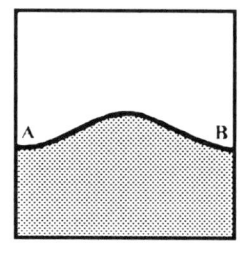

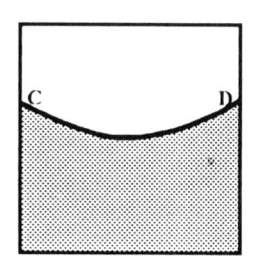

Wall:
langgestreckte Vollform, die eine mehr oder weniger ebene Fläche überragt
– kann einen gewundenen Verlauf haben

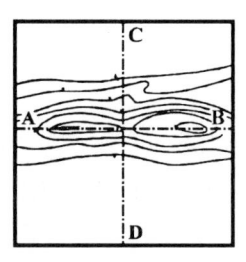

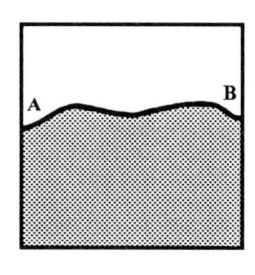

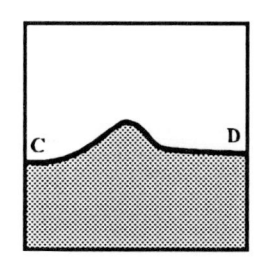

Rücken:
langgestreckter Höhenbereich, der sich nach zwei Seiten abdacht
– im Längsprofil erheblich geringere Reliefunterschiede als zu den seitlich abfallenden Hangbereichen
– im Querprofil meist konvex geformt

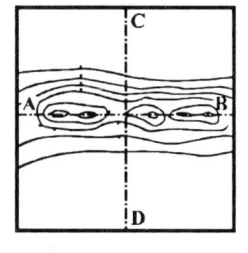

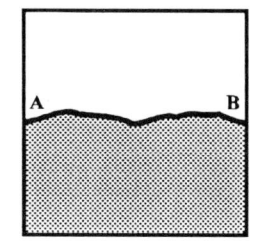

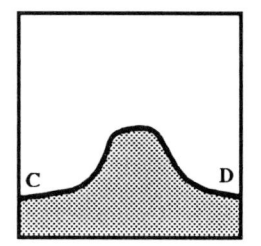

Kamm:
steilerer →*Rücken* mit größerer Längserstreckung
– weist gegenüber dem →*Grat* kleinere Hangneigungsstärken auf

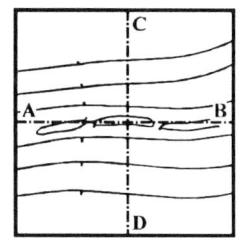

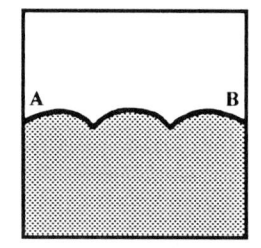

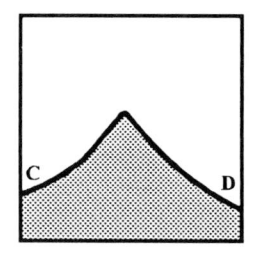

First:
sehr schmaler →*Kamm* eines Gebirges mit Steilabfällen nach beiden Seiten

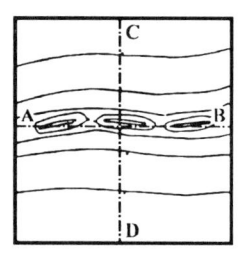

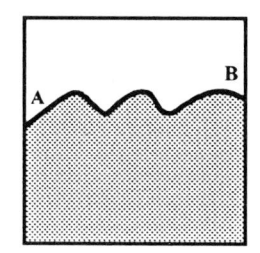

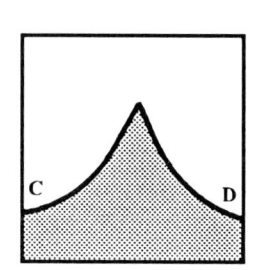

Sporn:
größerer oder kleiner, meist länglicher Vorsprung aus einer Vollform

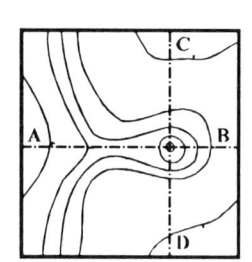

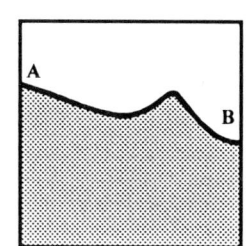

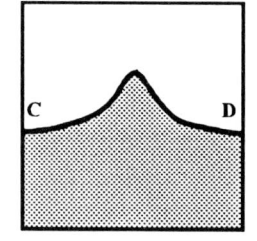

Kegel:
mehr oder weniger große, zentrisch zugespitzte Form
- im Grundriß fast kreisrund
- im Aufriß mit gestreckten bis konkaven Hängen

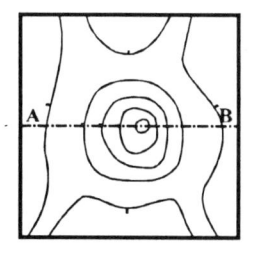

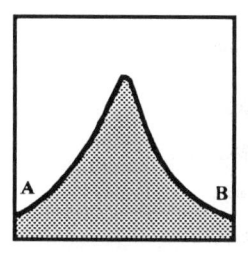

Kuppe:
gewölbter Berg oder Erhebung
- im Grundriß rundlich
- im Aufriß ist der Höhenbereich flach, zu den radial angrenzenden Hängen konvex geformt

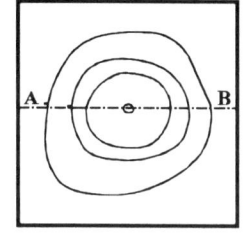

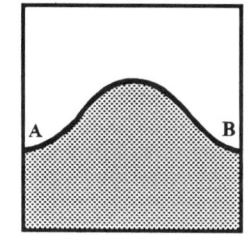

Plateau:
über die Umgebung deutlich aufragende, in sich reliefarme Hochfläche

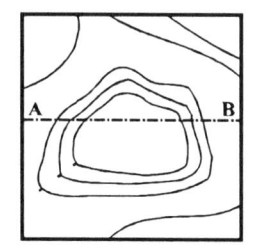

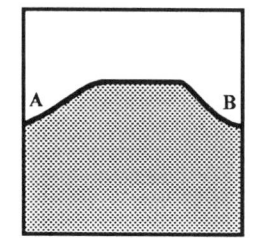

4.) Hangformen

Hang:
bezeichnet als geomorphologischer Begriff die geneigten Flächen des Reliefs, unabhängig von *Hangneigungsstärke*, *Hangneigungsrichtung* und *Wölbung* (siehe Kapitel 2.3.1.1); abgesehen von den geomorphographischen Hangformendefinitionen, die optisch mehr oder weniger markante Raumkanten sind, wird eine Hangform für das Landschaftsbild allgemein als optische Raumkante definiert, wenn nachfolgende Merkmale zutreffen:

Raumkante:
Hangform mit ausgeprägten Hangkanten und Hangfußbereichen und dadurch optisch markante Geländestufe
- Hangkante: Bereich des Oberhanges, der in eine nächst höhere und angrenzende Flachform übergeht
- Hangfuß: Bereich des Unterhanges, in welchem sich der Übergang zur angrenzenden Flachform vollzieht

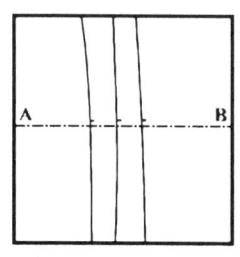

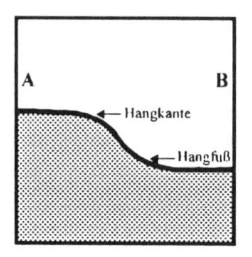

Kante:

scharfer, markanter Geländeknick aufgrund einer plötzlichen Änderung des Böschungswinkels; bei einer höhenlinienparallelen Geländekante kann dieser Geländeknick durch eine Linie mit Schraffen nachgezeichnet werden, wobei die Linie den oberen Teil des Böschungswechsels markiert

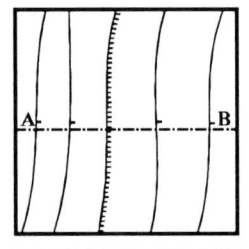

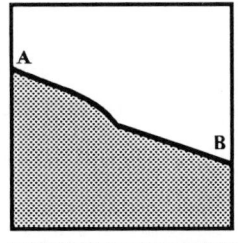

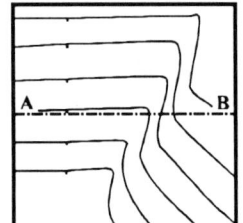

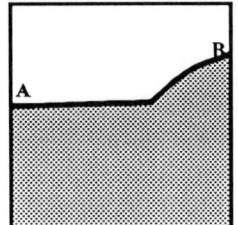

Stufe:

steileres Formenglied, das nach unten und oben flachere Teile voneinander trennt

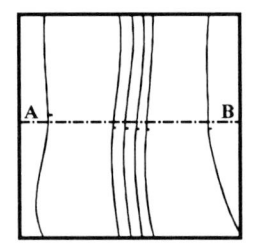

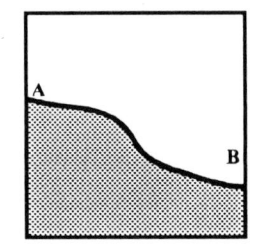

Terrasse:

Verebnung an einem Hang oder im Talbodenbereich, unterschiedliche Neigung und Größe

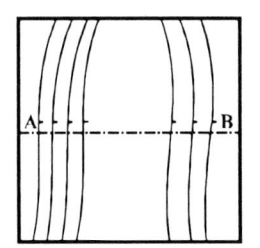

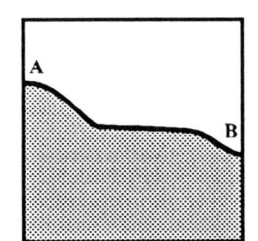

Treppe (getreppt):

aus den oben angeführten Formenelementen in regelmäßiger Anordnung zusammengesetzte Form

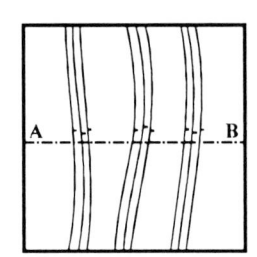

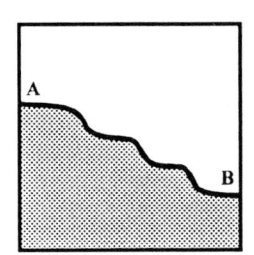

5.) Fluviale Formen:

Alle Talformen, die durch fließendes Wasser geschaffen wurden, bzw. zu einem Fließgewässer gehörige Formen; die Talbildung ist abhängig von der Art und Möglichkeit der Flußerosion und von Sedimentationsformen.

Formen des Tallängsprofils

Äquidistanzen = lotrechter Abstand von Höhenlinien.
Zur besseren Veranschaulichung der typischen Reliefformen ist bei den Profilen häufig eine Überhöhung vorgenommen worden. Bei den Höhenliniendarstellungen soll die Größenordnung der einzelnen Formen durch Angabe sinnvoller Äquidistanzen verdeutlicht werden.

Talstufen:
- deutliche Knicke im Längsprofil der Flüsse
- Talstufen treten als Wasserfälle, Kaskaden und als Stromschnellen in Erscheinung

Wasserfall:
- senkrechter Abfall von Wassermassen über eine Stufe im Flußbett

Kaskade:
- mehr oder weniger hohe Schwelle oder Geländestufe im Bereich eines Gewässers, über die das Wasser als Abfolge niedriger Wasserfälle abstürzt

Stromschnelle:
- steilere Flußstrecke mit geringer Wassertiefe, in der erhöhte Strömungsgeschwindigkeit und teilweise schießender Abfluß herrscht

Formen des Talquerprofils

Klamm:
- mit senkrechten oder überhängenden Wänden
- Beispiele: Breitach- und Partnachklamm (Oberbayern)
- Äquidistanz: ca. 5 - 10 m

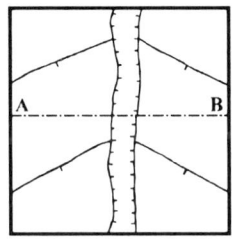

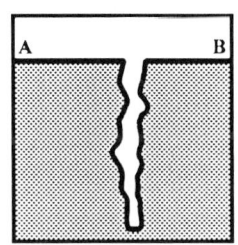

Schlucht:
- mit abgeschrägten Wänden
- meist weniger widerständige Gesteine als bei der Klamm
- Beispiele: Wutach-, Murg- und Wehra-Schlucht (Südschwarzwald)
- Äquidistanz: ca. 5 - 10 m

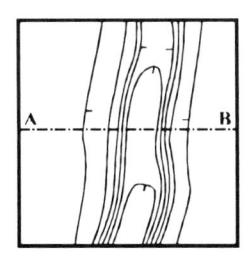

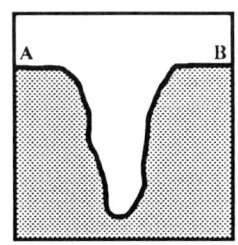

Kerbtal:
- mit steilen, gestreckten Hängen, die beiderseits des Gewässers enden
- Talsohle ist mit dem Gewässerbett identisch
- Beispiele: Zahlreiche Engtäler in der Mittelgebirgsschwelle, Bodetal (Harz), Queichtal (Pfälzer Wald), Wiesetal (Schwarzwald)
- Äquidistanz: ca. 1 - 10 m

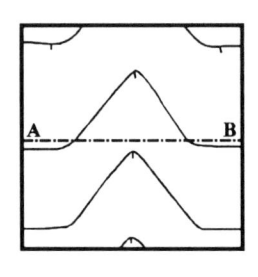

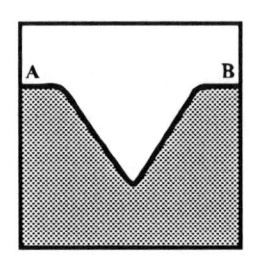

Cañon:
- mit getreppten Hängen infolge Wechsellagerung verschieden widerständiger Gesteine
- Talsohle ist mit dem Gewässerbett identisch
- Beispiel: Cañon der Elbe im Sandsteingebirge
- Äquidistanz: ca. 10 - 20 m

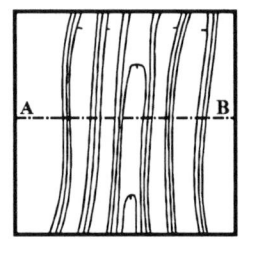

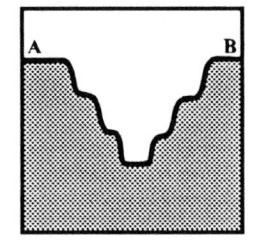

Sohlenkerbtal:
- mit gestreckten, konkav oder konvex gewölbten, meist steilen Hängen
- mit Seitenerosion sowie zusätzlich Akkumulation von Gestein, so daß Fels- und/oder Schottersohlen entstehen
- Beispiele: Rheintal, Moseltal und viele andere Haupttäler in der Mittelgebirgsschwelle
- Äquidistanz: ca. 10 - 20 m

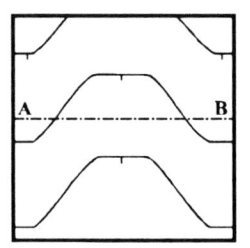

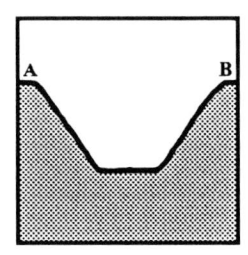

Kastental:
- mit senkrechten Wänden
- mit ebener Sohle, die meist eine Felssohle ist
- Talsohle oft mit Gewässerbett identisch
- gesteinsbedingter Sonderfall zwischen Sohlental und Schlucht
- Beispiele: Oberes Donautal (Schwäbische Alb), Oberes Neckartal (Gäuland)
- Äquidistanz: ca. 10 - 20 m

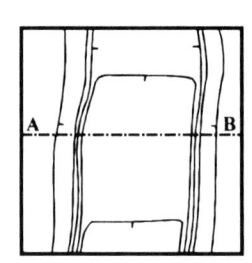

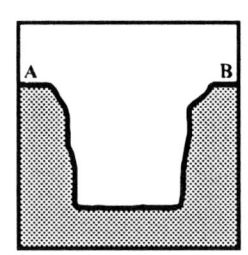

Sohlental:
- mit Tiefe kleiner als Breite
- Sonderform des Sohlenkerbtales
- selten Felssohle, meist Akkumulationssohle
- Beispiele: Donautal unterhalb Tuttlingen
- Äquidistanz: ca. 1 - 10 m

Wannental:
- mit noch flachem Talboden, aber konkavem Übergang zu flachen Hängen
- entsteht aus einem Mulden- oder einem Sohlental durch Akkumulation, Hangabtrag, Bildung mächtiger Hangfußsedimente und schwacher Seitenerosion
- Beispiele: Zahlreiche kleine Tälchen auf den Mittelgebirgshochflächen, z.B. Rheinisches Schiefergebirge, Schwäbische und Fränkische Alb
- Äquidistanz: ca. 1 - 5 m

Muldental:
- mit fehlender Talsohle, geringer Eintiefung und starken hangdenudativen Prozessen
- keine Seitenerosion durch das Fließgewässer
- Beispiele: Zahlreiche kleine Täler und Tälchen auf fast allen Mittelgebirgshochflächen und in Hügelländern mit leicht abtragbaren Sedimentgesteinen und Lockersedimenten, mit und ohne pleistozäner Lößdecke; Selz und Wiesbach (Rheinhessisches Tafel- und Hügelland)
- Äquidistanz: ca. 1 - 5 m

Terrassental:
- mit treppenartigen Hangverebnungen
- Terrassen bilden sich mit dem Wechsel von Erosions- und Akkumulationsphasen
- Formgebung kann tektonische oder klimatische Ursachen haben
- Beispiele: Zahlreiche Täler der Mittelgebirge; Terrassenlandschaft des Rheinischen Schiefergebirges; Terrassenlandschaft des Alpenvorlandes
- Äquidistanz: ca. 1 - 10 m

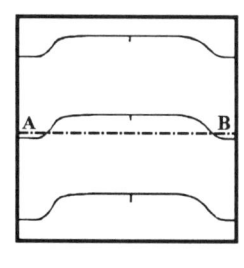

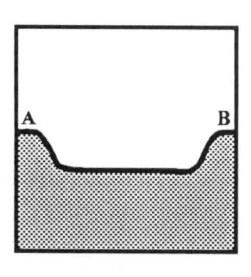

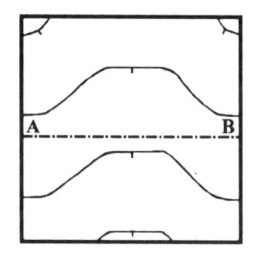

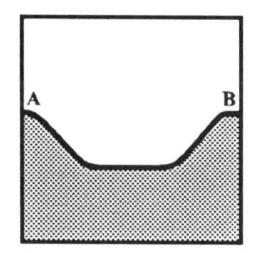

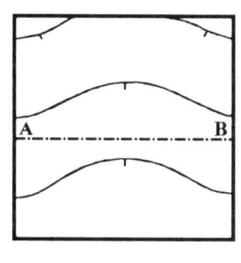

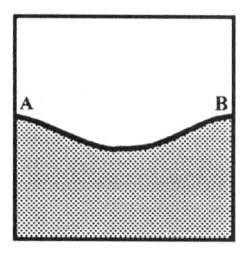

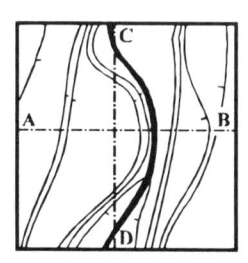

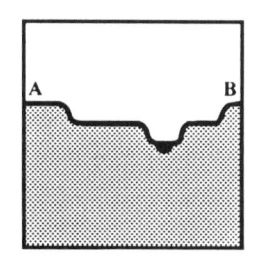

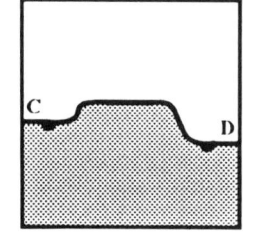

Mäander

Zwangsmäander (Talmäander):
- eingeschnittene Mäander mit symmetrischem Querschnitt
- bilden sich unter geeigneten petrographischen Bedingungen (widerständige, flachlagernde Sedimentgesteine) von alleine
- Äquidistanz: ca. 20 - 40 m

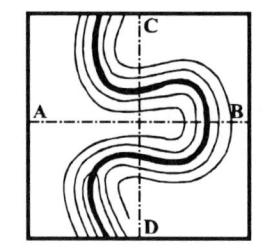

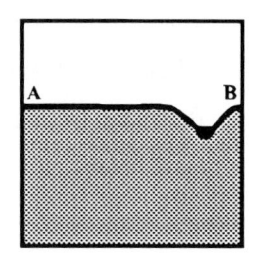

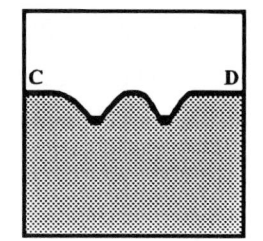

Flußmäander (Freie Mäander):
- bogenförmige Schlingen eines Flusses
- entstehen durch spezifische Hydrodynamik des Flusses
- sind in Lockersedimentgebieten entwickelt und in diese Akkumulationen mehr oder weniger stark eingetieft
- weisen einen flachgeneigten Gleithang, sowie einen starkgeneigten Prallhang auf
- Äquidistanz: ca. 1 - 5 m

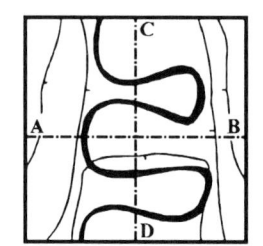

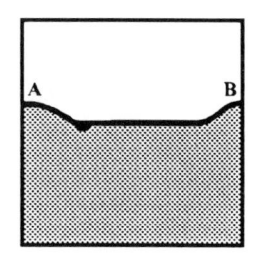

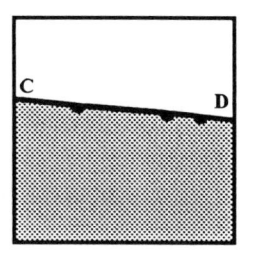

Umlaufberg:
- Hügel inmitten eines Tals, der ursprünglich als ein Sporn über einen Spornhals fast niveaugleich mit dem benachbarten Bergland verbunden war und von einem Fluß in einer vorangegangenen Zeit dreiseitig umflossen wurde
- Spornhals konnte durch fortgesetzte Seitenerosion an den Prallhängen durchbrochen werden
- Äquidistanz: ca. 10 - 30 m

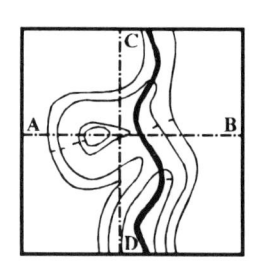

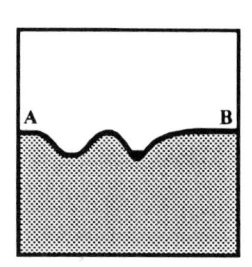

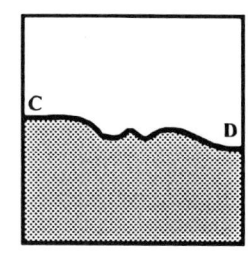

Schwemmfächer:
- fächerförmige Ablagerung eines Flusses an seiner Mündung in ein Tal oder beim Austritt eines Flusses aus dem Gebirge
- entsteht dort, wo das Gefälle plötzlich nachläßt
- Äquidistanz: ca. 10 - 20 m

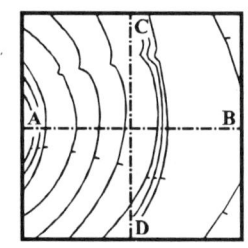

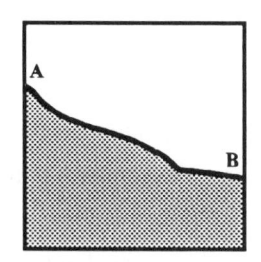

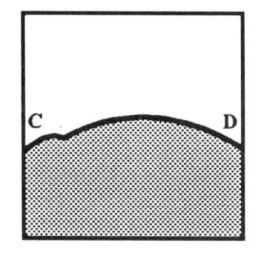

Schwemmkegel:
- gegenüber dem Schwemmfächer steiler geneigter und im Grundriß meist dreieckiger bis kegelmantelförmiger

Riedel:
- niedrige und eher langgestreckte, zum Teil plattenartige bis rückenartige Vollform
- meist handelt es sich um ehemalige Flußterrassen, die nachträglich durch Fluvialerosion zerschnitten wurden
- Äquidistanz: ca. 20 - 40 m

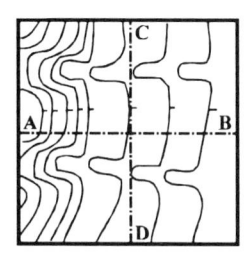

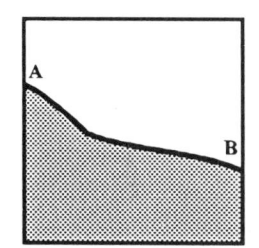

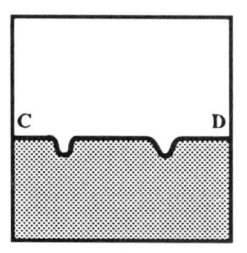

Rille / Rinne / Runse / Rachel:
- allgemeine Bezeichnungen für Abflußbahnen des Wassers an Hängen
- es bestehen folgende ungefähren Längen- und Tiefenangaben:

    Rille: L = 10 - 100 cm   T = max. 10 cm
    Rinne: L = 1 - 30 m   T = 10 - 100 cm
    Runse : L = 10 - 100 m   T = ~ 1 m
    Rachel: L = 10 - 100 m   T = mehrere Meter
    (vgl. SCHULZ, 1989, S. 211)

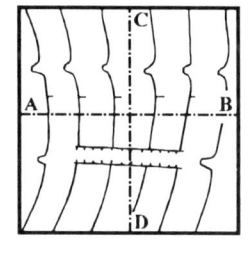

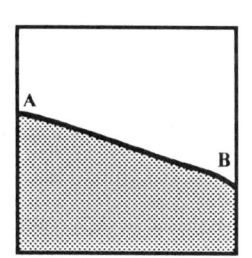

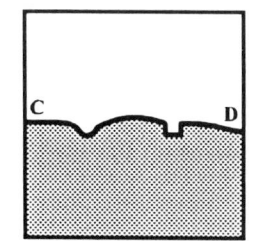

2.3.1.3 Gestaltcharakterisierung von Reliefbereichen

Reliefformen und -elemente sind oft in der Weise zusammengefügt, daß ein Landschaftsraum eine mehr oder weniger gleichmäßige Anordnung von Hohl-, Voll- und Flachformen besitzt, also auch diesbezüglich überall einen gleichen Landschaftscharakter aufweist. Diese Reliefeigenschaften werden zu "Reliefbereichen homogener Ausprägung" zusammengefaßt.

Andererseits kann sich ein Landschaftsausschnitt auch aus nicht eindeutig definierbaren Reliefformen zusammensetzen, sondern aus einer unstetigen Kombination von konvexen und konkaven Wölbungen, flachen Vertiefungen und Bodenwellen, Flächen und Hangbereichen mit wechselnden Expositionswinkeln, die aber ebenfalls für diesen Landschaftsausschnitt eine besondere Eigenart ausmacht.

Die Bezeichnungen wie zum Beispiel *eben, flachwellig, kleinhügelig, kuppig*, wie sie in naturräumlichen Gliederungen vorzufinden sind, geben den Charakter solcher Reliefbereiche wieder.

Die Charakterisierung der Reliefbereiche kann über das Höhenlinienbild erfolgen und wird ermittelt über die Reliefunstetigkeit und Reliefenergie (siehe Abb. 9).

Reliefunstetigkeit

Der Begriff wird in der Geomorphographie als Sammelbezeichnung für Kleinformen benutzt, die als Einzelformen kaum anzusprechen sind, sondern meist als Gruppe größere Areale prägen. Auch als *Rauhigkeit* bezeichnet, ist die Reliefunstetigkeit kleinsten Ausmaßes gemeint, die unterhalb der Größenordnung des Mikroreliefs flächig auftritt.

Bezüglich der Landschaftsbildcharakteristik der Reliefausprägung eines Landschaftsraumes soll die Reliefrauhigkeit als Eigenschaft auch für die Makro- und Mesostrukturebene definiert werden.

Reliefenergie

Sie ist zusammen mit der Reliefunstetigkeit ein Merkmal zur Abgrenzung von Reliefbereichen homogener Reliefausprägung und bezieht sich auf die relativen Höhen innerhalb eines abgegrenzten Raumes. Die Reliefenergie gibt den Differenzbetrag zwischen dem höchsten und dem niedrigsten Punkt an.

Ermittlung von Reliefbereichen

Die Größendefinition und Abgrenzung von Reliefbereichen ist vom Landschaftstyp abhängig zu machen, weil er den Rahmen möglicher Reliefunstetigkeit und -energie vorgibt. So sind in der Flachlandschaft schon wesentliche Unterschiede bei diesen Merkmalen zwischen der Jungmoränenlandschaft und der Altmoränenlandschaft feststellbar.

Die genauen Anhaltspunkte liefern die Beschreibungen zur Naturräumlichen Gliederung (diese enthalten zum Beispiel Bezeichnungen wie "flachwellige Geschiebelehmplatten" und absolute und relative Höhenmerkmale, Neigungswinkel sowie Geomorphologische Karten und Beschreibungen).

Die Größe der Reliefbereiche (Abgrenzung) kann also nicht pauschal gesetzt werden, sondern richtet sich nach dem Landschaftsstrukturaufbau und der jeweiligen vorgenommenen Landschaftsbildgliederung des Untersuchungsraumes (siehe Baustein 1, Zuordnung der Elemente in die Makro-, Meso- und Mikrostrukturebene). Dabei können sich sehr unterschiedliche Flächenfiguren ergeben, entscheidend ist immer die Bezugsgröße, die auf den drei Betrachtungsebenen definiert wird.

eben　　flachwellig　　kleinhügelig	Höhenlinienbild Anordnungsmuster von Flach-, Hohl- und Vollformen
	Zunehmende Verdichtung der Höhenlinien
	Zunehmende Reliefunstetigkeit
	Zunehmende Reliefenergie

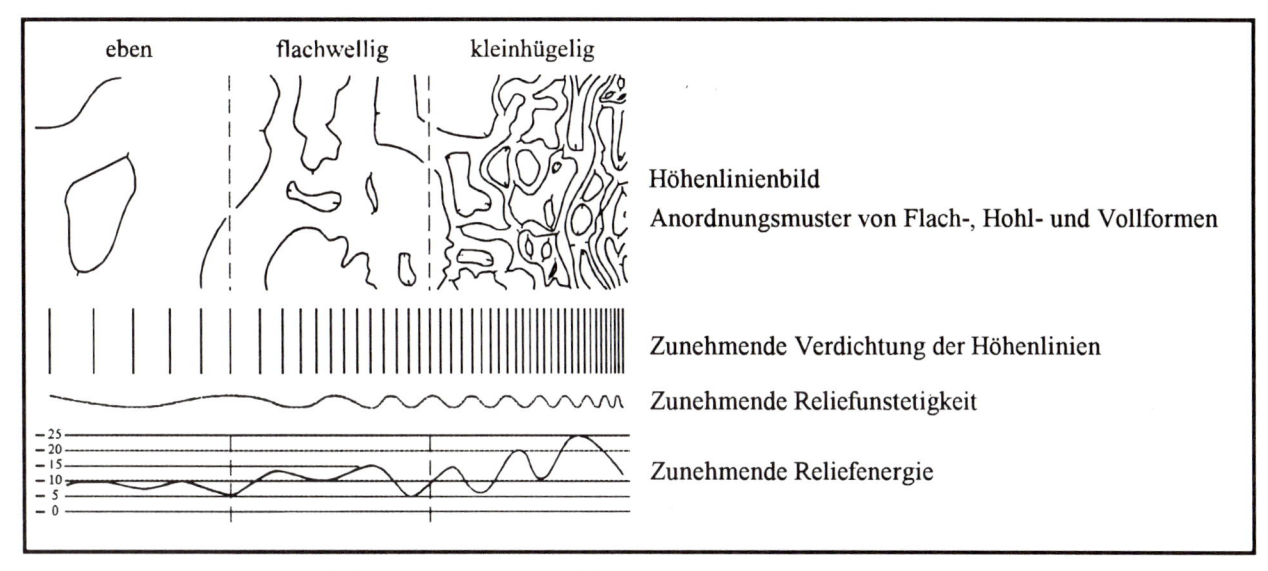

Abb. 9: Faktoren zur Ermittlung von Reliefbereichen

2.3.1.4 Merkmale zur Klassifizierung und Charakterisierung von Gewässerformen

Elemente-Klassifizierung

Natürliche Gewässerformen werden (entsprechend den Angaben in den Topographischen Karten) differenziert in Fließgewässer (Fluß, Bach, Rinnsal, Quelle) und stehende Gewässer (See, Teich, Weiher, Tümpel).

Anthropogene Gewässerformen werden den vorhandenen Beeinträchtigungen (z.B. Kanäle und künstlich begradigte Flußläufe, künstliche Wasserbecken, wie z.B. Stauseen, Staubecken und industrielle Wasserbecken) zugeordnet oder sind als historisch bedeutsame Objekte eingestuft (siehe Siedlungsstruktur).

Gräben sind im System flächenstrukturierend und bedeutend für das Anordnungsmuster; sie werden deshalb im Zusammenhang mit der Siedlungsstruktur und Landnutzung erfaßt.

Gewässer fließen oder liegen in Hohlformen und sind daher immer im Zusammenhang mit den Reliefformen als Bildelementeinheiten zu betrachten.

Ein weiterer Zusammenhang (funktionale Bedeutung als Bildmerkmal und im Ökosystem) besteht in der Regel immer mit der ufernahen Vegetation (im Wasser, Verlandungszone; z.B. Röhrichtbestände, Schwimmblattgesellschaften) und der uferangrenzenden Vegetation.

Nasse Bodenbeläge mit typischen Vegetationserscheinungen (Moor, Bruch, Sumpf, u.a.) an zeitweise fließenden und veränderlichen Gewässern und veränderlichen Uferlinien werden als Vegetationselemente erfaßt.

Methodik zur Charakterisierung der Gewässer nach bildwirksamen Merkmalen

Gestalt und Größe

- Verlauf der Fließgewässer
  Mäander, Biegungen, Windungen
- jahreszeitlich bedingte Gestalt- und Formveränderungen durch unterschiedliche Wasserführungsmenge
- Form der Wasseroberfläche bei stehenden Gewässern
  Uferverlauf = Flächenumschließungslinie
- Größe: Ausmaße der Wasseroberfläche

Lage: Situation im Landschaftsraum (auch landschaftsgenetische Aspekte beinhaltend)
- Betrifft das Anordnungsmuster der Landschaftselemente und den Zusammenhang mit Reliefformen (z.B. Zungenbecken und Zungenbeckensee; Graben und Grabensee, wassergefülltes Maar, Soll, Pfuhl)

Gewässerstrukturen
- Verzweigungen, Einmündungen, Abzweigungen, natürliche Schranken: Wasserfälle, Abstürze, Dämme
- Sonderformen: Inseln, Schotterbänke, Anlandungen, Stromschnellen

Uferausbildung (Befestigung und Struktur)
- Abbruchkante
- Prallhang und Gleithang
- Felsen
- Steilufer

2.3.1.5 Anthropogene Reliefformen

Das Relief wird seit Jahrtausenden durch den Menschen beeinflußt. Vor allem der Ackerbau und die Waldrodung bewirkten, daß aufgrund des zeitweilig fehlenden Vegetationsschutzes der Boden gravitativen und spülaquatischen Prozessen ausgesetzt war. Eine eindeutige Unterteilung in anthropogene und natürliche Reliefformen ist aus diesem Grunde in einigen Fällen sehr schwierig.

Die direkten und indirekten Eingriffe des Menschen in den natürlichen Landschaftshaushalt gehen selbstverständlich weiter vonstatten oder verstärken sich sogar. Daraus folgt, daß es sich bei den anthropogenen Reliefformen häufig nicht um Endstadien eines oder mehrerer Prozesse handelt, sondern daß die Reliefumgestaltung durch den Menschen kontinuierlich weiter verläuft.

Durch quasinatürliche Prozesse entstandene Formen (vgl. RATHJENS, 1979):

Erdkegel: Lehmbeule, kegelförmige, kleinere Vollform, die durch Frost hervorgerufen wird; kann bis zu 60 cm hoch über die Oberfläche emporgehoben werden (auf ungenutzten Ackerflächen und Halbtrockenrasen)

Rummel: meist relativ kurzes, steilhängiges Trockentälchen; entsteht ursprünglich periglazial auf Dauerfrostboden, wird später aber durch anthropogen ausgelöste Bodenerosion weiter verformt

Siefe: Erosionseinriß im Übergangsbereich von Dellen im Tal; sind zur Zeit größerer Waldverbreitung in Mitteleuropa entstanden und haben sich seit der Rodung und den damit verbundenen Bodenerosionsprozessen allmählich mit Substrat aufgefüllt; verwandt mit Tilke

Siek: es entsteht aus einem ursprünglichen Muldentälchen ein flaches Sohlenkerbtal, das beidseitig von Hochrainen begrenzt wird; tritt vor allem in leicht erodierbaren Löß- und Buntsandsteinlandschaften auf

Tilke: flache Hohlform mit einem dem Sohlenkerbtal angenäherten Querprofil; besitzt meist gefällsreichen ebenen Boden ohne Fließgewässer; überwiegend in Gebieten mit leicht erodierbaren Substraten

Anmerkung zu landschaftsgenetisch bedingten Reliefformen

Das Spektrum an landschaftsgenetisch bedingten Reliefformen ist groß und wird hier nicht dargestellt, weil bei jeder Landschaftsbildanalyse und Vorhabensprüfung die spezifischen Relief- und Gewässerelemente des Landschaftstyps, in dem der Untersuchungsraum liegt, bezogen auf die Makro-, Meso- und Mikrostrukturebene differenziert ermittelt werden müssen. (siehe Kapitel 3.2 für die Beispieluntersuchung: Spezifische Typologie für die Norddeutsche Flachlandschaft, Hinweise zu den idealtypischen Reliefformen).

2.3.1.6 Die Bodenfarbe im Landschaftsbild

Die Bodenfarbe wird durch drei wesentliche Merkmale bestimmt:
- Farbton (spektrale Zusammensetzung z.B. rotbraun, gelbbraun)
- Farbtiefe oder Farbsättigung (z.B. tiefbraun)
- Farbhelligkeit (Höhe des Schwarz- und Weißanteils z.B. schwarzbraun, graubraun)

(vgl. SCHRÖDER, 1984)

Weiterhin kann die Farbverteilung sehr unterschiedlich ausgeprägt sein, z.B. marmoriert, fleckig, gebändert, gestreift, geadert, bunt.

Es gibt folgende eindeutige Farbbezeichnungen im Sinne einer exakten Farbansprache:
blau, braun, gelb, grün, rot, grau, schwarz, weiß, violett, orange, oliv, türkis, ocker.

Diese Farben können zusammengesetzt benutzt und mit folgenden Zusätzen versehen werden:
sehr hell, hell, dunkel, sehr dunkel, leuchtend, fahl, schmutzig.

(vgl. BUNDESFORSCHUNGSANSTALT FÜR GEOWISSENSCHAFTEN UND ROHSTOFFE, 1982)

Für das Landschaftsbild ist nur der Bodenbereich interessant, der nicht in irgend einer Form verdeckt wird. In natürlichen oder naturnahen mitteleuropäischen Ökosystemen ist der Boden fast immer durch eine Vegetationsdecke oder durch eine Streuschicht abgedeckt. Aber mit wachsender Reliefenergie kommt die Farbe des geologischen Untergrundes in steigendem Maße zum Vorschein.

Für die Bodenfarbe im Landschaftsbild ist die anthropogene Beeinflussung der Landschaft von überragender Bedeutung. An erster Stelle muß hier der Ackerbau genannt werden. In Lößgebieten, wo dem Ackerbau naturgemäß eine stärkere Bedeutung als anderen Nutzungssystemen zukommt, ist die **Bodenfarbe zeitweilig das optisch markanteste Element einer Landschaft**. Immer aber ist das Auftreten der Bodenfarbe einer starken Saisonalität unterworfen, die in Abhängigkeit von der Landnutzung und der jeweiligen Vegetationsperiode steht. Ausnahmen treten bei Eingriffen mit Profilaufschlüssen auf (z.B. Steinbrüche, Tagebau).

Im folgenden sollen die wichtigsten mitteleuropäischen Bodentypen mit ihren Farbeigenschaften aufgezählt werden. Die angefügte Tabelle und Karte soll eine mehr oder weniger regionale Zuordnung vorherrschender Bodenfarben für die Bundesrepublik Deutschland ermöglichen. Bei den zwei in der Tabelle 4 letztgenannten Bodentypen handelt es sich um anthropogen entstandene Böden; in der Legende werden sie nicht extra erwähnt.

Bodentyp	Farbe des obersten Horizontes	dominierende Farbe des Gesamtprofils
Tschernosem	sehr dunkelbraun	dunkelbraunschwarz - gelb
Parabraunerde Tschernosem	dunkelbraun	braun
Tschernitza	sehr dunkelgrau	dunkelgrau - hellgrau
Seemarsch	dunkelgraubraun	grünlichgrau
Knick-Brackmarsch	graubraun	braun - grünlichgrau
Niedermoor	dunkelgrau	dunkelbraun
Hochmoor	dunkelrötlichbraun	gelbrötlichbraun - dunkelbraun
Gley	braun	rötlichgelb - grünlichgrau
Naßgley	sehr dunkelbraun	blaßgelbgrau - grüngrau
Braunerde-Gley	dunkelgraubraun	dunkelockerbraun - grau
Anmoorgley	dunkelgrau	grau
Pseudogley	sehr dunkelgraubraun	hellgrau - rötlichbraun
Brauner Auenboden	sehr dunkelgraubraun	braun
Basenreiche Braunerde	braun - dunkelbraun	braun
Rötliche Parabraunerde	dunkelbraun	braun - rotbraun
Parabraunerde	braun - dunkelbraun	braun
Pseudogley-Parabraunerde	braun - dunkelbraun	braun - rötlichbraun
Saure Braunerde	sehr dunkelbraun	braun
Podsol-Braunerde	sehr dunkelbraun	rötlichbraun
Mullrendzina	schwarz	gelblich - weißgrau
Pararendzina	braun - dunkelbraun	ockergelb - braun
Geröll-Pararendzina	dunkelbraun	(bunte Gerölle) - braun
Brauner Ranker	braun	braun - dunkelbraun
Podsol	braun	braun - grau
Gley-Podsol	braun	braun - grau
Plaggenesch	sehr dunkelgraubraun	dunkelgraubraun - grau
Hortisol	sehr dunkelgraubraun	braun

Tab. 4: Übersicht der wichtigsten Bodenfarben (vgl. MÜCKENHAUSEN, 1975)

Die nachfolgende Karte (Abb. 10) der Gebiete mit den wichtigsten Bodentypen Deutschlands erlaubt eine zusammenfassende Zuordnung der oben in der Tabelle genannten Bodentypen.

(Abbildung in Anlehnung an SCHRÖDER, 1984)

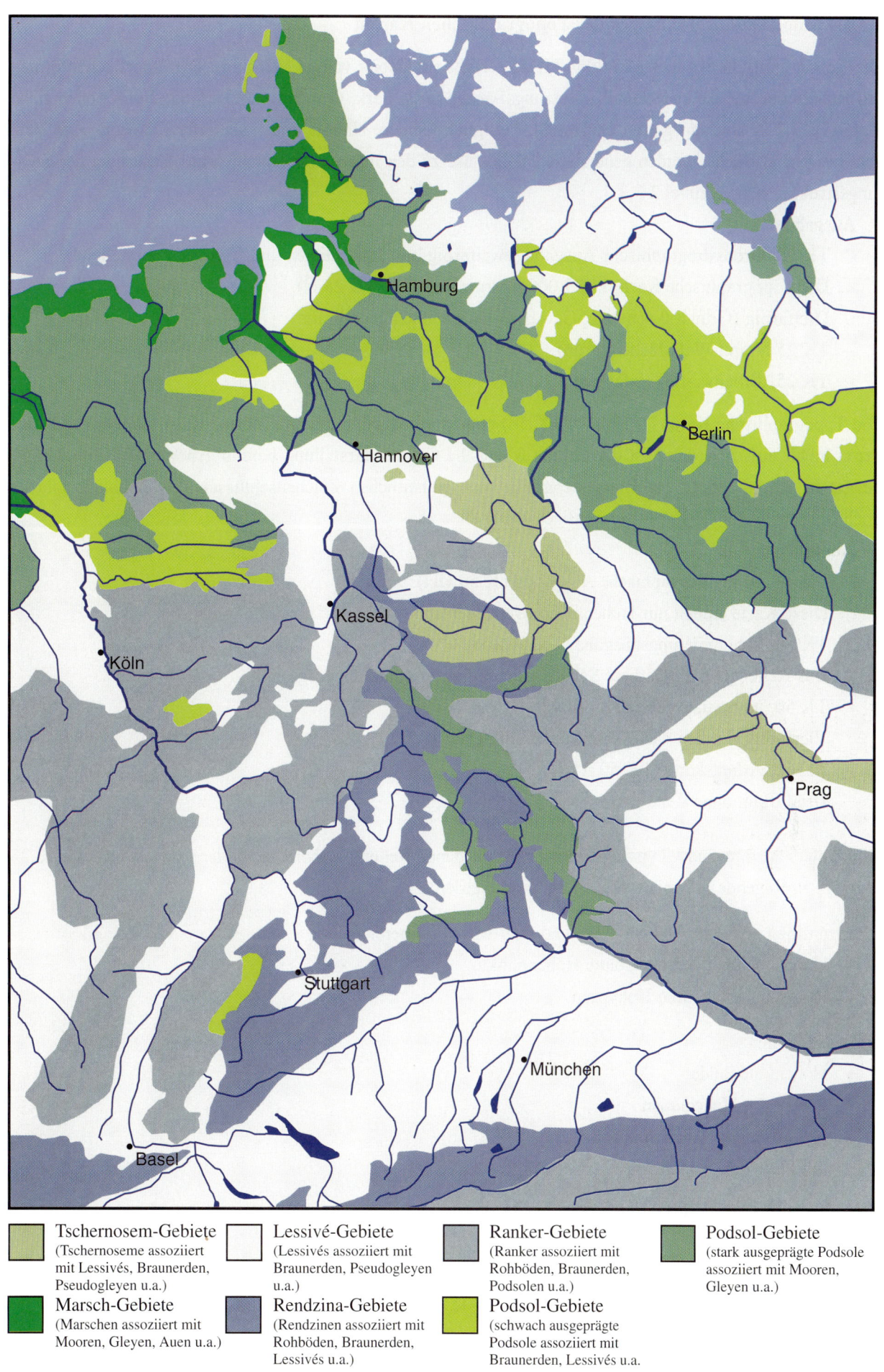

	Tschernosem-Gebiete (Tschernoseme assoziiert mit Lessivés, Braunerden, Pseudogleyen u.a.)		Lessivé-Gebiete (Lessivés assoziiert mit Braunerden, Pseudogleyen u.a.)		Ranker-Gebiete (Ranker assoziiert mit Rohböden, Braunerden, Podsolen u.a.)		Podsol-Gebiete (stark ausgeprägte Podsole assoziiert mit Mooren, Gleyen u.a.)
	Marsch-Gebiete (Marschen assoziiert mit Mooren, Gleyen, Auen u.a.)		Rendzina-Gebiete (Rendzinen assoziiert mit Rohböden, Braunerden, Lessivés u.a.)		Podsol-Gebiete (schwach ausgeprägte Podsole assoziiert mit Braunerden, Lessivés u.a.		

Abb. 10: Gebiete mit den wichtigsten Bodentypen Deutschlands zur Zuordnung der Bodenfarbe

2.3.1.7 Informationsgrundlagen der Topographischen Karten

Die Topographische Karte 1 : 25.000 (TK 25) erfaßt ein Gebiet von ca. 126 km². Die Oberflächenformen des Reliefs und die sie bedeckenden Nutzungsflächen (z.B. Park, Grünland, Ackerland; Definitionen siehe Kapitel 2.3.2.2) sind lagegetreu dargestellt. Lediglich kleinere Häuser und linienhafte Elemente, wie Verkehrswege und Bäche, werden generalisiert. Hinweise zu den Informationsinhalten zur Erfassung der Siedlungsstruktur siehe Kapitel 2.3.3.3.

Ausgaben:
- TK 25, Orohydrographische Ausgabe (zweifarbig, nur Höhenlinien und Gewässer darstellend)
- Die Topographische Karte 1 : 25.000, Normalausgabe (TK 25 N):
  Dreifarbig (Grundriß schwarz, Gewässer blau, Höhenlinien braun)
- TK 25 N, mit Waldflächen (grün)
- TK 25, Arbeitskarte (einfarbig)

Die Topographische Karte 1 : 50.000 (TK 50) enthält vier Karten der TK 25 und weist auch in der Regel deren Inhalt auf. Allerdings ist der Grundriß und die Geländedarstellung bereits generalisiert. Die TK 50 besitzt in allen Ländern der Bundesrepublik einen einheitlichen Zeichenschlüssel. (Unterschiede gibt es noch bei Karten der Länder der ehemaligen DDR.)

Ausgaben:
- TK 50, Orohydrographische Ausgabe (TK 50 OH):
  Diese Karte enthält nur Höhenlinien, Gewässer und gegebenenfalls Schummerung
- TK 50, Schummerungsausgabe (TK 50 Sch):
  Das Relief wird durch diese Schattierungen formanschaulich dargestellt
- TK 50, Normalausgabe (TK 50 N):
  Vierfarbig, Farben wie TK 25 mit Waldflächen
- TK 50, Arbeitskarte (TK 50 A):
  Dreifarbig, ohne Waldflächen

Zur Unterscheidung und Typologisierung verschiedener Relief-Erscheinungsbilder können in der TK 25 und TK 50 folgende Informationen interpretiert werden:

– Ermittlung absoluter Höhenpunkte und relativer Höhenbereiche:
  - Höhenangaben durch absolute Höhenpunkte
  - Höhenangaben durch Isohypsen

– Reliefformen:
  - Höhenlinienbilder
  - Dichte der Höhenlinien
  - Hangformen, Hangneigungen:
    mit Hilfe des Neigungsmaßstabes auf dem TK-Blatt

– Raumkanten durch Böschungen, Steilhänge, Terrassenstufen u.a. markante Höhenstufen:
  - Höhenlinienbilder
  - Dichte der Höhenlinien
  - Böschungsneigungen (Gefälle) mit Hilfe des Neigungsmaßstabes
  - Böschungssignatur (Linie mit Schraffen; Unterscheidung natürlich, künstlich)

- Anordnungsmuster von Flach-, Voll- und Hohlformen bzw. Reliefelementen der Meso- und Mikrostruktur zur Charakterisierung von Makroreliefbereichen. Ausprägung:
    - Reliefunstetigkeit (Dynamik des räumlichen Gefüges)
    - Reliefenergie (relative Höhenunterschiede)
    - Reliefstruktur (Vergesellschaftung von Reliefelementen, -formen oder Mikroeinheiten)
    - Räumliche Lage, d.h. im Landschaftsraum und innerhalb übergeordneter Reliefformen (siehe Landschaftsbildeinheiten, Landschaftsbildregion, naturräumliche Gliederung)
- Hydrographische Angaben
    - Fließgewässer zur Charakterisierung von Talungen und Niederungen; Einteilung in Flüsse, Bäche, Gräben
    - Altwasser; durch Laufverlegung oder Korrektion vom fließendem Wasser oder See abgetrennte Flußarme oder Stillgewässer, die mit stehendem Wasser erfüllt sind.

Prinzipien der Höhenliniendarstellung und Reliefgestalt:
- Eine Reliefform ist umso steiler, je enger die Scharung der Höhenlinien ist
- Runde, geglättete oder abgerundete Formen stellen sich auch in einem gerundeten Höhenlinienverlauf dar
- Je eckiger dagegen der Höhenlinienverlauf wiedergegeben wird, desto kantiger ist auch die Reliefform

2.3.2 Vegetation und Landnutzung

2.3.2.1 Habituelle Vegetationscharakterisierung

Bei der Vegetationscharakterisierung hinsichtlich ihrer landschaftsbildprägenden bzw. beeinflussenden Bedeutung stehen formal-gestalthafte Erfassungskriterien im Vordergrund; diese erfahren jedoch durch die Beachtung faunistischer Aspekte eine Erweiterung im Sinne der "ästhetischen" Erlebbarkeit.

Für die habituelle Vegetationscharakterisierung sind, vergleichbar mit der Vorgehensweise bei den Reliefformen, die Gestaltkriterien von zentraler Bedeutung.

Die Gestalt von Vegetationselementen läßt sich über folgende Merkmale erfassen:

Grundriß / Figur:
- senkrechte Projektion des Vegetationselements auf einer waagerechten Ebene
- Umrißlinie der Figur / Kontur

Ansicht:
- Vertikalgliederung / Schichtung (siehe Abb. 11)
- Horizontalgliederung
- Silhouette / Kontur

Materialität :
- Blatt, Blüten, Holz, Nadeln u.a.

Textur:
- Oberflächenausprägung von Vegetationselementen, welche durch die Materialität und Formbeschaffenheit der an deren Aufbau beteiligten Vegetationsbausteine gebildet wird

Farbe:
- Farbtonvielfalt
- jahreszeitliche Variabilität

Transparenz:
- Eigenschaft von Vegetationselementen, aufgrund der Anordnungsdichte und des Belaubungszustandes Ein- bzw. Durchblicke zu ermöglichen

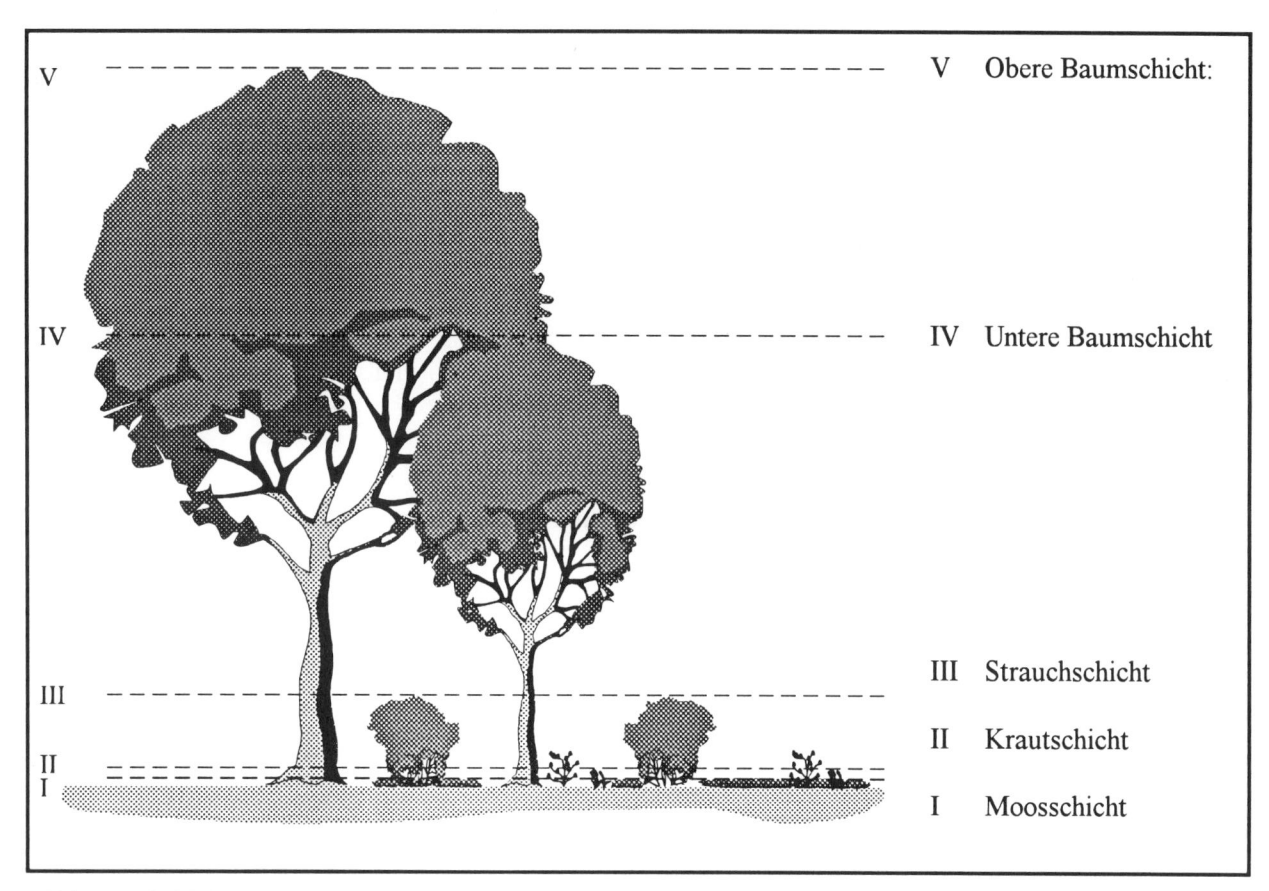

Abb. 11: Schichtmodell der Vegetation

V	Obere Baumschicht:
IV	Untere Baumschicht
III	Strauchschicht
II	Krautschicht
I	Moosschicht

2.3.2.2 Vegetationsformenkatalog unter Berücksichtigung faunistischer Aspekte für das Landschaftserlebnis

Landschaftswahrnehmung im umfassenderen, alle Sinne betreffenden Ansatz meint mehr als die primären, optischen Qualitäten eines Landschaftsgegenstandes selbst. Seine Eignung als Lebensraum, zum Beispiel als Brut- und Nahrungsstätte oder Winterquartier birgt weitere optische, aber auch akustische und olfaktorische Erlebnisqualitäten, die in Synthese mit den rein gestalterisch-formalen Aspekten erst ein "Gesamtbild" ergeben.

Die Auswahl der beschriebenen Vegetationselemente orientiert sich primär an den optischen Qualitäten der Vegetationsformen und an den Bezeichnungen, soweit sie dem Topographischen Kartenwerk für die alten wie auch neuen Bundesländer zu entnehmen sind, da letztere arbeitstechnisch eine wesentliche, flächendeckend vorhandene Informationsquelle dieser Untersuchungsmethode darstellen.

Biotopkartierungen existieren nur teilweise und können somit nicht als Arbeitsmittel vorausgesetzt werden. Sofern keine aktuellen Biotopkartierungen für den betroffenden Untersuchungsraum vorliegen, können Aussagen über faunistische und sonstige Aspekte bestimmter Vegetationselemente nur im Sinne von "potentiell möglich" registriert werden.

Unter Punkt a) werden gestalterisch-formale Aspekte der betreffenden Vegetationselemente kurz charakterisiert, unter Punkt b) werden Aussagen bezüglich faunistischer Merkmale gemacht, die im idealtypischen Falle anzutreffen wären.

Ackerland:
Durch Ackerbau bewirtschaftete landwirtschaftliche Nutzfläche, auf der regelmäßige Bodenbearbeitung stattfindet.

Allee:
a) Aus Baumreihen bestehende, meist entlang von Straßen und Wegen verlaufende Gehölzbiotope, die in der Regel ein- oder doppelreihig sind.
b) Insbesondere bei alten Alleen mit hohem Anteil an Baumhöhlen und Totholz sowie großkronigen Bäumen sind sie Lebensraum zahlreicher Insektenarten, sowie Sing- und Ansitzwarte für verschiedenste Vogelarten.

Feldgehölz:
a) Kleinflächiger, nicht linear entwickelter Strauch- und Baumbestand, allseitig von Ackerfeldern umgeben.
b) Relativ naturnah aus Bäumen und Sträuchern verschiedener Arten stufig aufgebaute Feldgehölze haben sehr große Bedeutung als Brutplatz, Jahreslebensraum, Winterquartier usw. für verschiedenste Tierarten.

Gebüsch:
a) Ansammlung von vielen, dicht beisammenstehenden Sträuchern und vereinzelt auch niedrigen Bäumen.
b) Lebensraum vieler Vogelarten und von Niederwild.

Grünland:
a) Landwirtschaftliche Nutzflächen, die als Wiesen oder Weiden genutzt werden. Sie sind mit mehrjährigen Gräsern und Kräutern bewachsen.
Ganzjährig relativ geschlossene Pflanzendecke mit Vegetationshöhen von ca. 10 - 70 cm.
b) Weidefläche für Nutzvieh und / oder Brut - und Nahrungsstätte bodenbrütender Vögel, Rast- und Nahrungsplatz für Zugvögel sowie Lebensstätte für Kleinsäuger und verschiedene Insektenarten.

Hecke:
a) Anthropogen entstandenes Element der Kulturlandschaft; schmale, ein- oder mehrreihige Gehölzpflanzung (Bäume, Sträucher), die in kleineren oder größeren Zeitabständen gepflegt bzw. geschnitten wird. Man unterscheidet je nach Alters- und Artenzusammensetzung Nieder-, Mittel- und Hochhecke mit ca. 1 m, bis zu 2,5 m und über 2,5 m Höhe.
b) Die Hecke ist Lebensstätte von zahlreichen Kleinlebewesen, Niederwild, Vögeln sowie Bienenweide.

Heide:
a) Weitgehend baumfreie, mehr oder weniger lockere Zwergstrauch- bis Strauchformation; auch als anthropogene Formation, wenn die Holzgewächse durch verschiedene Formen der Landnutzung (Beweidung) niedrig gehalten oder verdrängt werden.
Als echte Heide gilt die Zwergstrauchheide, die von immergrünen Gewächsen geprägt ist.
b) Die meisten Heiden in Deutschland sind durch anthropogene Einflußnahme entstanden. Sich selbst überlassen, verbuschen und bewalden sie; sie müssen also durch Pflege erhalten werden, wozu vor allem der Schafdurchtrieb mit Heidschnucken zählt. Die Heideböden selbst sind reich an Insektenleben und Brutvögelvorkommen.

Moor:

Gelände, das bis an die Oberfläche dauerhaft durchfeuchtet ist mit schlammigem Boden. Man unterscheidet Nieder-, Zwischen- und Hochmoor mit jeweils typischen Vegetationsgesellschaften.

Niedermoor: bildet sich in Senken, Flußniederungen, kleinen Mulden und an Hängen im Bereich von Quellwasseraustritten. Typische Zeigerpflanze ist die Moorbirke. Die Artenvielfalt ist bei guter Wasserversorgung groß.

Häufiges Vorkommen von Schilfröhricht, Groß- und Kleinseggenrieden, teilweise auch Bruchwald mit Schwarzerle.

Zwischenmoor / Übergangsmoor: Mischvegetation aus typischen Nieder- und Hochmoorarten, zum Teil mosaikartig gemischt. Das Zwischenmoor ist höchstens schwach aufgewölbt und oft als Schwingrasen ausgebildet, d.h. als auf der Wasseroberfläche schwimmende Rasen. Typische Zeigerpflanze ist die Rauschbeere.

Hochmoor: a) Im typischen Falle ist die Oberfläche eines Hochmoores uhrglasförmig aufgewölbt und besteht aus hellbraun gefärbten Bestandteilen von Spaghnum-Moosen. Intakte Hochmoore besitzen ein kleinräumiges Mosaik aus erhöhten Bulten (kleine, bucklige Höcker von weniger als 1 bis 2 m Durchmesser und bis 50 cm Höhe) und nassen Schlenken (wassergefüllten Senken). Typische Zeigerpflanze ist die Moosbeere. Die Vegetationshöhe beträgt bis zu 1 m (Zwergsträucher).

b) Lebensraum hochgradig spezialisierter Insektenarten (Käfer, Schmetterlinge, Libellen usw.); Brut-, Nist- und Nahrungshabitat bedrohter Vogelarten.

Park:

a) Mehr oder weniger großflächige, der Repräsentation oder der Erholung dienende Grünflächen, die locker mit Büschen, Sträuchern und Baumgruppen bepflanzt sind.

b) In den groß angelegten Parks enthaltene alte Bäume bieten vielen Brutvögeln eine besonders große Zahl abwechslungsreicher Nistgelegenheiten durch die Vielfalt von Baumhöhlen.

Alte Baumriesen bieten Lebensraum für verschiedene Insekten.

Röhricht:

a) Hochwüchsige, kräftige Gräser, die im Verlandungsbereich flach stehender und sehr langsam fließender Gewässer einen Dickicht bilden. Typische Pflanzen sind Schilf, Binsen und Rohrkolben. Schilf kann über 4 m hoch werden.

b) Sehr wichtiger Lebensraum für zahlreiche Vogelarten, die das Röhricht mit seiner reichen Insektenfauna als Brut-, Rast- oder Nahrungsbiotop nutzen.

Solitärbaum:

a) Einzelbaum in der offenen Landschaft, in Siedlungen oder auch als herausragende, optisch weithin sichtbarer Überhälter (d.h. bei der Abholzung stehengelassener Baum) in den Forsten.

Durch den ringsum freien Wuchs meist vergleichsweise breitkronig mit weit ausladenden Ästen in Abhängigkeit von dem artspezifischen Habitus. Höhenentwicklung je nach Baumart bis zu 40 m.

b) Bedeutung als Sitzwarte für verschiedene Vogelarten und teilweise auch als Vogelbrut- und Nahrungsplatz; Vorkommen verschiedener Insektenarten in Abhängigkeit von Baumart und -alter sowie Moder- und Totholzanteil.

Streuobstwiese:
a) Wiesen mit hochstämmigen Obstbäumen, welche in Reihen, Gruppen oder ausgedehnteren Feldern gepflanzt sind.
Im ländlichen Raum vielfach als mehr oder minder lückiger Obstwiesen-Gürtel um die Dorfanlagen.
b) Lebensraumbedeutung für viele selten gewordene Brutvögel, Insekten und Fledermäuse, insbesondere dann, wenn Totholzanteil und Baumhöhlenvorkommen gegeben ist.

Sumpf:
Grasland auf nassen Böden.

Wald / Forst:
a) Quasinatürliche oder natürliche Lebensgemeinschaft von Pflanzen und Tieren, deren Aufbau von Baumbeständen unterschiedlicher Dichte und Schichtung gekennzeichnet und dessen großräumige Verbreitung überwiegend makroklimatisch bestimmt ist. (In Deutschland zeigen sich großräumig auf mittleren Standorten vor allem Buchen- und Buchenmischwälder mit stark wechselnden Anteilen an Rotbuche, Stiel- und Traubeneiche, Hainbuche, Ahorn, Esche, Linden und Ulmen).
Unter *Wald* versteht man die *natürliche Vegetationsgemeinschaft*; Prototyp des Waldes ist der Urwald, dem verschiedene Waldtypen, wie Laubwald oder Nadelwald zur Seite gestellt werden.
Urwald: ein Naturwald mit natürlichem Bestandsaufbau, der bisher keiner Form anthropogener Beeinflussung und / oder Nutzung unterlag.
Mannigfaltige Gliederung in Moos-, Kraut-, Strauch- und mehrere Baumschichten mit dem Vorkommen zahlreicher Entwicklungsphasen des Waldes auf engem Raum nebeneinander. Baumhöhe ca. 30 - 50 m, Flächengröße mehrere Quadratkilometer mit großflächig geschlossener Schirmvegetation und vereinzelten kleinflächigen Lichtungen, Waldtümpeln und Kleingewässern.
Laubwald: Im allgemeinen sehr differenzierte Pflanzengemeinschaft aus einer oder mehreren Baumschichten sowie Strauch- und Krautschichten. Die Bäume können immergrün oder laubwerfend sein. Die Bodenschicht entwickelt sich vor allem zu Beginn der Vegetationsperiode. Frühjahrsblüher sind charakteristisch.
Nadelwald: In unseren Breiten kommen vor allem Tannenwälder, Kiefernwälder und Moorwälder vor, bei denen Nadelholzarten beherrschend sind.
Mischwald: Waldbestand, der sich aus zwei oder mehreren Baumarten zusammensetzt, in der Regel standortangepaßt ist und eine vielfältige Bodenvegetation besitzt. Der Mischwald hat der Monokultur gegenüber nicht nur eine größere ökologische Stabilität, sondern verfügt in der Regel auch über eine höhere strukturelle und farbliche Vielfalt.
Als *Forst* werden die *Wirtschaftsformen* des "Waldes" bezeichnet; hier unterscheidet man Hoch-, Mittel- und Niederwald.
Hochwald: Begriff aus der Forstwirtschaft für Waldentwicklungszustand. Seine Reinbestände setzen sich ausschließlich aus Oberholz zusammen, d.h. aus Bäumen, die selten mehr als 50 bis 100 Jahre alt werden.
Mittelwald: Zweischichtige Nutzungsform zwischen Hochwald und Niederwald mit altersmäßig stark heterogener Zusammensetzung. Die obere Baumschicht überwiegt, während die untere Baumschicht überwiegend durch Stockausschlag entsteht.
Niederwald: Von niedrigen buschartigen Bäumen gebildet. Es fehlen ausgewachsene Bäume sowie die meisten Nadelhölzer aufgrund der speziellen Bewirtschaftungsform (Niederwaldwirtschaft).
b) Der Wald ist Lebensstätte für Wildtiere (Hirsche, Rehe, Wildschweine, Kleinsäuger (Mäuse usw.), Sing- und andere Vögel, zahlreiche Insektenarten, um nur einige Tierarten zu nennen. Mit deren Vorkommen

gehen vielfältige optische und akustische Erlebnisqualitäten dieser Vegetationsform einher, die zum Teil jahreszeitliche Varianten aufweisen, teils kontinuierlich wahrnehmbar sind.

Im Vergleich mit dem Wald besitzt der Forst im allgemeinen eine reduzierte Lebensraumqualität bzw. Eignung als Brut- und Nahrungsstätte aufgrund seiner viel geringeren Arten- und Strukturvielfalt.

Waldreste :

Treten in der Kulturlandschaft, besonders nach deren Ausräumung auf, sind jedoch gegenüber den Feldgehölzen so groß, daß sie über ein waldtypisches Bestandesklima und sonstige, waldtypische ökologische Ausstattung verfügen.

Waldstreifen:

Schutzwaldstreifen in Form schmal- oder breitstreifiger Waldanpflanzungen, deren Breite meist über 100 m liegt.

Weide:

Grasland, das als landwirtschaftliche Nutzfläche von Haustieren abgeweidet wird.

Wiese:

a) Natürliche oder anthropogene Vegetationsformen aus solchen Pflanzengesellschaften, die eine geschlossene Grasnarbe bilden, denen Holzpflanzen fehlen.

Allen Wiesentypen ist gemeinsam, daß sie keinen oder nur buschartig verstreuten Baumbewuchs aufweisen und daß krautige, meist niederstehende Pflanzen vorrherrschen, die am Jahresende absterben.

Unter ihnen stellen die Gräser die an Masse und Individuenzahl umfangreichste Gruppe dar und gleichzeitig auch diejenigen Formen, die am höchsten wachsen. Mit dem Boden, dem "Unterholz" der Moos- und Streuschicht sowie dem stockwerkartig aufgebauten "Graswald" weist die typische Wiese eine ganz unverwechselbare vertikale Gliederung auf.

b) Lebensraum einer Vielzahl von Kleintieren, insbesondere Insekten sowie als Brutplatz und Nahrungsgebiet einer Reihe von Vögeln.

(vgl. JEDICKE, 1992; LESER et al., 1992; LESER et al., 1993; NACHTIGALL, 1986)

2.3.2.3 Kulturhistorische Vegetationsvorkommen

Neben den anthropogen unbeeinflußten Vegetationselementen ist im Bundesnaturschutzgesetz der Schutz historischer Kulturlandschaften und ihrer Elemente festgeschrieben (§2 Abs. 1 Grundsatz 13 BNatSchG). Dabei meint *Historische Kulturlandschaft* einen Landschaftsraum, der noch heute von Elementen und Strukturen früherer bäuerlicher Wirtschaftsweisen geprägt wird. Typische Vegetationsformen sind häufig nur durch einen hohen Arbeits- und Pflegeaufwand in ihrer charakteristischen Erscheinungsform zu erhalten.

Ihre Bedeutung als kulturhistorisch sowie ökologisch wichtige Landschaftselemente liegt in der spezifischen Erlebniswirksamkeit für die ansässige Bevölkerung (Heimatverbundenheit). Der oben genannte Grundsatz fehlt allerdings in den Landesgesetzen mehrerer Bundesländer. Um diesbezüglich Defizite beziehungsweise damit möglicherweise einhergehende Unterlassungen zur Unterschutzstellung zu umgehen, werden im folgenden *Hinweise zur Erfassung von kulturhistorischen Vegetationselementen* gegeben. (Entsprechende Angaben bezüglich relevanter Siedlungs- und Flueraufteilungsformen finden sich in Kapitel 2.3.3.1)

Generell hilfreich ist zur Bestandserfassung sowohl das wichtigste Schrifttum zum Thema, übersichtlich geordnet in der Bibliographie von WEBER (1992) als auch die Sichtung historischen Kartenmaterials.

Letzteres ist sowohl über die Landesvermessungsämter als auch anhand der zahlreichen, nicht reproduzierten, lokalen Kartenerhebungen möglich.

Die folgende Auflistung kulturhistorisch bedeutsamer Objekte und Landnutzungsformen versteht sich als Orientierungshilfe ohne Vollständigkeitsanspruch, da die real existierende Zahl und Vielfalt erhaltenswerter historischer Kulturlandschaften und -landschaftsteile viel größer ist und nur regionalspezifisch festzustellen ist. Als Leitfaden für eine Bestandsaufnahme sei an dieser Stelle auf die Arbeit von BRINK & WÖBSE (1989) hingewiesen.

- Streuobstbestände
- alte Weinbergterrassen mit oder ohne Trockenmauern
- Hecken: z.B Wallhecken, Knicks
- Huteflächen: z.B. Waldweide, Heide, Triften usw.
- Niederwald in verschiedenen Ausprägungen: z.B. Hauberg
- alte Hausgärten
- bewachsene Zäune und Mauern
- alte Friedhöfe
- Einzelbäume und Baumgruppen mit verschiedenen Funktionen: Vesperbäume, Kopfweiden, Schneitelbuchen, Grenzzeichen
- bestimmte Formen der Ackernutzung: z.B. Wölbäcker, Ackerterrassen usw. (siehe Kap. 2.3.3.5)
- Wiesen- und Weidenutzung: z.B. Almen, Buckelwiesen, Wässerwiesen, Streuwiesen usw.
- alte Flueraufteilungsformen (siehe Kap. 2.3.3.1)

2.3.3 Siedlungsstruktur und Bebauung (Kulturausdruck)

2.3.3.1 Merkmale zur Klassifizierung und Charakterisierung der Siedlungsstruktur

Für die Analyse des Landschaftsbildcharakters in seinem kulturellen Ausdruck (Besiedlungsgeschichte und Landnutzung) werden die Wohnstätten und Siedlungen als Elemente der Landschaft betrachtet, die ein Ordnungsprinzip bilden, das im Zusammenhang mit dem Anordnungsmuster der anderen Landschaftselemente steht. Die Aufstellung einer Klassifizierung dieser Elemente nach ihren bildwirksamen Merkmalen und landschaftlichen Zusammenhängen erfolgt in Anlehnung an die Siedlungstypologie der Siedlungsgeographie. Sie untersucht die menschlichen Siedlungen nach den wichtigen Merkmalen ihrer

- geographischen und topographischen Lage
- Physiognomie: Größe, Grundriß, Aufriß
- Struktur: räumliche Ausprägung, Aufbau und Gefüge, sowie Verteilung und Dichte in einem Landschaftsraum
- Funktion und Genese (dominante Merkmale)
- hierarchischen Ordnung und regionalen Differenzierung

Die wesentliche Unterscheidung der Siedlungen erfolgt zwischen städtischen und ländlichen Siedlungen. Bei den ländlichen Siedlungsformen wird weiter unterschieden zwischen

- Einzelsiedlungen, Einzelgehöften,
- Gruppensiedlungen und
- Streusiedlungen, bei denen ein größeres Gebiet mit Einzelsiedlungen vorliegt.

Wichtig bei den ländlichen Siedlungen ist der Zusammenhang zwischen der Siedlungsform, dem Ortsgrundriß und der dazugehörigen landwirtschaftlich genutzten Fläche. Städtische Siedlungen lassen auch schon allein aufgrund des Flächenanspruchs und der damit charakteristischen Ortsrandausprägung keinen direkten funktionellen Zusammenhang mehr zu den landwirtschaftlich genutzten Flächen erkennen. In Ausnahmefällen muß nach den noch verbliebenen Resten dieses Zusammenhangs gefragt werden, Übergangsformen bestehen selbstverständlich auch in dieser Systematik.

1.) Siedlungsstruktur im Zusammenhang mit den naturräumlichen Gegebenheiten

Die topographische Lage der Siedlungen ist sehr vielfältig, dennoch gibt es im Zusammenhang mit den naturräumlichen Gegebenheiten regionale Ausprägungen.
Häufige Lagen sind zum Beispiel auf hochwasserfreien Niederterrassen, auf der Geestkante, an Einmündungen von Seitentälern, auf Schwemmkegeln, an der Furt, in kesselförmigen Senken, auf Spornen.

Das Erscheinungsbild der ländlichen Siedlungsform ist von der Landschaftsausstattung und der damit zusammenhängenden Wirtschaftsform abhängig, die je nach Fortschritt der technischen Möglichkeiten der Landnutzung das Gliederungsprinzip der Siedlung und der zugeordneten Flurformen mitbestimmt.
Die Abhängigkeit der Bewirtschaftung des Bodens von den vorgefundenen landschaftlichen Bedingungen findet auch ihren Ausdruck in den Bauformen (Art und Weise der Verknüpfung von Wohn- und Wirtschaftsgebäuden) und dem Baumaterial.

Die Erschließung der Landschaft (Besiedlungsperioden, Kolonisation) erzeugt im Laufe der Geschichte in Abstimmung auf die vorgefundenen naturräumlichen Bedingungen verschiedene Siedlungsformen. Dabei sind auch die Entwicklungen und Veränderungen der sozialen, wirtschaftskulturellen und technischen Verhältnisse zu bedenken; die Gestalt und Form der Siedlungsstruktur ist nicht allein landschaftstypabhängig. Die sozialen Verhältnisse finden auch im Hausbau und in der Art und Weise der Verknüpfung von Wohn- und Wirtschaftsgebäuden und den gemeinschaftlichen Bauwerken ihren Niederschlag. Durch Kulturaustausch - bei genügender Entwicklung des Verkehrsnetzes - und Beeinflussungen durch obrigkeitliche Planungen verändert sich in der Regel das Siedlungsbild im Laufe der Geschichte, so daß eine Siedlungsstruktur oft verschiedene historische Schichten aufweist. Bei der Betrachtung der Siedlungsformen spielen neben dem Zusammenhang mit der Flurform auch der typische innerörtliche Freiraum und seine Bestandteile (Bäume, Bauerngärten, Löschteiche, Alleen u.a.) eine wichtige Rolle.

Daher meint Siedlungsstruktur nicht nur die Formen und Organisationsweisen der menschlichen Behausungen, sondern dazu gehören auch:
- Erschließungsarten und -strukturen: Verkehrswege unter Berücksichtigung der historischen Entwicklung der Siedlung und der topographischen Bedingungen (Wege, Straßen, Kanäle, Schienenwege)
- Wirtschaftskultur und die jeweilige Nutzungsart und damit einhergehende Gliederungssysteme der Landschaft (Flurgliederung, Be- und Entwässerungsprobleme u.a.)
- Außerdörfliche anthropogene bauliche Elemente und deren Bildauswirkung auf die Umgebung; geschichtliche Siedlungsreste (zum Beispiel Burgen), soweit sie nicht als anthropogene Reliefformen, zum Beispiel Hügelgrab, erfaßt sind; aus dem Produktionsbereich (Mühle, Trockenmauern, Steinwälle, historische Gewerbe- und Industriebauten u.a.); besondere Wohnstätten (Klöster, Kirchenbauten u.a.).

2.) Gliederung der Flur und die Zuordnung von Flur- und Siedlungsform

Der Zusammenhang zwischen den Siedlungsformen und den Flurformen ist im historischen Bild größtenteils verwischt. Die technisierte Landwirtschaft prägt heute in weiten Teilen der Bundesrepublik das Landschaftsbild entsprechend ihren Erfordernissen nach großflächiger Flurauteilung. Aufgrund unterschiedlicher Bodenerträge gibt es aber noch ein Wechselspiel zwischen alten und neuen Flurformen und Nutzungsformen, meist wandeln sich letztere schneller.

In den verschiedenen heute noch vorhandenen oder in Resten erkennbaren Gliederungsformen der Flur spiegeln sich die verschiedenen Arten der Siedlungsvorgänge und die sozialen Verhältnisse wider. Ihnen ist daher ein historischer Wert auch im Sinne der Landschaftsästhetik zuzusprechen (Schutz historischer Kulturlandschaften und -landschaftsteile nach BNatSchG § 2(1)13).

Definitionen (nach LESER et al., 1992, Bd. 1: siehe Abb. 12):

Gemarkung:
Gesamte Wirtschaftsfläche eines Gemeindegebietes (Siedlung), die das eigentliche Kulturland und das gemeinschaftlich genutzte Land (Allmende) umschließt.

Gewann:
Verband gleichlaufender, streifenförmiger Parzellen in Gemengelage (d.h. verstreute Lage von Besitzparzellen in der Flur, Besitzzersplitterung) und in der Regel ohne Hofanschluß; formale Unterscheidungen zwischen Kleingewann, Langgewann (Erstreckung zwischen 300 - 600 m), Kurzgewann (Erstreckung bis 300 m, vielfach unter 200 m).

Flur:

Flur bezeichnet die parzellierte landwirtschaftlich genutzte Fläche eines Siedlungsverbandes. Die Parzellierung ist abhängig von den Besitzverhältnissen und kann durch einen Flurformentyp oder eine Kombination verschiedener Flurformentypen bestimmt sein.

Flurform:

Grundrißgestaltung der Flur, bezogen auf den Verlauf der besitzrechtlichen Grenzen der Parzellenverbände und Parzellen; Merkmale der Form und des Anordnungsmusters:
- Blöcke (Quadrat, Rechteck, Trapez, Breiten-Längenverhältnis bis 1:2,5)
- Streifen (paralleles Liniensystem, Breiten-Längenverhältnis ab 1:2,5, meist 1:10)
- gleichlaufend, radial u.a.
- z.B. Langstreifenflur: aufgrund ihrer Anpassung an die Oberflächenform nicht gradlinig; begrenzende Feldwege laufen parallel zu den Höhenlinien
- z.B. Breithufenflur: regelmäßig, ohne Rücksicht auf das Relief; Feldwege schneiden die Höhenlinien (SCHICK, 1988, S. 25)

Einige Beispiele des Zusammenhangs von Flurform und Dorfform, die aber nicht in allen Fällen regelhaft verknüpft sein müssen (vgl. ELLENBERG, 1990; SCHWARZ, 1966):
- Einzelsiedlungen mit Einzelhöfen (Einödhöfe), die inmitten ihres geschlossenen Besitzes liegen; die Flur wird dann als Einödflur bezeichnet, im Gegensatz zur Gemengeflur (Gemengelage)
- Radialwaldhufendorf mit einer Radialflur; die Parzellen ordnen sich kreisförmig und strahlenförmig um die im Zentrum liegende Siedlung an
- Haufendorf mit Gewannflur
- Hufendorf mit einer Streifenflur, z.B. Marschhufendorf, beim Moor- und Waldhufendorf sogenannte Breitstreifenflur

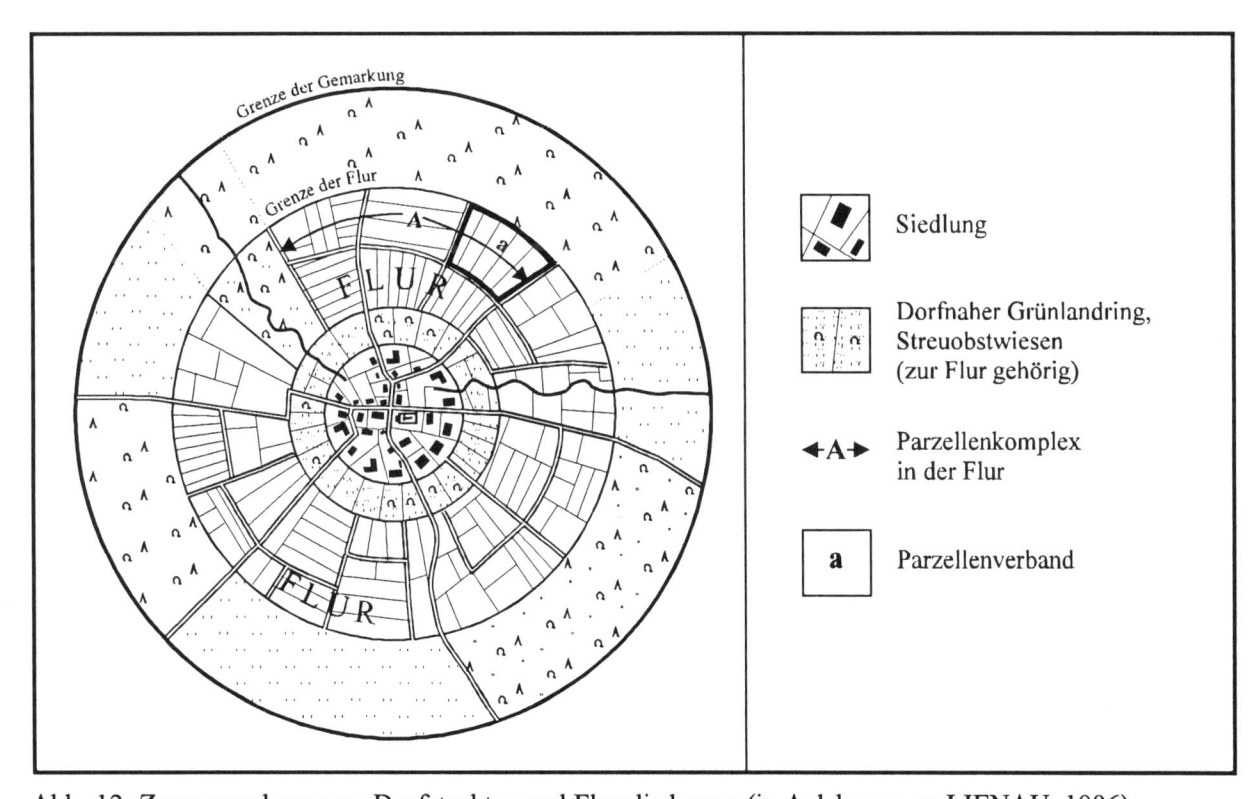

Abb. 12: Zusammenhang von Dorfstruktur und Flurgliederung (in Anlehnung an LIENAU, 1986)

2.3.3.2 Siedlungsstruktur, Grundrißgestalt und Größe der ländlichen Siedlungsformen

Einzelsiedlung, Einzelhof:
Bezeichnung für eine Siedlungsform, die aus einem isoliert stehenden Haus oder Gebäude mit einer besonderen Zweckbestimmung besteht (z.B. Bahnhof, Mühle).
Ein Gehöft mit mehreren Wohn- und Wirtschaftsgebäuden gilt auch als Einzelsiedlung. Die Bezeichnung dieser Siedlungseinheit als Einödhof verdeutlicht die getrennte Lage von anderen Siedlungen und den geschlossenen Zusammenhang dieses Einzelhofes mit dem umliegenden Besitz.

Gruppensiedlungen:
Die einfachste Form der dorfähnlichen Kleinsiedlung ist der Weiler; nach SCHWARZ (1966) bis zu ca. 20 Gehöfte bzw. Wohnstätten, die locker oder eng beieinander liegen; ein weitverbreiteter Siedlungstyp, der vor allem in der Zeit der frühmittelalterlichen Rodungskolonisation in Mitteleuropa entstand, Beispiel für eine lockere Gehöftgruppe: die Drubbel in Westfalen.

Streusiedlung:
Keine geschlossene Siedlungsform, eine Mischung von Einzelgehöften und kleiner Gruppensiedlung; teilweise flächenhafte Ausdehnung, oder in Anpassung an das Relief - z.B. in den Gebirgstälern. Streusiedlungen mit gemeinsamer Flurnutzung finden sich besonders in Nordwestdeutschland in Form des Eschdorfes (auch als Drubbel bezeichnet): locker stehende Höfe (3 - 15) am Rande von Altackerland (Esch). (LESER et al., 1992)

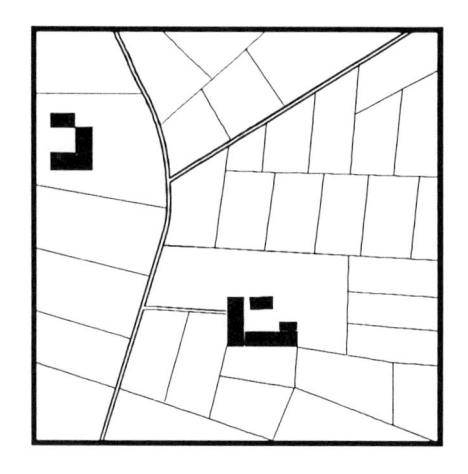

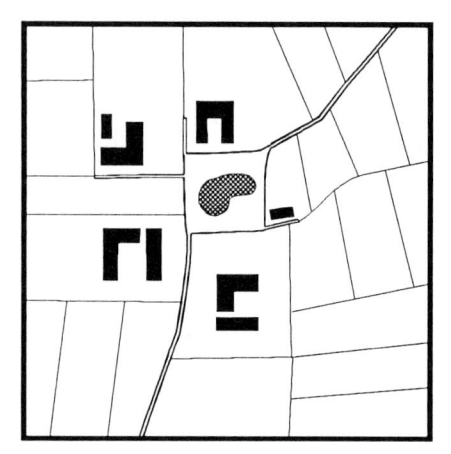

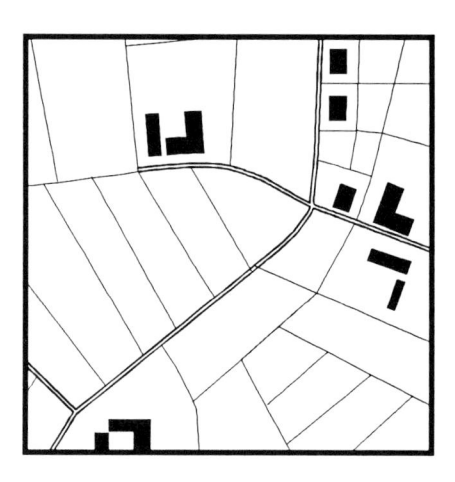

Nach siedlungsgeographischen Typenbezeichnungen ist ein Dorf nach der Größe eine ländliche Gruppensiedlung mit mehr als ca. 20 Wohnstätten (nach SCHWARZ, 1966) und überwiegend durch die Agrarwirtschaft geprägt, bisweilen mit städtischen Merkmalen versehen (Stadtdorf, Großdörfer) und einer Größe zwischen 2000 und 15000 Einwohnern, jedoch auch bis zu 50.000 Einwohnern. Dörfer mittlerer Größe (nach SCHWARZ 1966, ca. 20 - 250 Wohnstätten) können in Abhängigkeit von der Kulturlandschaftsgenese formal nach Grund- und Aufriß unterschieden werden.

Bei ELLENBERG (1990) findet man Übersichtskarten zur Verbreitung der genannten wichtigen Dorfformen im Gebiet der Bundesrepublik (alte und neue Länder!).

Für die weitere Erfassung der Siedlungstypen in ihrem landschaftsprägenden Charakter wird eine formale Einteilung nach linearen und flächenhaften Grundformen vorgeschlagen.
(vgl. ELLENBERG, 1990; LESER et al., 1992, Bd.2)

Lineare Grundformen
Die Wohnstandorte folgen hier oft einer natürlichen Leitlinie (Bachlauf, Terrassenkante, Quellhorizont) oder einem Verkehrsweg. Ihre Regelhaftigkeit und Anordnung ist im Erscheinungsbild sehr unterschiedlich und wird maßgeblich von der Flurparzellierung mitgestaltet (siehe auch BORN, 1977).

Straßendorf:
Sammelbezeichnung für lineare Ortsformen; dicht aneinandergereihte Häuser oder Gehöfte beiderseits entlang einer Straße. An die Häuserzeilen schließt sich ein Gürtel von Gärten an, die die Grenze zur Feldflur bilden.
Weitere Unterscheidungen erfolgen nach Dichte, Regelmäßigkeit und Entwicklung.

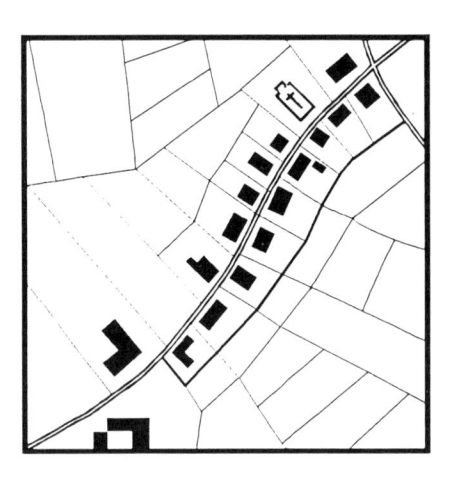

Reihendorf und Zeilendorf:
Allgemeine Bezeichnung für lineare Dorfformen, bei der die Gehöfte entlang einer Leitlinie (Fluß, Kanal, Deich u.a.) angeordnet sind; die Aufreihung kann eng oder locker sein, beim Reihendorf auch kilometerlang. Die Gestalt der Gehöfte ist weniger regelhaft, immer aber in klarem Bezug zur Flurparzellierung. Das Zeilendorf besteht nur aus einer Zeile, die sich entlang eines Weges oder kleinen Gewässers erstreckt, beim Reihendorf sind es eine oder zwei Zeilen (z.B. doppelseitiges Waldhufendorf).
Reihendorf-Sonderform: die Fehnsiedlung; in Nordwestdeutschland mit dem Torfabbau enstanden; nicht an einer Straße aufgereiht, sondern an dem für den Torftransport erforderlichen Kanal; regelhafte Gehöftverteilung über die gesamte Gemarkung, ohne erkennbaren Ortsmittelpunkt.

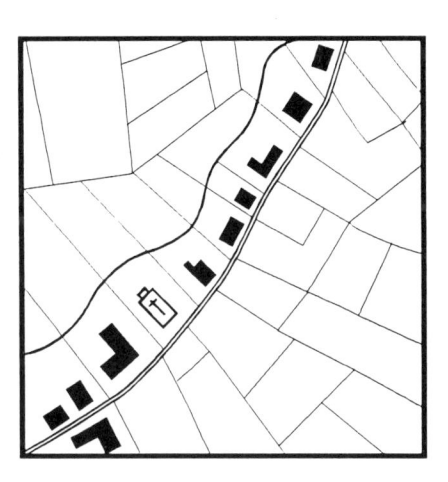

Hufendorf:
Linearer Siedlungstyp mit ursprünglich regelhafter Aufreihung der Gehöfte und der direkt daran anschließenden Hufen, die das Maß der Ackerfläche bilden. Entsprechend der Verbreitung der Dörfer wird unterschieden zwischen: Marschhufendorf, Moorhufendorf und Waldhufendorf (Sonderformen: Radialwaldhufendorf und Hagenhufendorf).

Flächenhafte Grundformen
Zu den flächenhaften Siedlungstypen gehören lockere und geschlossene Dorfformen, die durch flächige Anordnung der Wohnstätten und häufig regelloser Anordnung des Wegenetzes gekennzeichnet sind.

Haufendorf:
Unregelmäßig angeordnete Gehöfte, winklige Staßen, kleine unregelmäßig geformte Plätze, allmählicher Übergang in die umliegenden landwirtschaftlich genutzten Flächen; besonders in den Altsiedellandschaften Mitteleuropas vertreten.

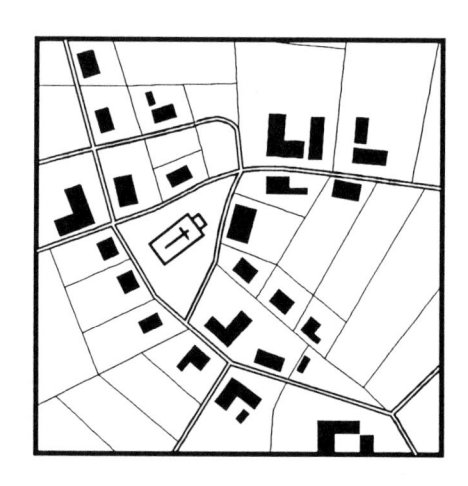

Angerdorf:
Siedlungsform, die sich aus dem linear angelegten Straßendorf entwickelt hat. Es ist ein Siedlungstyp der deutschen Ostkolonisation im Mittelalter; innerhalb der Dorfanlage gabelt sich die Hauptstraße und umschließt mit den entlang der Straße aneinandergereihten Gehöften einen langgestreckten Platz, den Anger. Der Anger ist meist rechteckig und kann zu den Ortsausgängen hin offen bleiben. Er wird gemeinschaftlich genutzt, z.B. als Grünanlage, Gemeindeweide, Friedhof, Versammlungsplatz und es stehen meistens öffentliche Gebäude auf dem Anger, z.B. Kirche, Rathaus, Schule, Gasthaus.

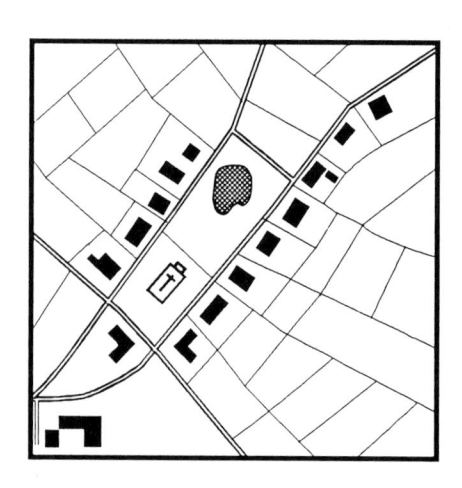

Rundling:

Gilt als eine besondere Form des Rundplatzdorfes, bei dem die Höfe zu einen rundlichen Dorfplatz angeordnet sind (Gehöftring). Zu dem Dorfplatz führt nur ein Weg, der dort endet (daher auch als Sackgassendorf, bzw. Platzdorf bezeichnet). Beim Rundling sind alle Häuser mit der Giebelseite zum Platz gerichtet. An den Außenring der Gehöfte schließen Gärten, Wiesen und Felder strahlenförmig an.

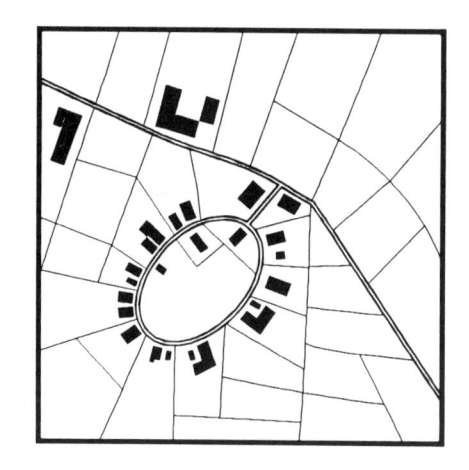

Diese sechs wichtigsten Dorfformen zeigen deutliche Strukturzusammenhänge auch zwischen der Grundrißgestalt und der damit direkt zusammenhängenden Erschließung der Landschaft (Landnutzung). Zwei weitere übergeordnete Bezeichnungen für bestimmte Dorfformen sollen noch für diese Systematik ergänzt werden, weil sie zwei weitere entscheidende Grundtypen des Dorfgrundrisses verdeutlichen:

Platzdorf:

der Grundriß weist einen zentralen Platz auf, wie z.B. beim Angerdorf, Rundling, Platzdrubbel. Der Platz ist meist in Gemeindebesitz und umgeben von Gemeinschaftsbauten oder landwirtschaftlichen Anwesen. Aufgrund der planmäßigen Entstehung zumeist eine regelhafte Anlage.

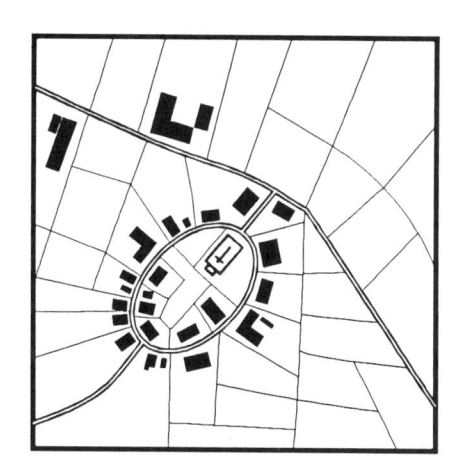

Gutsbetrieb oder Gutsdorf:

Eine besondere Gruppe der Siedlungsform bilden größere landwirtschaftliche Besitztümer, die meist auf adligen Grundbesitz zurückgehen. Neben dem Gutshof (teilweise schloßartig und mit Parkanlage) befinden sich meist Arbeiter- oder Kleinbauernhäuser im Zentrum der dazugehörigen geschlossenen Ländereien.

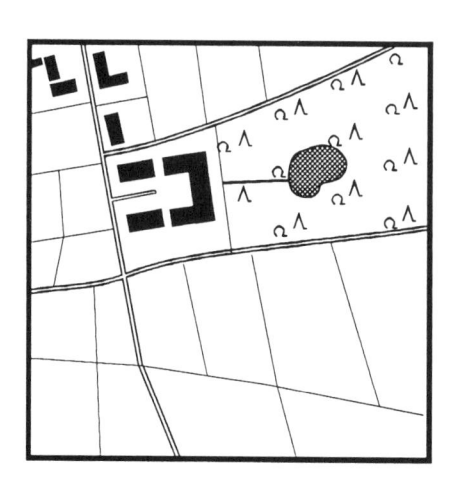

Eine weitere Bezeichnung für bestimmte Grundrißstrukturen ist das "Sackgassendorf". Es wird als eine Entwicklungsform des Platzdorfes gesehen, wobei die Sackgassen durch eine Überlagerung großer Hofareale entstehen und somit nur die ursprüngliche Struktur verändern. Der Begriff bleibt aber unklar, insbesondere bezüglich des Anordnungsmusters der Höfe und der Flureinteilung, und wird daher nicht in die Systematik aufgenommen.

2.3.3.3 Hinweise zu den Informationsinhalten zur Erfassung der Siedlungsstruktur

Das Siedlungsbild wird in den Topographischen Karten anhand folgender Merkmale differenziert:
– Anlage und Art der geschlossenen Wohnplätze
– Bebauungsdichte; mit zunehmender Bebauungsdichte erfolgt eine zunehmende Generalisierung in der Kartendarstellung: von Einzelgebäuden zu geschlossenen Häuserfronten oder Bebauungsflächen, z.B. in historischen Ortskernen
– Anlage des Verkehrsnetzes
– Einwohnerzahl; Kennzeichnung auch mit dem Schrifttyp und der Schrifthöhe der Ortsnamen
– Flächenausdehnung
– Anlage der Feldflur
– Siedlungsnamen; Hilfsmittel zur Alterseinstufung der Siedlungen aufgrund der historischen Entwicklung, um daraus auf historische Siedlungs- und Flurformen schließen zu können
– Klassifizierung des Straßennetzes; Anpassung an ältere Flurgliederungen oder nicht, wie bei neuzeitlichen Bundesfernstraßen; Anpassung an die Topographie und das Anordnungsmuster der Siedlungen; Verkehrswege mit Baumreihen, Alleen lassen auf eine historische Siedlungsstruktur schließen.

Luftbildaufnahmen erlauben einen Überblick über die Flurformen und Formen der Parzellen. Bei einer kulturhistorischen Betrachtung der Flurgliederung müssen ältere Fluraufnahmen bzw. Urkundenmaterial herangezogen werden; Flurkarten enthalten oft die alten und neuen Besitzgrenzen (nach Flurbereinigungen); Katasterpläne geben Auskunft über Besitzverhältnisse oder Nutzungsberechtigungen.

Ortsnamen - insbesondere die Endungen - geben wichtige Hinweise zur Entstehungszeit (Siedlungsperioden) und zum Verständnis der ursprünglichen Funktionen der Siedlungen, die wiederum Rückschlüsse zulassen auf die ursprüngliche Siedlungsstruktur. (Quellen: siehe SCHICK, 1988)

2.3.3.4 Bauformen und Baudenkmäler

Eine Aufschlüsselung der Gestaltungsformen der Behausungen als landschaftsbildprägende Elemente auf der Mikrostrukturebene gibt in vielfältiger Weise Auskunft über den kulturhistorischen und landschaftsgenetischen Ursprung sowie die sozialen Verhältnisse der Bewohner.

Unter Behausungen werden hier nach LIENAU (1986) alle Formen überdachter menschlicher Unterkünfte einschließlich der eng damit verbundenen Wirtschaftsbauten verstanden, und werden nach folgenden Merkmalen unterschieden:
– Größe
– Bauform
– Baumaterialien
– inneren Gliederungen
– Anordnung der Einzelgebäude zueinander (z.B. Wohn- und Wirtschaftsgebäude einer Gutshofanlage)

Häufig gibt es Übergänge zwischen den verschiedenen Bau- und Konstruktionsformen, die auf eine lange Geschichte der verschiedenen Kulturschichten hinweist und im einzelnen oft nicht mehr rekonstruierbar ist. Dennoch gibt es eine große Anzahl ortsbildprägender Elemente, die für die jeweilige Region typisch ist. Neben historisch bedeutsamen Gebäuden (Herrensitze, Kirchen, Klöster, u.a.) stehen häufig auch Objekte von ortsbildprägender Qualität unter Denkmalschutz. Wenn ein enger baulicher oder historischer Zusammenhang besteht, sind es sogar ganze Siedlungen oder Siedlungsteile (z.B. Arbeitersiedlungen) die unter Denkmalschutz stehen.

Für die aktuelle Übersicht des breiten Spektrums der verschiedenen Behausungsformen wird folgende systematische Erfassung der wichtigsten Merkmalen der Gestalt und Funktion vorgeschlagen (Definitionen nach ELLENBERG, 1990; LESER et al., 1992):

1.) Größe und Form der Behausung, Unterscheidung der Hofanlage zwischen

Einhof:

alle Funktionen sind in einem Gebäude vereint.

Hierzu gehören:

- Einfirsthof:
  Alle Funktionsräume befinden sich unter einem Dach mit durchlaufender Firstlinie. Allenfalls nur kleine Nebenbauten wie Speicher und Backhaus liegen wegen Brandgefahr davon gesondert.

- Streckhof:
  Hier schließen sich Wohn- und Wirtschaftsgebäude in einer Längsachse zusammen.

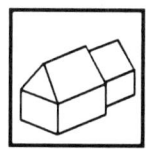

- Winkelhof:
  Rechtwinklig abgeknicktes Haus oder Haupthaus mit rechtwinkligen Anbau am Ende.

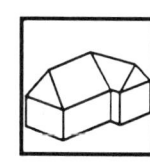

Gehöft:

Landwirtschaftlicher Betrieb mit einer bestimmten räumlichen Zuordnung der Funktionsbereiche Wohnung, Stallung und Bergung.

Hierzu gehören:

- Mehrseithof:
  Gehöftform, bei der die Bauten (Wohnhaus, Stallung, Scheune) einen rechtwinkligen Innenhof umschließen.

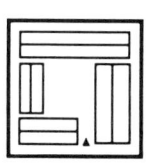

- Mehrkanthof:
  Gehöftform, bei der ähnlich wie beim Mehrseithof die Gebäude einen rechtwinkligen Innenhof umschließen, die Gebäude an ihren Enden aber jeweils miteinander verbunden sind.

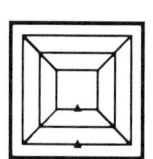

- Streuhof:
Gehöft, dessen einzelne Gebäude nicht oder nur zum Teil miteinander verbunden sind.

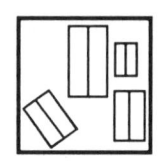

2.) Gesamtform des Baukörpers und Baumaterial

Die Erfassung der Gesamtform des Baukörpers untergliedert und differenziert die Besonderheiten der Raumerschließung und der Konstruktionsart. Hier erfolgt eine Orientierung an der räumlichen Ausrichtung (punktförmig; horizontal-linear; vertikal-linear) und der Symmetrie der Anlage (äußere Symmetrie des Gebäudes und symmetrische Anordnung von Fenstern, Türen und Toren). Die vielfältigen Variationsmöglichkeiten lassen sich jedoch auf wenige Grundformen reduzieren.

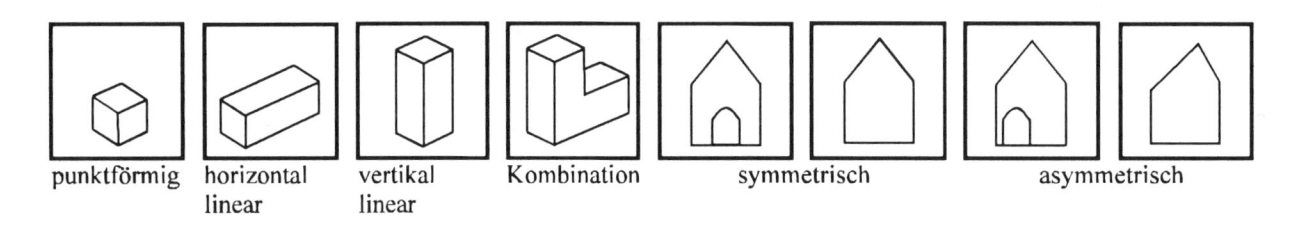

| punktförmig | horizontal linear | vertikal linear | Kombination | symmetrisch | asymmetrisch |

Ein weiteres wichtiges Merkmal, das die Gesamtform der Behausungsstätte prägt, ist das Baumaterial. Insbesondere beim traditionellen Bau (bis ca. 1900) sind die Baumaterialien weitgehend ortsgebunden und prägen in bedeutender Weise das Ortsbild. Ausnahmen gibt es bei Kult- und Repräsentationsbauten (Baudenkmäler), die häufig aus teuren, zum Teil aus anderen Regionen stammenden Materialien gebaut sind. Je nach verwendetem Material wird die Bauweise von Mauern und Wänden untergliedert in: Steinbau, Blockbau (aus Baumstämmen), Fachwerk (Mischform).

Beim Baumaterial wird entsprechend unterschieden zwischen:
Backstein, Naturstein, Holzbohlenwänden, Fachwerk allgemein, Fachwerk mit steinernem Unterstock, Fachwerk mit Backsteinfüllung, verputzten Wänden, farbigem Fachwerk, naturbelassenem Fachwerk, Fenstern und Türgewänden, Ornamenten.

3.) Dächer

Die Gestaltung der Dächer gehört auch zu den das Orts- und Landschaftsbild prägenden Elementen der traditionellen Bauweise. Ihre Ausprägung beinhaltet eine große Zahl an unterschiedlichen Grundformen, die durch vielfältige Variationen des Neigungswinkels, der Symmetrie und des Bedeckungsmaterials erweitert werden.

Zu den Grundformen der Dächer gehören:

- Mansarddach: Steildach, dessen Neigung im unteren Bereich etwa 60 - 72° und im oberen Bereich etwa 30 - 36° beträgt
- Pultdach: einseitig geneigtes Dach (ohne Walme)
- Satteldach: nach zwei Seiten geneigtes Dach (ohne Walme)
- Walmdach: allseitig (auch auf den Giebelseiten) auf gleiche Traufhöhe herabgezogenes, geneigtes Dach

Beim Neigungswinkel des Daches wird unterschieden zwischen:
- Steildach: > 45° ; Normalform des Strohdaches bei humiden Klimabedingungen
- mäßig geneigtem Dach: ≤ 45°
- flachgeneigtem Dach: < 27°; mit Pfettenkonstruktionen (Pfetten: waagerechte Balken, die am Firstbalken aufgehängte Dachhölzer und darauf die Dachhaut tragen)
- Flachdach

Die Dachbedeckung kann aus unterschiedlichem Material bestehen. Hier wird z.B. unterschieden zwischen: Stroh- oder Reetdach, Ziegeldach, Schieferdach, Holzschindeln.

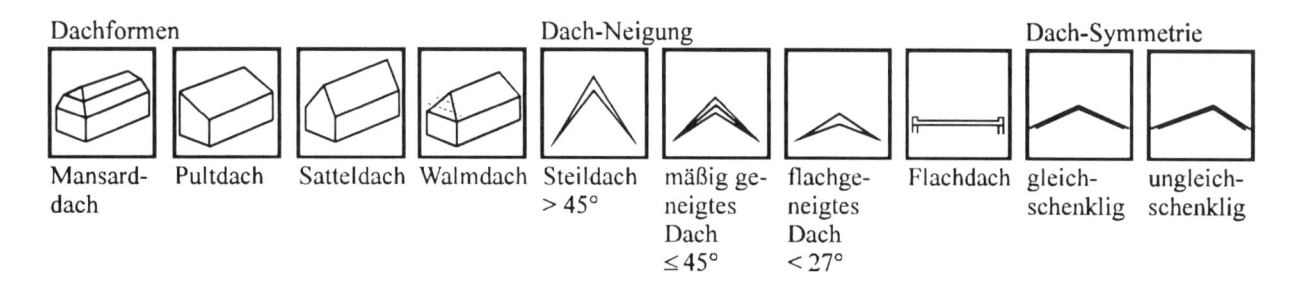

Dachformen: Mansarddach, Pultdach, Satteldach, Walmdach

Dach-Neigung: Steildach > 45°, mäßig geneigtes Dach ≤ 45°, flachgeneigtes Dach < 27°, Flachdach

Dach-Symmetrie: gleichschenklig, ungleichschenklig

4.) Eingliederung des Baukörpers in die Umgebung

Das Gesamtbild einer Siedlung wird neben den Bauformen und -materialien zu einem großen Teil vom Gesamtensemble aller Funktionsbereiche und ihrer Gestaltungsfaktoren bestimmt. Für die Erfassung der charakteristischen Bildelemente im Siedlungsbereich werden die Konstellationen der Elemente zueinander unter Berücksichtigung der naturräumlichen, funktionalen und kulturellen Voraussetzungen des jeweiligen Raumes untersucht.

Von BRINK & WÖBSE (1989) wird für die Erfassung historischer Kulturlandschaftsteile eine übergreifende Systematik vorgeschlagen, die durchaus auf den Siedlungsraum übertragbar ist und einen umfassenden Überblick über die dorfbildprägenden Elemente in den verschiedenen Bereichen verschafft.

Es wird hier unterschieden zwischen: Siedlung (Wohnen), Landwirtschaft, Gewerbe und Industrie, Verkehr, Landschaftsschutz (z.B. Hochwasserschutz).

Im Zusammenhang mit dieser Einteilung werden Gestaltungsfaktoren erfaßt, die im einzelnen dem Landschafts- und Ortsbild auf der Mikrostrukturebene charakteristischen Ausdruck verleihen. Es handelt sich hierbei sowohl um besondere Merkmale in der Vegetation als auch um bodenkundliche Denkmäler und Baudenkmäler.

Einige Beispiele: Alleen, Bauerngärten und Obstwiesen, alte Wege, Kellergassen, Grundstücksbegrenzungen (Hecken, Wetterbäume, Zäune, Gräben, Wälle), Dorfplätze und -teiche, Einzelobjekte (z.B. Hofbaum), Relikte alter Industriestandorte (Mühlen, Bergwerksstollen, Pingen u.a.).

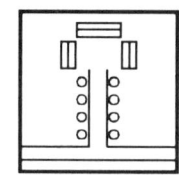

Alleezufahrt

Hausbaum/Hofbaum

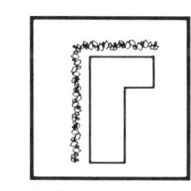

Schützende Hecke

Wetterbäume

2.3.3.5 Bodendenkmäler:

Auch Bodendenkmäler sind Relikte früherer Lebens- und Nutzungsformen. Soweit sie oberirdisch zu sehen sind, unterscheiden sie sich teilweise nur in geringem Maße von den Baudenkmälern und können teilweise auch den anthropogenen Reliefveränderungen zugeordnet werden.

Ackerberg (Ackerwall, Anwande, Gewannstoß):

Am Kopfende von Parzellen, also quer zur Pflugrichtung aufgehäufter Boden. Ackerberge sind dort zu finden, wo das Ackerland in Gewannen bewirtschaftet wurde. Sie sind ein typisches Kennzeichen deutscher Altsiedelgebiete, wo sie mehrere Meter Höhe erreichen können, mitunter alte Feldwege tragen oder nach Flurbereinigungen die Rekonstruktion der alten Gewannsysteme erlauben.

Ackerterrassen:

Ackerterrassen bezeugen eine mittelalterliche ackerbauliche Nutzung. Auch im mitteleuropäischen Rebbau war die Gliederung südexponierter Steilhänge in mauergestützte Kleinterrassen üblich (z.B. Kaiserstuhl).

Grabhügel:

Grabhügel sind zu allen Zeiten von vielen Kulturen aufgeschüttet worden (z.B. Hünengräber der Megalithkultur, Fürstengräber der Kelten, Tumuli der Römer, Hügel- und Steinsetzungen der Wikinger).

Regionale Beispiele:
- Bronzezeitliches Hügelgräberfeld von Wintersdorf bei Trier. Die Hügel haben 10 m bis 20 m im Durchmesser und sind 1 m bis 2 m hoch.
- Pestruper Gräberfeld bei Wildeshausen (Oldenburger Geest). Die 350 Grabhügel haben jeweils einen Durchmesser bis zu 20 m und eine Höhe von ca. 2 m.

Hohlwege:

Hohlwege sind schmale, bis zu mehreren Metern tief eingeschnittene, zumeist mit senkrechten Seitenwänden versehene Wirtschaftswege. Sie entstehen durch anthropogene Aktivität (durch Wegebau, Rodungen, Dreifelderwirtschaft) im Zusammenwirken mit linearem Abfluß. Sie stellen ein sehr charakteristisches Landschaftselement in Lößgebieten dar.

Lesesteinhaufen:

Lesesteinhaufen bestehen aus zusammengetragenen groben Blöcken und Steinen im Zuge einer ackerbaulichen Nutzung. Sie tragen zur Rekonstruktion alter Flurmuster bei.

Pingen (Trichtergruben, Trichterfelder):

Pingen sind trichterförmige, rundliche bis längliche Vertiefungen an der Erdoberfläche. Sie entstehen durch Grubeneinsturz oder obertägige Rohstoffgewinnung. Zum Beispiel in der Nordeifel und im Siegerland können sie als Zeugnisse vorgeschichtlicher, römischer oder mittelalterlicher Bergbautätigkeit angesehen werden.

Plaggenböden:

Plaggenböden entstehen durch längere Düngung mit Gras- oder Heidesoden (Plaggen), denen viel mineralisches Material anhaftet. Dies führt zur Aufwölbung der Äcker und zur Bildung sogenannter Plaggenböden (Plaggenesch). Man findet sie in Nordwestdeutschland und Jütland im Bereich des "ewigen" Roggenbaus meist auf dem ältesten Teil der Gemarkung, dem Esch. Solche Plaggenböden sind seit dem Mittelalter gewachsen und können eine Höhe von über 1 m bis 2 m über den jüngeren Flurteilen erreichen, so daß sie nicht nur im Bodenprofil, sondern auch im Relief erkennbar sind.

Wallanlagen:

Wälle, die von Menschen geschaffen wurden, haben zumeist eine geometrische Aufriß- und Grundrißgestalt. Seit dem Mittelalter wurden Ring- oder Abschnittswälle errichtet.

Regionale Beispiele:

- Ringwall von Haithabu bei Schleswig
- Limes
- das Danewerk zwischen Eider und Schlei
- der "Hunnenring" bei Otzenhausen; dieser Ringwall aus Quarzitblöcken weist Höhen bis zu 10 m auf

Wölbacker:

Der Wölbacker ist ein 1 m bis ca. 25 m breites Beet mit einer Scheitelhöhe bis zu ca. 1 m. Sie sind in der Regel nur reliktförmig erhalten und in vielen Gegenden Mitteleuropas als wichtige Zeugnisse der Wüstungsforschung untersucht und kartiert worden.

Wurten (Warften, Wiehrden):

Die Wurt ist ein künstlich aufgehöhter Erdhügel, der als Siedelplatz für Einzel- oder Gruppensiedlungen dient. Viele Wurten sind mit dem sackenden Marschboden und der damit verbundenen Überschwemmungsgefahr allmählich in die Höhe gewachsen.

(vgl. BLUME, 1991; LESER et al., 1992; MINISTERIUM FÜR STADTENTWICKLUNG UND VERKEHR DES LANDES NORDRHEIN WESTFALEN, 1990; RATHJENS, 1979; SCHULZ, 1991)

3. Verfahrenstechnische Berücksichtigung des Landschaftsbildes in der Eingriffsregelung

3.1 Untersuchungs- und Planungsschritte

Ablaufschema zur Untersuchung der vorhabensbedingten Veränderungen des Landschaftsbildes: siehe Abbildung 13.

Zu den in der Abbildung dargestellten Untersuchungsschritten 1 bis 4 werden nachfolgend in der Abfolge der vier Planungsstufen (Landschaftsbildebenen) Hinweise gegeben.

3.1.1 Analyse des Schutzgutes Landschaftsbild

Diese Landschaftsbildanalyse ist kein von planerischen Intentionen losgelöstes Verfahren, sondern wird als Dialogprozeß zur Eingriffsregelung verstanden. Sie unterliegt zwar inhaltlich der Gliederungsstruktur des Schutzgutes Landschaftsbild (Landschaftsbildeinheit und Landschaftsbildgliederung in drei Strukturebenen), stellt aber - wie im Ablaufschema dargestellt - methodisch-strategische Verknüpfungen mit der Vorhabensplanung auf allen Planungsstufen her.

Die Basis für die Landschaftsbildanalyse bilden die in Kapitel 2 erläuterten drei Grundbausteine. Nachfolgende Zusammenstellung gibt **verfahrensspezifische Hinweise zu den Strukturebenen und Planungsstufen für die Analyse und Bewertung des Schutzgutes Landschaftsbild**:

Ebene der Landschaftsbildeinheiten

- Ausweisung von Landschaftsbildeinheiten oder Übernahme und Auswertung vorhandener Gliederungen nach: Anordnungsmuster, Element- und Formeninventar
- Ermittlung der grundsätzlichen Sensibilitäten des Landschaftsbildes für: Verlust, Verletzung, Überprägung u.a. (ohne Einengung auf das Spektrum der Wirkfaktoren eines spezifischen Vorhabentyps)

Ebene der Makrostruktur

- Maßstabsbezogene und strukturelle Ableitung des Anordnungsmusters und Elementinventars aus dem ganzheitlichen Gefüge der Landschaftsbildeinheit
- Abgrenzung von Bildarealen der Makrostruktur
- Nachweis und Darstellung landschaftscharakteristischer Anordnungsmuster und Gestaltmerkmale der Elemente
- Darstellung von vorhandenen Schutzgebieten und Vorrangflächen (dieser Maßstabskategorie) und der darin enthaltenen Landschaftsbildpräferenzskalen für Makrostrukturen
- Schutzgutbewertung in den Bildarealen zur Festlegung von Schwellenwerten für Schutzwertzuwachs (Knappheitsprinzip) oder Schutzwertminderung/-einbuße (Sanierbarkeit ist nicht mehr gegeben)
- Ableitung vorhabensspezifischer Gestaltsensibilitäten von Elementen und Anordnungsmustern: Verlust, Verletzung, Überprägung u.a.

Ebene der Mesostruktur

- Maßstabsbezogene und strukturelle Ableitung des Anordnungsmusters und Elementinventars aus dem ganzheitlichen Gefüge der Landschaftsbildeinheit und der Makrostruktur
- Bildung von Mesobildarealen und Aufnahme weiterer Schutzgebiete und Vorrangflächen dieser Maßstabsebene

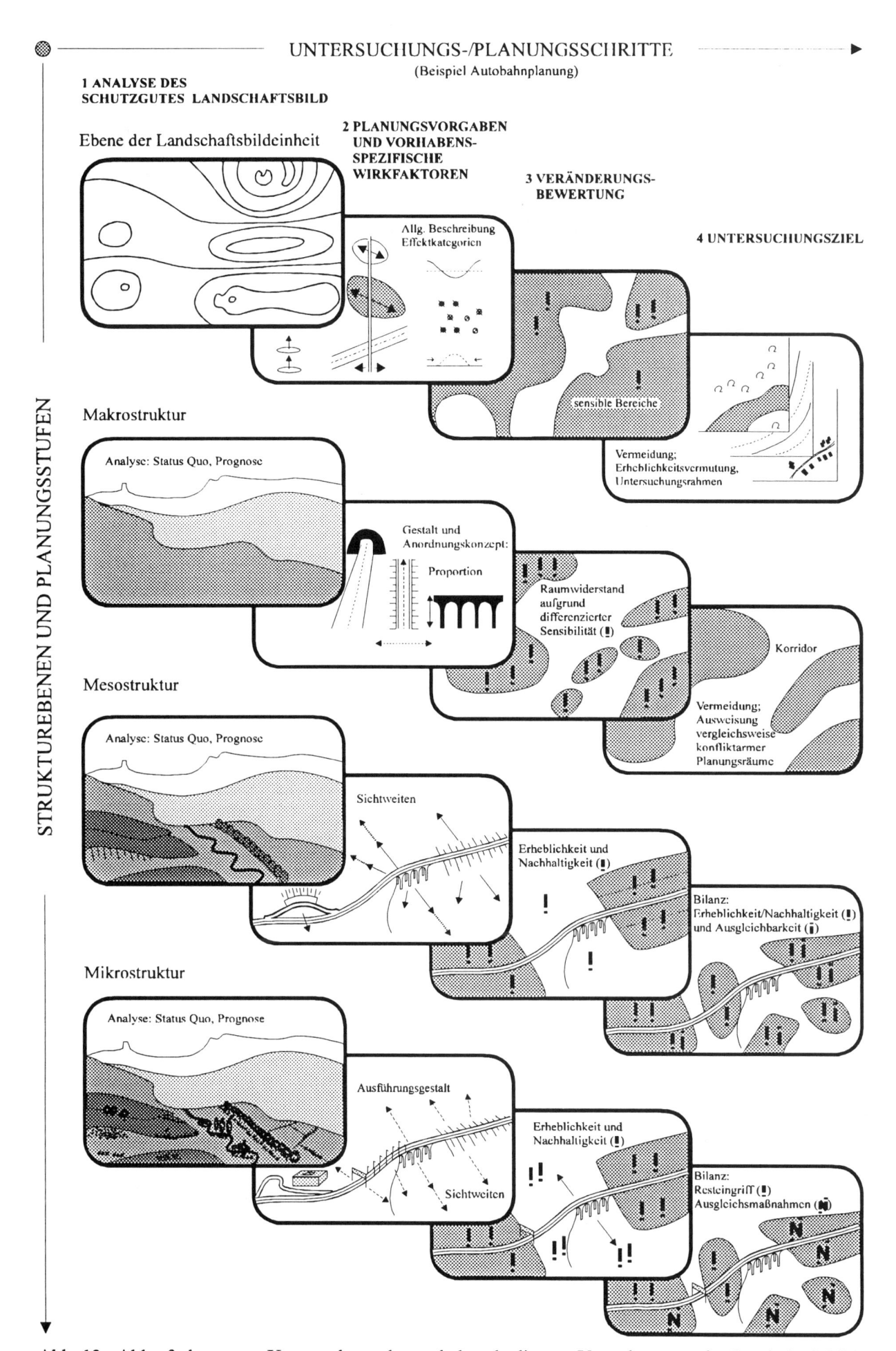

Abb. 13: Ablaufschema zur Untersuchung der vorhabensbedingten Veränderungen des Landschaftsbildes

- Nachweis und Darstellung landschaftscharakteristischer Anordnungsmuster und Gestaltmerkmale der Elemente
- Schutzgutbewertung (nach Prinzipien wie oben) und
- Erfassung bestehender Beeinträchtigungen; da die Klärung der Ausgleichsbasis im Zusammenhang mit dem betroffenen Anordnungsmuster und dem Sichtbereich des Vorhabens erfolgt, ist eine Zustandserfassung bereits vorhandener Landschaftsbildbeeinträchtigungen nur innerhalb dieser definierten Grenzen sinnvoll.

Die Feststellung und Bewertung von Bildarealen auf Mesostrukturebene erlaubt nicht nur eine differenziertere räumliche Erfassung der Landschaftsbildcharakteristik der Makrostruktur, sondern auch eine flächendeckende Sensibilitätseinschätzung bei der Gegenüberstellung mit dem Vorhaben. Und bei vorliegendem Standort oder bei Standortalternativen eines Vorhabens (zum Beispiel mögliche Standorte für Windkraftanlagen) ist eine Einschränkung der Erheblichkeits- und Nachhaltigkeitsprüfung auf die betroffenen Bildareale der Mesostruktur sowie mit spezieller Berücksichtigung der Sichtverhältnisse (z.B. Sichtverschattung, Verstellung, Transparenz) möglich.

Ebene der Mikrostruktur

Bezugseinheiten für die Mikrostrukturerfassung sind immer die ermittelten Bildareale der Mesostruktur. Analysiert werden daher das Anordnungsmuster und die Gestaltmerkmale der Landschaftselemente, die vom Vorhaben unmittelbar betroffen sind oder innerhalb eines beeinträchtigten Bildareals der Mesostruktur liegen. Aufgrund neu erfaßter Landschaftselemente können Mikrobildeinheiten mit neuen Qualitäten gebildet werden.

Die Erfassung der Anordnungsmuster auf Mikrostrukturebene ist eine differenziertere Analyse des Anordnungsmusters der Mesostruktur. Zum Beispiel ist das Ordnungsprinzip einer Hecke auf Mesostruktur ein unregelmäßiger Verband von linearen Elementen; auf Mikrostrukturebene kann abschnittsweise eine unregelmäßige Reihung der Gehölze mit einer bestimmten Höhenausprägung festgestellt werden.

Entsprechend den Angaben in Baustein 3 können die Gestaltmerkmale nach Form, Kontur, Höhenstufen, Textur, Farbe, Transparenz und anderen visuellen und nonvisuellen Merkmalen beschrieben werden (z.B. Gerüche, Geräusche oder Ruhe, Klimaausprägungen).

Mit der Erfassung neuer Landschaftselemente der Mikrostruktur sind auch neue Ausweisungen von Vorrangflächen und -objekten möglich, die mit

- nachrichtlich übernommenen Schutzausweisungen von Naturschutz und Landschaftspflege, Denkmalschutz u.a.,
- naturschutzfachlich abgeleiteten Wertkriterien für den Landschaftsbildschutz (siehe weiter unten),
- der Bedeutung für den Strukturaufbau der Landschaftsbildeinheit

begründet werden können.

Solche ermittelten spezifischen Bildmerkmale auf Mikrostrukturebene sind nicht nur bei der Festlegung landschaftsgerechter Ausgleichsmaßnahmen zu berücksichtigen, sondern können auch bei der Gegenüberstellung mit den Gestaltmerkmalen des Vorhabens weitere Möglichkeiten der Vermeidung und Minimierung von Beeinträchtigungen aufzeigen, wie die nachfolgenden Hinweise deutlich machen.

3.1.2 Planungsvorgaben und vorhabensspezifische Wirkfaktoren

3.1.2.1 Konditionen der räumlichen und gestalterischen Planung des Vorhabens

Das Vorhaben kann einer der folgenden Gestaltkategorien zugeordnet werden oder als Mischtyp auftreten:
- freie Gestaltentwicklung
- vorgegebene Gestaltnormen, die abgewandelt werden können
- allgemeingültige Gestaltfestlegung gilt für jeden Standort.

Von diesen drei Möglichkeiten der Angaben und Vorgaben vom Vorhabensträger über das Anordnungsmuster und die Gestalt des Vorhabens ist die Ermittlung der Beeinträchtigungen des Landschaftsbildes durch das Vorhaben abhängig.
Zur Informationsgewinnung spielt dabei die Planungsebene ebenso eine Rolle wie die Standortbindungen an den Raum.

Nach den Konditionen der räumlichen-gestalterischen Planung ergeben sich also für einzelne Planungsvorgaben unterschiedliche Raumbindungskonstellationen, wie in Tabelle 5 vereinfacht dargestellt.
Aufgrund der Landschaftsbildgliederung in einzelne Strukturebenen bestehen sachliche Vorgaben, die aus dem ganzheitlichen Zusammenhang zwischen Landschaftsbildeinheit, Makro-, Meso- und Mikrostruktur resultieren. Deshalb ist ein Analyseprozeß erforderlich, der auf der obersten Ebene (Landschaftsbildeinheit) beginnen muß. Diesem Aspekt wird insofern Rechnung getragen, indem zum Beispiel für Kondition 9 in der Tabelle 5 (allgemeingültige Gestaltfestlegung / festgelegter Standort) der Untersuchungsrahmen sowohl auf die Orientierungs- und behördliche Vorentscheidungs- als auch auf die Genehmigungs- und Entscheidungsphase auszulegen ist und daher mit der Untersuchung auf der Landschaftsbildeinheitsebene anzusetzen ist.

planerische Konditionen	Raumbindungskonditionen		
Konditionen der gestalterischen Planung (technische Bedingungen)	ohne räuml. Standortbekundung, offener (Zeit-)Raumbezug	Vorgabe von Flächen, mögl. Standorte oder Linienführung	festgelegter Standort und festgelegte Linienführung
freie Gestaltentwicklung	①	②	③
vorgegebene Gestaltnormen, die abgewandelt werden können	④	⑤	⑥
allgemeingültige Festlegung, gilt für jeden Standort	⑦	⑧	⑨

Tab. 5: Schematische Darstellung der verschiedenen Konstellationen aus den Konditionen der räumlich-gestalterischen Planung

Die unterschiedlichen Raumbindungskonditionen und typischen Gestaltvariationen sind im Hinblick auf die Art des Vorhabens (z.B. bei linearen Vorhabenstypen: Eisenbahn, Wasserstraße, Hochspannungsfreileitung, Straßenbau) und bezogen auf die landschaftliche Situation (insbesondere Reliefcharakter bei den genannten Beispielen von linearen Vorhabenstypen) daher immer einzelfallspezifisch zu betrachten.

In der nachfolgenden Aufzählung werden beispielhaft Gestaltfestlegungen für das Vorhaben Straßenbau "Bundesautobahn" genannt. Die aufgrund von Geländeausprägungen typischen Gestaltvariationen können nur angedeutet werden, da sie abhängig von der Geländesituation unterschiedlich ausfallen können; sie gilt es auf den konkreteren Planungsstufen fallspezifisch im Wechselspiel zwischen Vorhabensträger und Vertreter des Schutzgutes Landschaftsbild zu ergänzen beziehungsweise weiter auszuformen.

Musterkatalog von Gestaltinformationen über das Vorhaben Bundesautobahn

1. Trasse, Fahrbahn:
Fahrbahnfläche, Anzahl der Spuren, Seitenflächen, Mittelstreifen;
Gerade, Krümmung; Streckencharakteristik: Radien, Gradienten (vertikale Auslenkung der Trasse), maximale Steigungen, Steigungskonstante, Ausrundungen (Kuppe, Wanne, Neigungswechsel);
Knotenpunkte: Trompete, Kleeblatt, teilweise planfreier Knotenpunkt;

2. Brücken, Über- und Unterführungen:
z.B. Flachland-Talbrücke über Fluß u.a., Hügel- oder Gebirgstalbrücke, Hangwechselbrücke, Lehnenbrücke, Überführung einer Straße, Unterführung eines landwirtschaftlichen Weges;
abwandelbare bis freie Gestaltvorgaben, verschiedene Höhen, Breiten, Längen, Material, Farbe usw.;

3. Dämme, Wälle, Mauern, Wände, Aufständerung, Aufschüttungen:
Böschungsneigungen, Profile; abwandelbare bis freie Gestaltvorgaben wie bei 2;

4. An- und Einschnitte:
versetzte Fahrbahnen, Böschungswinkel, verschiedene Höhen, Breiten, Längen;

5. Tunnel, Landschaftsbrücke;

6. Rast- und Parkplätze:
angebunden, nicht angebunden; Länge, Fläche und Lage der Parkspuren und Rastplätze;

7. Entnahmestellen, im flachen Gelände, im reliefierten Gelände;

8. Bauliche Nebeneinrichtungen wie Rasthaus, Tankstelle, Autobahnmeisterei;

9. Beschilderung, Beleuchtung und Warnanlagen;

10. Bepflanzung:
Autobahnbepflanzung verschiedener Funktionen, z.B. an Dämmen, Einschnitten, bei Rast- und Parkplätzen, an Knoten; verschiedener Gestalt, z.B. Satteldachabwandlungen, Pultdachprofil, freie Pflanzung; Pflegeziele und -rhythmen.

Die grundsätzlichen Anforderungen an Informationen über die Vorhabensgestalt bestehen in folgenden Punkten, um im nächsten Schritt der Untersuchung die vorhabensspezifischen Beeinträchtigungskategorien und -dimensionen ermitteln zu können:

- Grundfläche: Dimension / Ausdehnung (km/qkm)

  Form

  Aufteilung der Grundfläche und Anordnung der Objekte auf der Grundfläche

- Objekte: lineare, punktuelle, flächige Objekte

  Flach-, Hohl-, Vollformen

  Form: Grundriß, Seitenansichten, Draufsicht (Perspektive)

  Proportionen (räumliche Ausdehnung)

  Farben u.a. Oberflächenmerkmale, Material

  Bepflanzung: Einzelpflanzen, Pflanzgruppen, -flächen

- Emissionen: Lärm, Bewegung, Beleuchtung

Zusätzliche Angaben über

- Bauphasen, -dauer
- Bauanlagen und Maschinenpark
- Baustellenzufahrten
- Baumaterialien, -stoffe; heimische oder nichtheimische Pflanzen
- Nutzungsperioden: Auslastungs-, Unterlastungsphasen
- Stillegungs-, Abrißkonditionen

3.1.2.2 Ermittlung der landschaftsbildbezogenen Beeinträchtigungen des Vorhabens

Im vorherigen Schritt wird die Vorhabensgestalt, je nach Konditionen der räumlichen und gestalterischen Planung beschrieben. Um die voraussichtlichen vorhabensspezifischen Beeinträchtigungsfaktoren ermitteln zu können, gilt es nun, die Aspekte der Vorhabensgestalt als Beeinträchtigungsobjekte zu klassifizieren (siehe Tab. 6).

Die Ermittlung der Beeinträchtigungen beruht auf der Gegenüberstellung von Landschaftsbild und Vorhaben, es müssen daher auch alle Gestaltaspekte und Anordnungsmuster des Vorhabens nach ihrer Landschaftsbildrelevanz nach folgenden Aspekten untersucht werden:

- die Beeinträchtigungsart
- das Beeinträchtigungsobjekt als Eingriffstyp und seine spezifischen Wirkfaktoren
- die Beeinträchtigungsdimension

Unter **Beeinträchtigungsart** wird allgemein die formale Veränderung des Landschaftsbildes verstanden, welche durch das Einbringen oder durch die Wegnahme von Elementen in der Landschaft verursacht wird. Solche Veränderungen können sich auf das Anordnungsmuster der Landschaftselemente oder deren Gestaltmerkmale beziehen; zum Beispiel auf die Figur auf der Grundfläche, Form, Struktur, Textur, Farbe, Höhe, Proportion, Ansicht, Silhouette; regelmäßige, unregelmäßige oder hierarchische Anordnungsmuster.

Beeinträchtigungsobjekte sind solche Elemente, deren Einbringen in eine Landschaft zu einer oder mehreren der oben genannten Beeinträchtigungsarten führen.

Die Tabelle 6 stellt am Beispiel Bundesautobahn eine Art von Musterkatalog zu den Beeinträchtigungsobjekten des Vorhabens dar. Die Tabelle zeigt in der zweiten Spalte auf, welche Gestaltaspekte und Anordnungsmuster als Beeinträchtigungsfaktoren zu berücksichtigen sind. Danach erfolgt eine Einschätzung ihrer

Tab. 6: Gestaltaspekte und Anordnungsmuster des Vorhabens und ihre Beeinträchtigungsfaktoren und Prüfungskonditionen

☐ Makrostrukturebene
○ Mesostrukturebene } landschaftsspezifische Strukturebenen
△ Mikrostrukturebene

pauschalisiert = Gestaltaspekte (Anordnungsmuster) des Vorhabens zur Beurteilung als Beeinträchtigungsfaktoren pauschalisiert möglich
konkrete Ausführung = konkrete Ausführungsplanung

Beeinträchtigungsobjekte des Vorhabens Bundesautobahn	Beeinträchtigungsfaktoren und Prüfungskonditionen		
	Gestaltaspekte / Anordnungsmuster	Zuordnung zu den landschaftsspezifischen Strukturebenen	
		pauschalisiert	konkrete Ausführung
1. Trasse 1.1 Fahrbahn	- auf der Grundfläche flache Linie oder Fläche	☐	
	- Breite der Fahrbahnfläche je nach Anzahl der Spuren (z.B. 4)		△
	- Struktur, Textur: gleichförmig, glatt		△
	- Kontur: deutliche scharfe Umrißlinie	○	△
	- Farbgestaltung: asphaltgrau	○	△
1.2 Seitenflächen	verschiedene Gestaltungsnotwendigkeiten und Möglichkeiten (Aspekte: Struktur, Textur, Kontur, Farbe, Transparenz)		△
1.3 Strecken- charakteristik (nach Geschwindig- keitsausbauziel)	- Gerade	☐	△
	- Krümmung, Radien (Kreis, Klotoide, Neigungen, Ausrundungen, Welligkeit der Trasse, Kurvigkeit u.a.) Flachlandstrecke r = 1400 - 3950 m	☐	△
	- Gradient (vertikale Auslenkung der Trasse: standardisierte Steigung, Gefälle; Ausrundungen, Kuppen, Neigungswechsel, Wannen) max. 4% Steigungskonstante Welligkeit Bergigkeit	☐	△
1.4 Knotenpunkte	z.B. Kleeblatt - Fläche: Fahrbahn Zuschlag Straßenfläche + 0,8 ha, Rest 7,5 ha	○	△
2. Brücken, Über- und Unterführungen	z.B. Brücke i.d. Ebene: abwandelbare Gestaltvorgaben		
	- Höhe, nach notwendiger Durchfahrtshöhe, Seitenansichten verschieden (horizontale/vertikale Betonung; geradlinig, Bögen u.a.) 8m	○	△
	- Struktur, Textur: gleichförmig, glatt		△
	- Kontur: scharfe Umrißlinie		△

☐ Makrostrukturebene
○ Mesostrukturebene } landschaftsspezifische Strukturebenen
△ Mikrostrukturebene

pauschalisiert = Gestaltaspekte (Anordnungsmuster) des Vorhabens zur Beurteilung als Beeinträchtigungsfaktoren pauschalisiert möglich
konkrete Ausführung = konkrete Ausführungsplanung

Fortsetzung Tab. 6	Beeinträchtigungsfaktoren und Prüfungskonditionen		
Beeinträchtigungsobjekte des Vorhabens		Zuordnung zu den landschaftsspezifischen Strukturebenen	
Bundesautobahn	Gestaltaspekte / Anordnungsmuster	pauschalisiert	konkrete Ausführung
2. Brücken, Über- und Unterführungen	- Farbgestaltung: teilweise variierbar - Grundfläche: s.o. 1.1 Fahrbahn		△
3. Damm, Wall, Mauern, Wände, Aufständerung, Aufschüttungen	z.B. Damm i.d. Ebene: mögliche Gestaltungsnotwendigkeiten, abwandelbare Gestaltvorgben - Höhe, nach Vorgaben Seitenansicht: gerade Horizontlinie, deutlich scharfe Kontur - Struktur, Textur variierbar mit Bepflanzung (Material, Farbe) Grundfläche - Fahrbahn s.o. 1.1 - Kontur: Umrißlinie variierbar (Damm - Fuß; Bepflanzung) Standardböschungswinkel	○ ○ ○	△ △ △
4. Rast-/Parkplätze	verschiedene Gestaltungsmöglichkeiten, z.B. a) angebunden b) nicht angebunden unterschiedliche Längen, Flächen, Lagen (Ebene, am Hang)		△ △
5. Bepflanzung	verschiedene Typen der Autobahnbepflanzung, je nach Standort und Funktion variierbar (Aspekte für die Ansicht, Grundriß) - z.B. an einem hohen Damm a) ohne Berme b) mit zwei Bermen - z.B. freie Pflanzung		△ △ △

Bewertungsmöglichkeit in Korrelation zu den landschaftsspezifischen Strukturebenen und dem Stand räumlich-gestalterischer Vorgaben. Dabei zeigt sich, daß bestimmte Aspekte erst mit der konkreten Ausführung und dann auf Mikrostrukturebene bewertbar sind.

Für bestimmte Vorhaben lassen sich spezifische Beeinträchtigungsarten feststellen. Dies erlaubt eine übersichtliche Zuordnung der Beeinträchtigungsobjekte des Vorhaben zu drei **Eingriffstypen mit spezifischen Wirkfaktorengruppen**. Sie dient auch zur generellen Kennzeichnung des Vorhabens als potentiellen Eingriffstyp, woraus dann allgemeine und auf die Landschaftsbildeinheit bezogene vorhabenspezifische Beeinträchtigungsarten ableitbar sind.

Neben den Formen der Zugabe und Verdichtung sowie Zerstörung und Eliminierung von Anordnungsmustern und Gestaltmerkmalen der Landschaftselemente, die als typenunabhängige Beeinträchtigungsarten bezeichnet werden können, läßt sich ein Beeinträchtigungsobjekt des Vorhabens als **punktueller, linearer oder flächenhafter Eingriffstyp** mit entsprechenden typenabhängigen spezifischen Wirkfaktoren kennzeichnen (Spektrum der vom Eingriffstyp abhängigen Wirkfaktoren, siehe Tab. 7).

Die spezifischen Wirkfaktoren eines Eingriffstyps erreichen je nach Beeinträchtigungsobjekt unterschiedliche räumlich-strukturelle Beeinträchtigungsgrößen. Diese **Beeinträchtigungsdimension** eines Vorhabens kann darin bestehen, daß die Landschaftsbildveränderung auf allen Strukturebenen (von Makro- bis Mikrostrukturebene) in Erscheinung tritt und beeinträchtigend wirkt - wie dies zum Beispiel beim großdimensionalen Fernstraßenbau der Fall ist - während andere Beeinträchtigungsobjekte des Vorhabens eventuell erst auf Mikrostrukturebene im Zusammenhang mit Gestaltkontrasten (z.B. Farbgestaltung) erheblich werden.

Die Tabelle 8 gibt eine Einschätzung zu den zu erwartenden Beeinträchtigungsdimensionen der Beeinträchtigungsobjekte am Beispiel des Vorhabens Bundesautobahn. Die Einteilung erfolgt wiederum in bezug auf die landschaftsspezifischen Größenklassen in Makro-, Meso- und Mikrostrukturebene.

Anwendungsweise der Tabelle 8

Feststellung 1: Welche Eingriffstypen sind aufgrund der Beeinträchtigungsobjekte des Vorhabens auf den drei Strukturebenen (Eingriffsdimensionen) zu erwarten?

Feststellung 2: Zuordnung der Wirkfaktorengruppen auf die einzelnen Strukturebenen, nach der Übersicht zu den Eingriffstypen und ihren Wirkfaktorengruppen.(Tabelle 7)

Für die einzelnen Objekte der Bundesautobahn können Piktogramme benutzt werden, die für die kartographische Darstellung Anwendung finden können und daher immer in Anlehnung an die Zeichen der Ordnungsprinzipien und Träger der Ordnung des Bausteins 2 "Anordnungsmuster" entwickelt werden sollten, um so eine anschauliche Zeichensprache für die Gegenüberstellung der vorhabensspezifischen Wirkfaktoren und der Landschaftsbildcharakteristik zu erreichen.

Tab. 7: Spektrum der vom Eingriffstyp abhängigen Wirkfaktoren (ohne Berücksichtigung der durch das Eingriffsvorhaben bedingten Zugabe, Wegnahme, Volumenveränderung, Verlagerung, Material-, Farbveränderung u.a. Umgestaltung des Standortes)

	Störung von Ordnungsprinzipien und Gestaltqualitäten durch Umbau, Zugabe oder Verlust	Beispiele vorher / nachher
1. Punktuelle Eingriffstypen und Wirkfaktorengruppen		
1.1 Polarisierung	Störung:	
	...des Solitärcharakters und der Dominantenfunktion im Sinne der Zentrumsqualität	
	...der Nichteinbindung in eine Konkurrenzsituation (Gruppenproblematik)	
1.2 Linienpointierung	Störung:	
	...von Linienbestandteilen, abschnitten des Charakters durchgängiger Liniengeometrie	
	...der aus Linienelementen und -verlauf hervorgehenden Regel- oder Unregelmäßigkeit	
	...des Anordnungsmusters von Einzellinien in der	
	- Reihe	
	- Staffel	
	- Gruppe	
	und hierarchischer Funktionen, z.B. Achse	
	...der Liniengestalt einzelner Abschnitte: Gerade, Krümmung, usw.	
1.3 Netzpointierung	zusätzlich zu den Effekten der Linienpointierung Störung:	
	...einzelner Netzknoten	
	...des Charakters einer durchgängigen, regel- oder unregelmäßigen Netzstruktur und der Beeinträchtigung des hierarchieneutralen Ordnungsprinzips des Linienverbandes	

Fortsetzung von Tab. 7: Spektrum der vom Eingriffstyp abhängigen Wirkfaktoren	Störung von Ordnungsprinzipien und Gestaltqualitäten durch Umbau, Zugabe oder Verlust	Beispiele vorher — nachher
1.4 Flächenpointierung	Störung:	
	...von Bestandteilen der homogen geprägten Fläche	
	...des Totalcharakters der durchgängigen Flächengeometrie	
	...der aus dem Anordnungsmuster hervorgehenden Regel- oder Unregelmäßigkeit und Ordnungsprinzipien	
	...der hierarchischen Funktion von Einzelflächen als Zentrum, Achse, Rahmen, Parallelpartner	
	...der Flächengestalt: Figur, Struktur, Bewegtheit	
2. Lineare Eingriffstypen und Wirkfaktorengruppen		
2.1 Zerschneiden und Trennen		
2.1.1 Linien und Netzzerschneidung	Störung:	
	...von Linienbestandteilen/-abschnitten	
	...des Charakters einer durchgängigen Linien- und Netzgeometrie	
	...der aus Linienelementen/-verläufen und dem Netzaufbau hervorgehenden Regel- oder Unregelmäßigkeit	
	...des Anordnungsmusters von Einzellinien in:	
	- Reihe	
	- Staffel	
	- Gruppe	
	- Verband/Netz (s.o.)	
	...der Liniengestalt	
2.1.2 Flächenzerschneidung/ Anschneiden/Amputation	Störung:	
	...der Ursprungsform/-geometrie	
	...der Ursprungszahl (1 Fläche = 2 Flächen)	

Fortsetzung von Tab. 7: Spektrum der vom Eingriffstyp abhängigen Wirkfaktoren	Störung von Ordnungsprinzipien und Gestaltqualitäten durch Umbau, Zugabe oder Verlust	Beispiele vorher / nachher
	...der aus Flächenanordnungen hervorgehenden Regel- oder Unregelmäßigkeit in:	
	- Reihe	
	- Staffel	
	- Gruppe	
	- Verband	
	...der hierarchischen Funktion als:	
	- Zentrumsbildner	
	- Rahmenfläche	
	- Richtungsfläche	
	- Parallelfläche	
2.2 Auffädeln		
2.2.1 Punktauffädelung	Störung:	
	...der Einzelpositionierung von Punkten: Punktanbindung	
	...der aus der Anordnung hervorgehenden Regel- oder Unregelmäßigkeit in:	
	- Reihe: Punktisolierung	
	- Gruppe: Punktvereinzelung	
	- Verband: Teilen	
	...der hierarchischen Funktion als:	
	- Zentrumsbildner	
	- Rahmenbildner	
	- Richtungsweiser	
	- Parallelpartner	
2.2.2 Linienauffädelung	Störung:	
	...der Einzelpositionierung von Linien: Einbindung	

Fortsetzung von Tab. 7: Spektrum der vom Eingriffstyp abhängigen Wirkfaktoren	Störung von Ordnungsprinzipien und Gestaltqualitäten durch Umbau, Zugabe oder Verlust	Beispiele vorher nachher
	...der aus der Anordnung hervorgehenden Regel- oder Unregelmäßigkeit in	
	- Reihe	
	- Staffel	
	- Gruppe	
	- Verband	
	...der hierarchischen Funktion als:	
	- Achse	
	- Rahmen	
	- Parallele	
	- Richtungslinie	
	...der Liniengestalt	
2.2.3 Flächenauffädelung	Störung:	
	...der Einzelpositionierung von Flächen	
	...der aus der Anordnung hervorgehenden Regel- oder Unregelmäßigkeit in der:	
	- Reihe	
	- Staffel	
	- Gruppe	
	...der hierarchischen Funktion als:	
	- Parallelfläche	
	...der Liniengestalt	
3. Flächenhafte Eingriffstypen und Wirkfaktorengruppen		
3.1 Überlagern	Störung:	
	...der aus der Anordnung hervorgehenden Einzelpositionierung von Punkten, Linien, Flächen	

Fortsetzung von Tab. 7: Spektrum der vom Eingriffstyp abhängigen Wirkfaktoren	Störung von Ordnungsprinzipien und Gestaltqualitäten durch Umbau, Zugabe oder Verlust	Beispiele vorher nachher
	...der aus der Anordnung resultierenden Regel- oder Unregelmäßigkeit in: - Reihe - Staffel - Gruppe - Verband ...der hierarchischen Funktion einzelner Elemente oder Anordnungsmuster als: - Zentrums-/Achsenbildner - Rahmenbildner - Richtungs- und Parallelitätsträger ...der Flächengestalt	
3.2 Blockbildung	Störung: ...der Einzelpositionierung ...der Gruppenanordnung	
3.3 Blockierung	Störung: ...der Verlaufsfortsetzung von - Linie - Reihe - Staffel (durch Bildung von Sperrzonen) ...der Verlaufsfortsetzung von räumlich-geometrisch ausgerichteten Konturscharen oder Linien/Reihen-Bündelungen (durch Bildung von Sperrzonen)	

Tab. 8: Kennzeichen des Vorhabens als Eingriffstyp und Herleiten der Beeinträchtigungsdimension

Objekte des Vorhabens entsprechen den landschaftsspezifischen Größenklassen für:

☐ Makrostrukturebene
○ Mesostrukturebene } Beeinträchtigungsdimension
△ Mikrostrukturebene

Einordnung der Beeinträchtigungsobjekte nach Wirkfaktoren

- • punktuell
- ↕ punktuell als Vertikale aufsteigend
- ↓ punktuell als Vertikale fallend
- ↔ linienhaft
- ↔ linienhaft als Vollform oder Kante
- ↔ linienhaft als Hohlform
- ☐ flächig
- ☐ flächig als Vollform (vertikal aufsteigend)
- ☐ flächig als Hohlform (im Gelände)

Vorhabensobjekte mit Veränderungseffekten für die Landschaftsstruktur / Eingriffstyp	punktuell •	punktuell ↕	punktuell ↓	linear ↔	linear ↔	linear ↔	flächig ☐	flächig ☐↑	flächig ☐↓
1. Trasse, Streckencharakteristik									
1.1 Gerade				☐				○△	
1.2 Krümmung — Flachlandstrecke r = 1400 – 3950 m				☐				○△	
1.3 Gradient									
horizontal oberflächengleich				☐				○△	
maximale Steigung Standard oberflächengleich (max. 4%)				☐				○△	
1.4 Knoten — Kleeblatt	☐							○△	
2. Brücken, Über- und Unterführungen									
Brücke in der Ebene	☐				○△			○△	
Überführung		○			○△			○△	
Unterführung			○			○			○△

Fortsetzung von Tab. 8: Kennzeichen des Vorhabens als Eingriffstyp und Herleiten der Beeinträchtigungsdimension

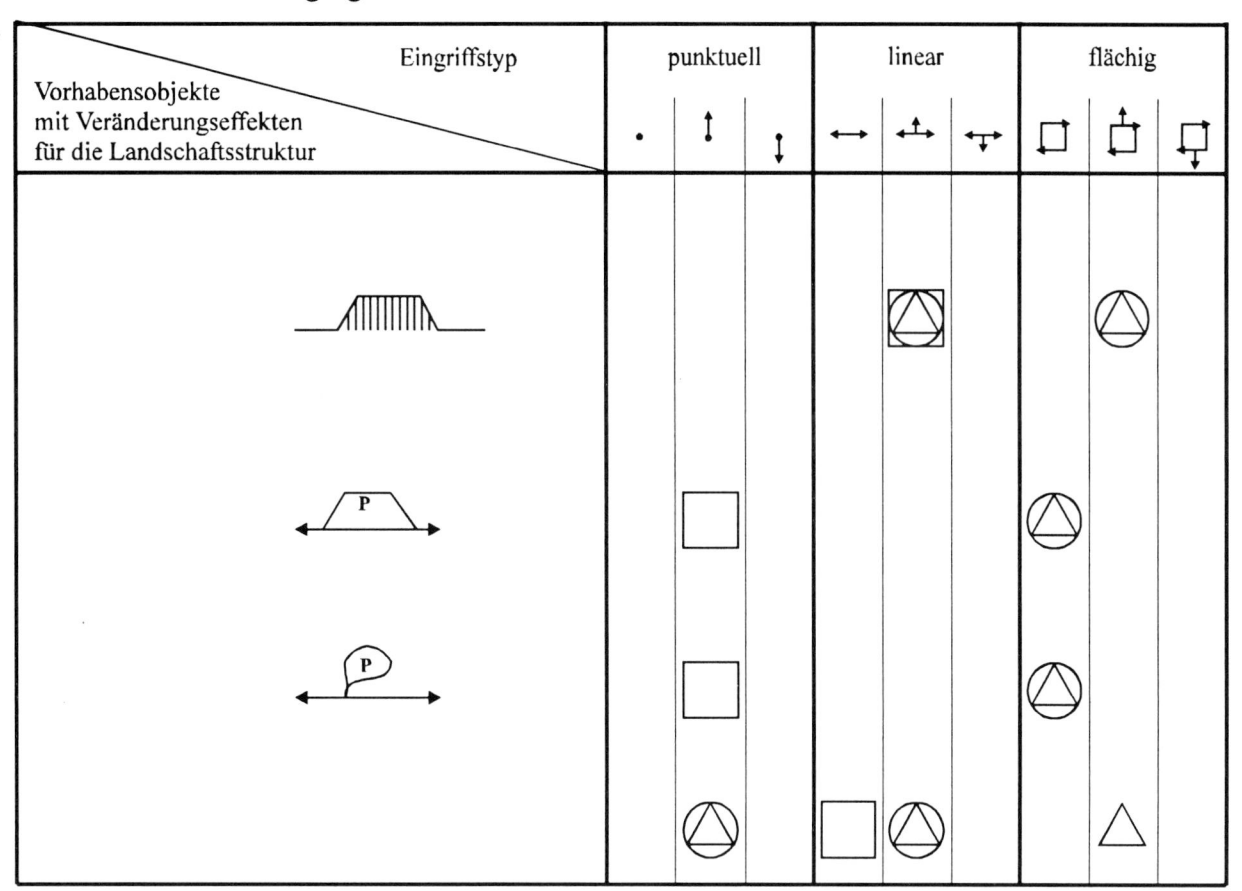

Vorhabensobjekte mit Veränderungseffekten für die Landschaftsstruktur / Eingriffstyp	punktuell			linear			flächig		
	•	↑	↓	↔	↔↑	↔↓	□	□↑	□↓
⎯⌐▥⌐⎯					⊡			△	
◁P▷		□						△	
⟵P⟶		□						△	
			△	□	△			△	

3.1.3 Veränderungsbewertung und Herleitung der Erheblichkeitsvermutung

3.1.3.1 Definition von Erheblichkeit und Nachhaltigkeit

Die **Erheblichkeit** von Beeinträchtigungen ist daran gebunden, ob die spezifischen Merkmale des landschaftscharakteristischen Anordnungsmusters oder der landschaftlich bedingten Idealgestalt von Elementen über ein bestimmtes Maß betroffen sind als

- Abweichungskonflikt zur herrschenden Elementgestalt (Grad der Gegensätzlichkeit ist sowohl auf geometrisch-formaler als auch landschaftsgenetischer Basis standörtlich zu definieren)
- Verlust von Elementen und Beeinträchtigung des Gestaltrepertoires (Veränderung des landschafts-/ ortscharakteristischen Maßes der Vielfalt von Landschaftselementen und deren Dargebotsformen)
- Formen-/Gestaltverletzung von einzelnen Landschaftselementen (charakteristische Gestaltausprägung eines bestimmten Landschaftselements ist maßgeblich für den tolerierbaren Abweichungsgrad)

Die **Nachhaltigkeit** betrifft die Dauer der Veränderung bzw. die Wiedererlangung des vorherigen oder eines neuen landschaftsgerechten Zustandes im Sinne der Anordnungsmuster und der Gestaltmerkmale von Landschaftselementen.

Sie ist durch die natürliche Regenerationskraft einerseits und die Wiederherstellbarkeit durch den Menschen andererseits konditioniert. Darüber hinaus unterliegt sie dem Rhythmus des menschlichen Generationswechsels und der darin terminierten Erlebnisphase eines Kindes/Jugendlichen. Damit werden die Möglichkeiten der generationsverbindenden Mitteilungsmechanismen (Bericht über das Landschaftsbild) zusätzlich zugrunde zu legen sein: oberhalb einer Wirkungsdauer von 25 Jahren ist ein Eingriff nachhaltig.

Erheblichkeit und **Nachhaltigkeit** bedingen sich gegenseitig. Eine erhebliche Beeinträchtigung von nur 3 Tagen (z.B. Rockfestival) ist reversibel und daher nicht nachhaltig.

Die Beseitigung eines Baumes aus einer Gruppe alter Bäume ist nachhaltig aber nicht erheblich, weil weder Anordnungsmuster noch Elementgestalt der Gruppe signifikant verändert worden sind.

Daher ist der Eingriffstatbestand an das Konfliktmaß Erheblichkeit *und/oder* Nachhaltigkeit zu binden.

3.1.3.2 Sensibilität des Landschaftsbildes und Erheblichkeitsvermutung

Die **Erheblichkeit** der Betroffenheit ist grundsätzlich gegeben, wenn die Kernfunktionen von Anordnungsmuster und Elementgestalt beeinträchtigt werden:

Anordnungsmuster (siehe Abb. 14):

- Änderung der Trägerkategorien Punkt, Linie, Fläche in jeweils eine andere (z.B. Punkt zu Linie, Linie zu Fläche, Fläche zu Punkt, u.a.)
- Verlust bzw. Wechsel der Ordnungsprinzipien (z.B. regelmäßig zu unregelmäßig, Reihe zu Staffel, Gruppe zu Verband, Achse zu Zentrum, Richtungsänderung, u.a.)

Elementgestalt (siehe Abb. 15):

- Gestaltgegensatz zu bestehenden geometrischen Formenklarheiten (z.B. Polarität von Rund- zu Rechteckform u.a.)
- Veränderung des Formenrepertoires der Landschaftselemente durch Totalverlust
- Verletzung von Gestaltausprägungen auf der Basis der Formenabwandlung (z.B. Absprengung eines Berggipfels, Begradigung von mäandrierenden Flußläufen u.a.)

Jeder einzelne Fall stellt eine Erheblichkeitsvermutung dar, die im Zuge der Eingriffsregelung unter Heranziehung konkreter Gestalt-/Standortdaten über das Vorhaben zu bestätigen bzw. zu differenzieren ist.

1. Feststellbarkeit der Änderung von Basisstrukturen als Träger der Ordnung Anspruch an Schlüsselinformationen: Angaben über Trägerkategorien der Ordnung Erheblichkeitsindikation: Veränderung von Punkt zu Linie, Linie zu Fläche oder Fläche zu Punkt und umgekehrt	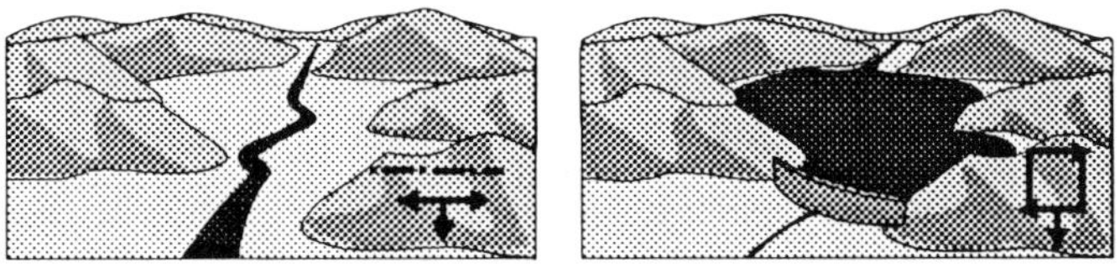
2. Nachweisbarkeit der Änderung von Ordnungsprinzipien Anspruch an Schlüsselinformationen: Angaben über Regelmäßigkeit, Unregelmäßigkeit, Reihe, Gruppe, usw. Erheblichkeitsindikationen: Verlust oder Wechsel der Anordnungsprinzipien	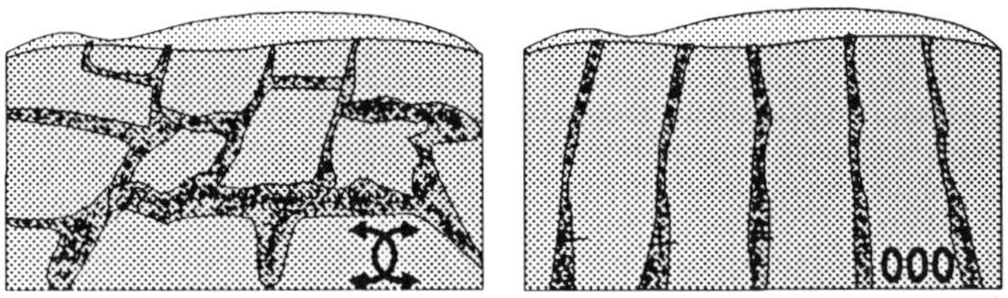

Abb. 14: Sensibilität des Anordnungsmusters

1. Feststellbarkeit des Gestaltungsgegensatzes zwischen bestehendem Landschaftselement und Eingriffsvorhaben Anspruch an Schlüsselinformantionen: Gesamtform und Proportion einzelner Landschafteelemente Erheblichkeitsindikationen: Fremdartige/(Künstliche Gestalt-/Formenplastizität	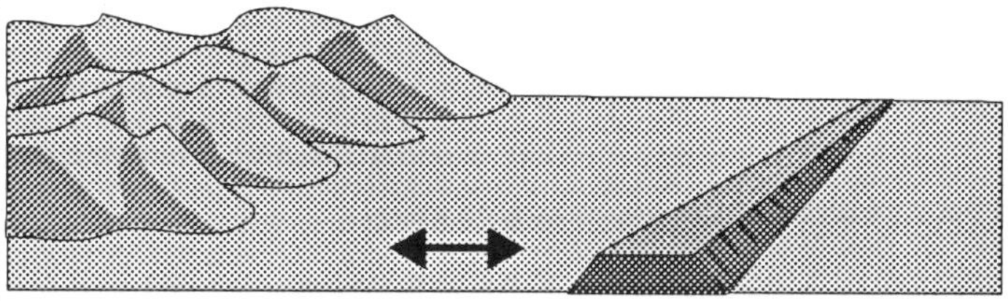
2. Erkennbarkeit von Veränderung des Gestaltrepertoires von Landschaftselementen Anspruch an Schlüsselfunktionen: Übersicht zur Ausstattung des Landschaftsraumes mit verschiedenen Landschaftselementen und Gestaltausprägungen Erheblichkeitsindikation: Verlust von Landschaftselementen und Gestaltmerkmalen	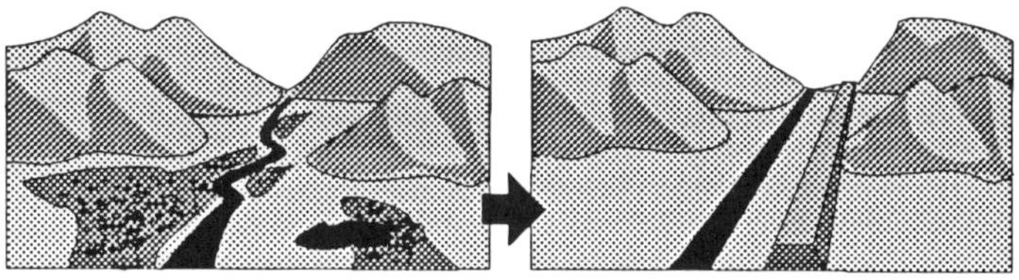
3. Identifizierbarkeit der verletzungssensiblen Gestaltbereiche einzelner Landschaftselemente Anspruch an Schlüsselinformationen: Darstellung aller charakterrelevanten Gesaltmerkmale und -bereiche einzelner Landschaftselemente bzw. von Gestaltgruppen Erheblichkeitsindikationen: Formverletzung von Landschaftselementen und Verlust von Gestaltmerkmalen	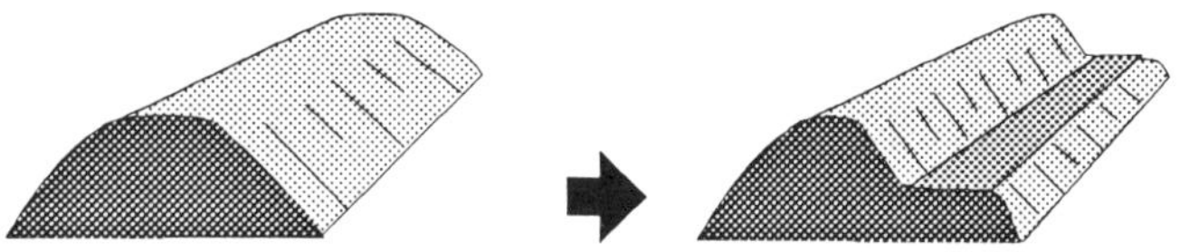

Abb. 15: Sensibilität der Landschaftselemente bei Beeinträchtigung der Gestaltmerkmale

Die Beeinträchtigung von Anordnungsmuster (Verlust, Einfügen, Verlagern von ordnungstragenden Strukturbestandteilen) und Element-Gestalt (Gegenüberstellung, Verlust, Verletzung der Gestalt von Elementen) ist als erheblich einzustufen, wenn das betroffene Anordnungsmuster bzw. das Landschaftselement Bestandteil der nächst höheren Strukturebene (Mikro- und Meso- und/oder Makrostrukturebene) ist und die Beeinträchtigungsdimension in diese hineinreicht.

Beeinträchtigungen auf Meso- und Makrostrukturebenen gelten immer als erheblich, weil sie die Betroffenheit der nächsttieferen manifestieren.

Auf ideeller Basis bestehen Verdachtsmomente zur Erheblichkeit von Veränderungen im Anordnungsmuster der Landschaftsbildeinheit, wenn Objektbeeinträchtigungen oder Verluste irreparabel (nachhaltig) sind und einmalige, seltene, knappe Schutzgüter betroffen sind.

3.1.4 Kriterien zur Anpassung des Vorhabens zur Vermeidung oder Minimierung von Beeinträchtigungen (Wirkfaktoren)

Anlehnung an das Anordnungsmuster und an die Trägerelemente:
- Beispiele für punktuelle, lineare oder flächige Elemente und Ordnungsprinzipien (siehe Baustein 2):
  Punkt zu Punktgruppe, -reihe, -raster ...
  Linie zu Linie, Kante/Grat, Gravur, Randlinie von Flächen ...
  Linie zu Linienmuster: Raster-, Winkel-, Scharen-, Staffelungseinpassung ...
  Fläche zu Flächenaufteilungen: Gruppen-, Reihen-, Verbandseinpassung ...
- Richtungsvektor
  bei Längsausformung des Vorhabens mit deutlicher Ausgerichtetheit (Raumkante) (über Auswahl der Linie und Standortflächenform erfolgt die achsenparallele Einordnung)
  Widerspiegelung von charakteristischen Teilaspekten: zum Beispiel Hauptneigungsgrad im Dachgefälle (Mikrostrukturebene).

Anlehnung an Gestaltmerkmale einzelner Elemente oder im Anordnungsmuster eingebundene Elemente:
- Proportionalität
  Aufnahme von Größenklassen der Landschaftselemente und Anordnungsmuster sowie des Gestaltkanons
- Formenadaption
  Beispiele für die Widerspiegelung der örtlichen Grundformen (nicht totale Formennachbildung)
  Flachform zu Flachform (z.B. oberflächennaher Gradient von Linien-Vorhaben);
  Vollform zu Vollform (z.B. dammartige Fortsetzung von eiszeitlichen Schnittformationen oder Deichen)
  Kontur zu Kontur (z.B. weiche unscharfe Böschungsausformung in Anlehnung an flachwelligen Reliefbereich)
- Gestaltaspekte der Materialität
  Aufnahme von Gestaltmerkmalen der Landschaftselemente wie zum Beispiel Textur, Farbe, Transparenz.

Die Anlehnung des Vorhabens an ein gestaltidentisches Landschaftselement bedarf hinsichtlich der räumlich-nachbarschaftlichen Nähe der Überprüfung zur Einhaltung von *erforderlichen Abstandsgrenzen* aufgrund der wesensbedingten Einzelstellungsqualität des Elements oder von naturschützerisch-ökologischen und anderen Aspekten (zum Beispiel Abstandszonen zum Waldrand, Flußufer u.a.).
Bei dem in dem Ablaufschema (Abb. 13) dargestellten Beispiel einer Straßenplanung handelt es sich bei den Anpassungsmöglichkeiten des Vorhabens im Stadium der Linienbestimmung insbesondere um das Ordnungsprinzip der Richtung.

Im Rahmen der partiellen Gegenüberstellung der Landschaftselementgestalt mit der Vorhabensgestalt können sich aufgrund detaillierter Angaben zur Ausführung des Vorhabens auf Mikrostrukturebene neue Möglichkeiten der Vermeidung und Minimierung der Beeinträchtigungen ergeben.

3.1.5 Kriterien zur Feststellung der Ausgleichbarkeit und der Ausgleichsfläche

3.1.5.1 Vorgehensweise zur Ermittlung der prinzipiellen Ausgleichbarkeit

Nach der Feststellung von nicht vermeidbaren bzw. minimierbaren Beeinträchtigungen ist deren prinzipielle Ausgleichbarkeit zu ermitteln. Diese Bewertungsfrage spielt als Untersuchungsschritt in allen Planungsstufen eine wesentliche Bedeutung für die Ausweisung vergleichsweise konfliktfreier Planungsräume oder Vorhabensstandorte (Untersuchungsziel z.B. Linienfindung, vgl. Ablaufschema Abb. 13).

Demzufolge ist darzulegen, ob die Ausgleichbarkeit mit Erfolgssicherheit, in entsprechender Entwicklungszeit und bei Verfügbarkeit entsprechender Standorte gegeben ist.

Folgende Kriterien sind dafür zu überprüfen:

- Prinzipiell ist bei der Frage der Ausgleichbarkeit zu berücksichtigen, daß mögliche Ausgleichsmaßnahmen immer direkt an die beeinträchtigten Gestaltmerkmale des Landschaftselements und an das beeinträchtigte Anordnungsmuster gebunden sind.
- Beeinträchtigte Landschaftselemente sind nachwachsend innerhalb einer bestimmten Entwicklungszeit, deren Dauer das Maß der Nachhaltigkeit bestimmt (vgl. Kap. 3.1.3.1).
- Beeinträchtigte Anordnungsmuster sind ergänzbar im Sinne der Wiederherstellung oder Neugestaltung; erste Hinweise für eine Überprüfung dieser Möglichkeiten innerhalb des Spektrums der Beeinträchtigungsfaktoren gibt die Tabelle 7 (Kapitel 3.1.2.2) in umgekehrter Leserichtung: zu beantworten ist, ob die zu erwartende Störung des Ordnungsprinzips ("nachher") wieder in den Ursprungszustand ("vorher") rückführbar ist.
- Beeinträchtigte Gestaltmerkmale des Landschaftselements sind reparabel oder es handelt sich um einen unwiederbringlichen Verlust. Beurteilungskriterien dazu geben die naturschutzfachlich abgeleiteten Wertkriterien (siehe Kapitel 3.1.7).

3.1.5.2 Abgrenzung der Fläche für Ausgleichsmaßnahmen

Das Ausgleichsziel besteht in der Wiederherstellung der charakteristischen Gestalt von Landschaftselementen beziehungsweise deren wahrnehmbare Funktion für das standörtliche oder standortübergreifende Anordnungsmuster.

Der Ort für Ausgleichmaßnahmen muß deshalb einerseits in unmittelbarer struktureller Beziehung zum betroffenen Anordnungsmuster stehen und andererseits einen direkten Gestaltzusammenhang mit der räumlichen Dimension der Gestaltmerkmale des betroffenen Landschaftselements aufzeigen.

Folgende Flächenkategorien bieten sich als Standorte für Ausgleichsmaßnahmen an:
die Fläche des unmittelbaren Eingriffsortes und die Fläche neben dem unmittelbaren Eingriffsort, wobei Ausgleichsstelle (örtliche Lage), Flächenform und -begrenzung eingebunden sind in die

- räumliche Ausdehnung des Anordnungsmusters beziehungsweise der Gestaltmerkmale des betroffenen Landschaftselements und
- visuelle Reichweite der Beeinträchtigung (Sichtzusammenhang).

Zur Ermittlung der möglichen Fläche für Ausgleichsmaßnahmen wird der Sichtbereich des Vorhabens hinzugezogen. Der Sichtbereich bezeichnet das direkte und benachbarte Umfeld eines Vorhabens, in welchem das betreffende Objekt aufgrund seiner Lage im Landschaftsbildkontext sowie seiner spezifischen Höhenausdehnung in Relation zu benachbarten Landschaftselementen sichtbar ist.

In vielen Fällen wird es mit der Durchführung der Ausgleichsmaßnahmen (zum Beispiel Bepflanzungen) zu einer Minimierung des Sichtbereiches kommen. Der Zusammenhang zwischen dem Sichtbereich des Vorhabens und einer Ausgleichsmaßnahme mit dem Ziel der Reduzierung von Gestalt- und Proportionskontrasten ist daher offensichtlich. Dabei ist aber zu beachten, daß in einigen Vorhabensfällen - wie zum Beispiel bei der Straßenplanung, mit der bereits vorgesehenen Bepflanzung die Möglichkeit einer Minimierung des Sichtbereiches einiger Vorhabensobjekte oder -teile vorliegt. Dies ist aber im Sinne einer Anpassungsmöglichkeit des Vorhabens an die Gestaltmerkmale und Anordnungsmuster des Landschaftsbildes zu werten, und nicht bereits als Ausgleich. Wie bei jedem Fall einer Vermeidung und Minimierung muß noch die Frage möglicher verbleibender erheblicher und nachhaltiger Beeinträchtigungen überprüft werden.

Fazit: Der Ausgleichsort beziehungsweise die Ausgleichsfläche für Beeinträchtigungen des Landschaftsbildes liegt auf der unmittelbaren Eingriffsstelle oder im räumlichen Überlagerungsbereich von Gestaltmerkmalen des betroffenen Landschaftselements und/oder Anordnungsmusters, jedoch noch innerhalb des Sichtbereichs der unmittelbaren Eingriffsstelle.

Ist der Sichtbereich geringer als die räumliche Ausdehnung der Gestaltmerkmale oder des Anordnungsmusters, reduziert sich entsprechend die für Ausgleichsmaßnahmen geeignete Fläche.

Da der Schwellenwert für eine erhebliche Beeinträchtigung in der Verletzung signifikanter Gestaltmerkmale von Landschaftselementen oder Anordnungsmustern festgelegt wird, erübrigt sich eine abstandsdifferenzierte Unterscheidung des Sichtbarkeitsbereichs (vergleichsweise nach ADAM, NOHL & VALENTIN, 1989, wobei eine Steigerungsfunktion mit zunehmender Entfernung korreliert wird).

Dagegen ist die Einordnung der Eingriffsdimension in die Größenklassen nach Maßgabe der Strukturebenen für Landschaftselemente des Mikro-, Meso- und Makrobereichs angezeigt. Aus deren spezifischer Betroffenheit können sodann entsprechende sichtrelevante Strukturebenen abgeleitet und als Ausgleichsflächen unterschiedlicher Raumausdehnung begründet werden. Daraus resultieren folgende für die Bestimmung der Ausgleichsfläche groben Hinweise (die vor Ort aufgrund bestehender Sichtverschattungen zu differenzieren wären; siehe Abb.16):

Betroffenheit im Sinne der Erheblichkeit und Nachhaltigkeit. Landschaftselement oder Anordnungsmuster ist Bestandteil der:	Sichtbereich und Grenze der Ausgleichsfläche in Entfernung zum Eingriffsort:
Mikroebene	50 m
Mesoebene	50 - 500 m
Makroebene	über 500 m

Vorhaben Beispiel 1:
Straßenbau mit Brücke in einer Ebene

- ○° Bäume
- Laubwald
- Niederhecke, ca. 1 m
- Hochhecke, ca. 2,5 - 5 m
- Bach
- Straßenbau mit Brücke, Höhe 5 m
- Sichtverschattungen bezogen auf die Straße; Konstruktionslinien
- Sichtverschattungen bezogen auf die Brücke; Konstruktionslinien
- Grenze des Sichtbereichs zur Linie im Abstand von 500 m

Vorhaben Beispiel 2:
Gebäude in einer Flachlandschaft

- ○° Bäume
- Laubwald
- Niederhecke, ca. 1 m
- Bach
- −30− Höhenlinien
- Gebäudevorhaben, Höhe 20 m
- Sichtverschattungen, bezogen auf das Vorhaben
- ...und mit Berücksichtigung der Transparenz der Vegetationselemente

Vorhaben Beispiel 3:
Turmartiges Bauwerk in einer Mittelgebirgslandschaft

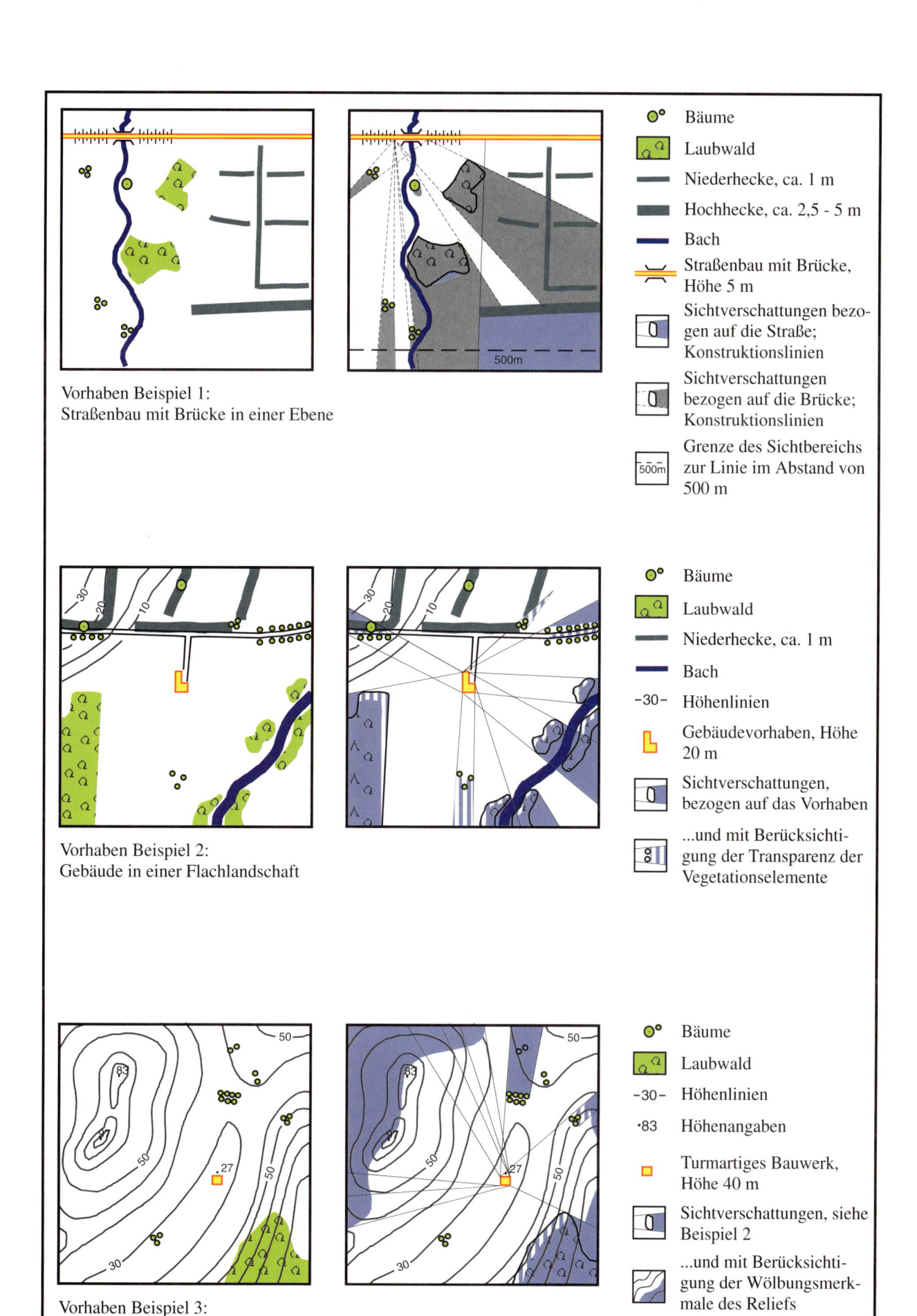

- ○° Bäume
- Laubwald
- −30− Höhenlinien
- ·83 Höhenangaben
- Turmartiges Bauwerk, Höhe 40 m
- Sichtverschattungen, siehe Beispiel 2
- ...und mit Berücksichtigung der Wölbungsmerkmale des Reliefs

Abb. 16: Kartographische Ermittlung des Sichtbereiches und der Sichtverschattungen

3.1.5.3 Definition von Ausgleichsmaßnahmen

1.) Ausgleich auf restaurativer Basis

Ziel: Wiederherstellung des Originalzustandes, wie er vor Beginn der Eingriffsmaßnahmen bestanden hat.

Maßnahmenbereich: Rückplazierung der sichergestellten Ausstattungsobjekte oder Einbringung von identischen (landschaftsgerechten) Elementen und Positionierung entsprechend dem vormals herrschenden Anordnungsmuster.

Beispiele:

- Rekultivierung von Boden-/Gesteinsentnahmestellen (Wiederverfüllung der Grube mit Boden/Gestein, Herstellung der vorherigen Geländeform, Wiedereinbringung der vormaligen Pflanzenausstattung und Bewirtschaftungsform);
- Überdeckelung eines Straßenabschnittes (Herstellung einer sogenannten "Landschaftsbrücke", siehe Abb. 17).

Eingriff   Eingriff und Ausgleich

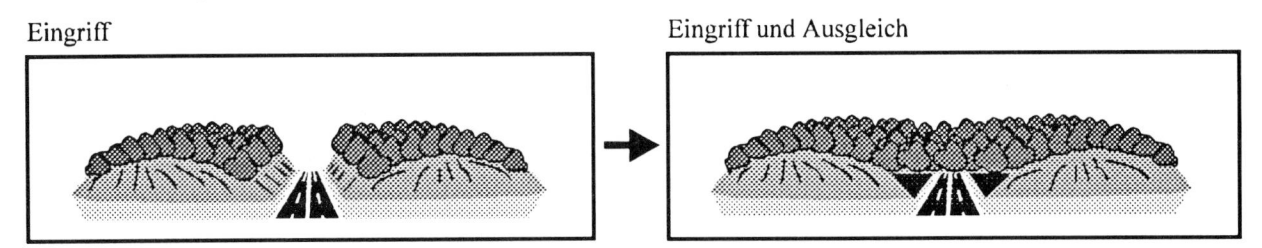

Abb. 17: Beispiel für Ausgleichsmaßnahmen auf restaurativer Basis durch Wiederherstellung des Originalzustandes mittels einer sogenannten "Landschaftsbrücke"

2.) Ausgleich auf strukturell-integrativer Basis

Ziel: Einbindung des Vorhabens in das herrschende Anordnungsmuster und Anpassung an die Gestaltmerkmale der Landschaftselemente.

Maßnahmenbereich: Fortführung des herrschenden Anordnungsmusters und Ergänzung der Elementausstattung auf der Eingriffsfläche; Sichtverschattung wesentlicher beeinträchtigender Teile des Vorhabens im Sinne des Anordnungsmusters.

Beispiele:

- Fortsetzung von Alleen in bebaute Bereiche hinein und ringartige Baumpflanzung;
- Überquerung des Straßenbauwerks mit Heckenriegeln (auf brückenähnlichen Tragwerken) und Sichtverschattung durch dichte Bepflanzung auf den Straßenseitenstreifen, siehe Abb. 18).

Abb. 18: Beispiel für Ausgleichsmaßnahmen auf strukturell-integrativer Basis durch Einbindung in das herrschende Anordnungsmuster und Sichtverschattung großer Teile des Vorhabens

Zustand vor dem Eingriff

↓

Eingriff und Ausgleich

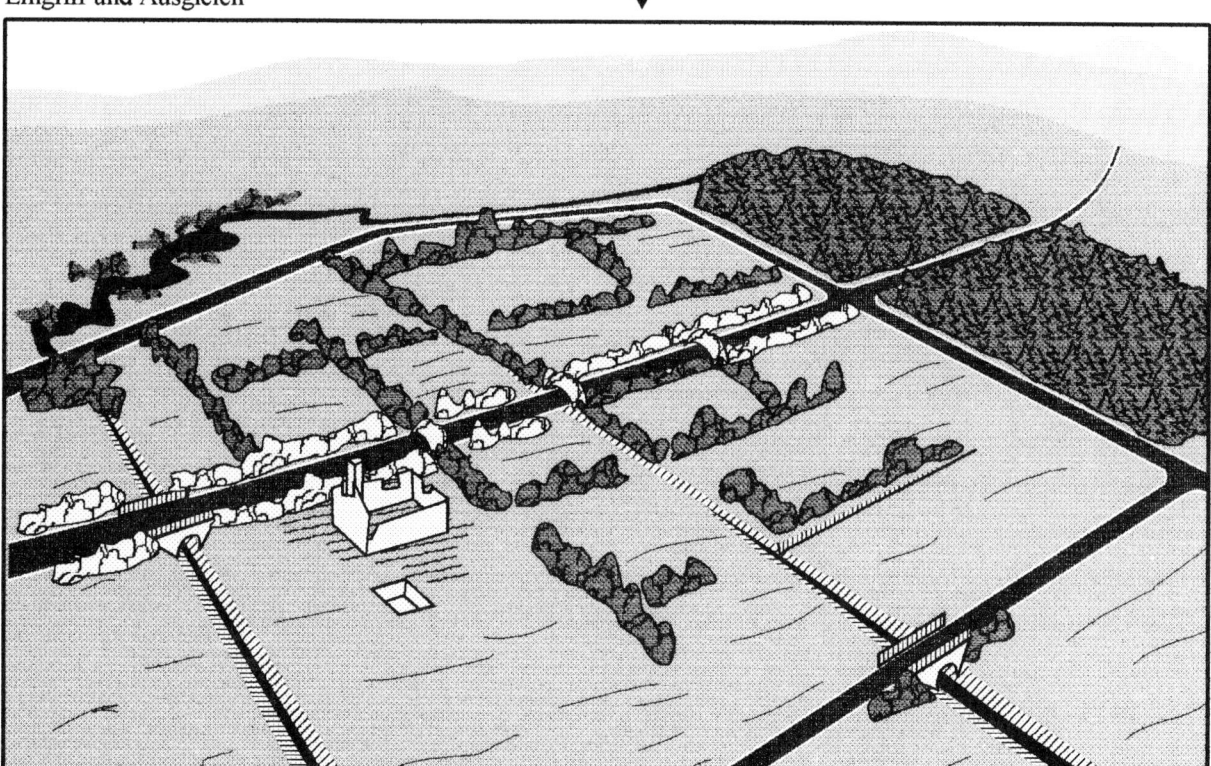

Ausgleichsmaßnahme auf dem Vorhabensstandort

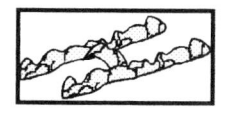

Heckenpflanzung auf Straßenseitenfläche und Brückenbauwerke mit querlaufenden Heckenriegeln über der Fahrbahn

3.) Ausgleich auf substitutiver Basis

Ziel: Herstellen einer ausgeglichenen Bilanz zwischen Bildwertverlusten und -anreicherungen im ganzheitlichen Landschaftsbild.

Maßnahmenbereich: Sanierung bestehender Beeinträchtigungen und Aufwertung defizitärer Bereiche, die ursächlich nicht mit dem Eingriffsvorhaben in Verbindung stehen:
a) Ergänzung des lückenhaften Anordnungsmusters und/oder Behebung von elementaren Ausstattungsdefiziten.
b) Verbesserung des landschaftscharakteristischen Gestaltentwicklungspotentials durch Wiederbelebung natürlicher und kultürlicher Vorgänge.

Beispiele zu a):
- Auffüllen von aufgerissenen Baumreihen oder Schließen von offenen Heckenmaschen, siehe Abb. 19; Zusammenfügen abgetrennter Waldstücke, siehe Abb. 20.
(Hierbei können zur Aufwertung der Gesamtbilanz auch Pflanzenelemente einer fortgeschritteneren Altersgruppe verwendet werden).

Beispiele zu b):
- Wiederherstellung standortgerechter Vegetationsbestände, zum Beispiel durch Umwandlung forstlicher Monokulturen in artenreiche Wirtschaftswälder, siehe Abb. 20;
- Revitalisierung von Biotopstrukturen, zum Beispiel naturnaher Rückbau von begradigten und mit unbelebten Stoffen ausgebauten Fließgewässern, siehe Abb. 21 (Hierunter fallen auch solche Sanierungsmaßnahmen, die der Herstellung von Zuständen eines fortgeschritteneren Entwicklungsstadiums entsprechen);
- Beseitigung von Anlagen oder Aufhebung von Bewirtschaftungsformen, die das landschaftscharakteristische Anordnungsmuster oder Elementinventar stören: zum Beispiel Abriß einer baulichen Ruine und Flächenentsiegelung, siehe Abb. 21.

Die Ausgleichsmaßnahmen der verschiedenen Kategorien sind kombinierbar in additiver und funktionaler Hinsicht, so zum Beispiel dargestellt in
- Abbildung 19: Straßenseitenbepflanzung (strukturell-integrativer Ausgleich) und Schließen des Heckennetzes (substitutiver Ausgleich);
- Abbildung 20: Herstellen eines geschlossenen Waldareals (substitutiver Ausgleich) und Einbringung standortgerechter Vegetationsbestände sowie Beseitigung einer Mülldeponie (beide substitutive Ausgleichmaßnahmen mit dem Ziel zur Verbesserung des landschaftscharakteristischen Gestaltentwicklungspotentials);
- Abbildung 21: Straßenseitenbepflanzung (strukturell-integrativer Ausgleich), Revitalisierung von Biotopstrukturen und Beseitigung störender Anlagen (substitutiver Ausgleich).

Abb. 19: Beispiel für Ausgleichsmaßnahmen auf substitutiver Basis durch Ergänzung des lückenhaften Anordnungsmusters (Heckennetz)

Zustand vor dem Eingriff

Eingriff und Ausgleich

Ausgleichsmaßnahme innerhalb der Deckungsfläche von Anordnungsmuster und Sichtbereich:

- Ergänzungspflanzung Hecke
- Ergänzungspflanzung Bäume

Abb. 20: Beispiele für Ausgleichsmaßnahmen auf substitutiver Basis durch Wiederherstellung eines ehemals geschlossenen Waldareals durch Lückenschließen (I) und Einbringung standortgerechter Vegetationsbestände (II und III)

Zustand vor dem Eingriff

Eingriff und Ausgleich

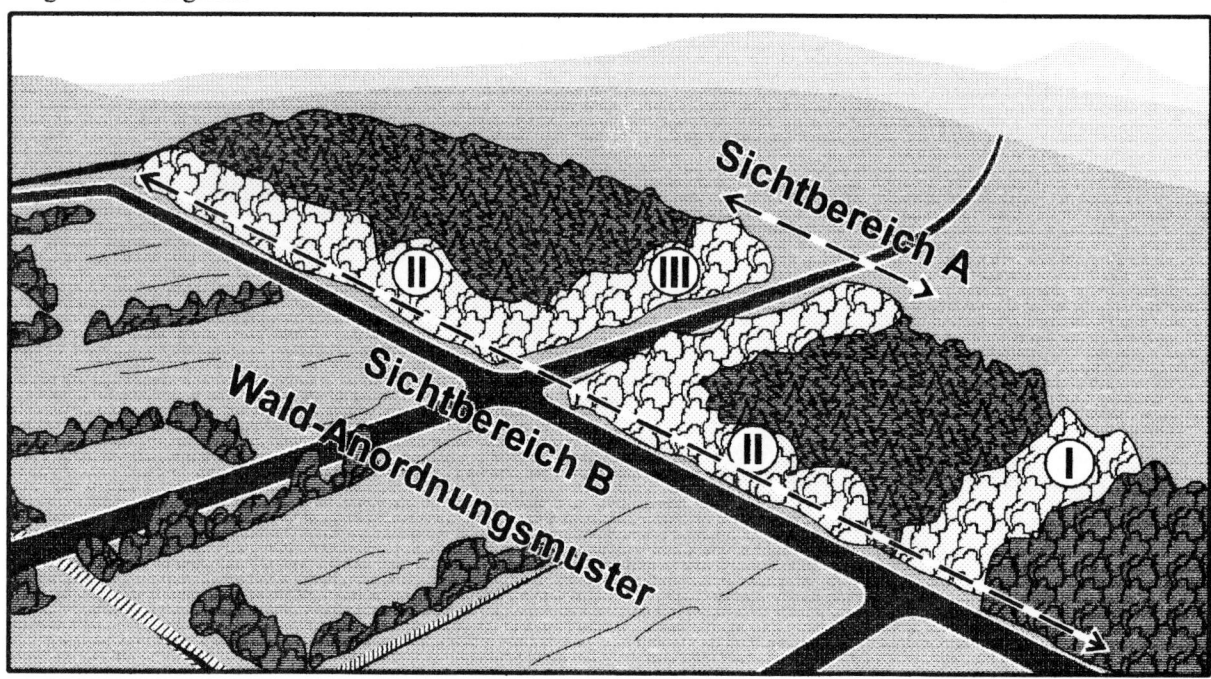

Ausgleichsmaßnahme

innerhalb Deckungsfläche von Sichtbereich A und Anordnungsmuster Wald:
Sanierung durch Umwandlung der Nadelholz-Monokultur in Laub-Nadelmischwald mit abgestuftem Waldrand,-mantel, -saum (III)
innerhalb Deckungsfläche von Sichtbereich B und Anordnungsmuster Wald:
Sanierung durch Waldrandumwandlung durch Laubgehölze und -saumanlage (II) sowie Schließen der künstlichen Lücke zwischen Wald und Waldzipfel durch Mülldeponiebeseitigung (I)

Abb. 21: Beispiel für Ausgleichsmaßnahmen auf substitutiver Basis durch Revitalisierung von Biotopstrukturen (naturnaher Rückbau eines Fließgewässers) und Beseitigung störender Anlagen (Ruinenabriß) zur Wiedererlangung des landschaftscharakteristischen Gestaltentwicklungspotentials

Zustand vor dem Eingriff

Eingriff und Ausgleich

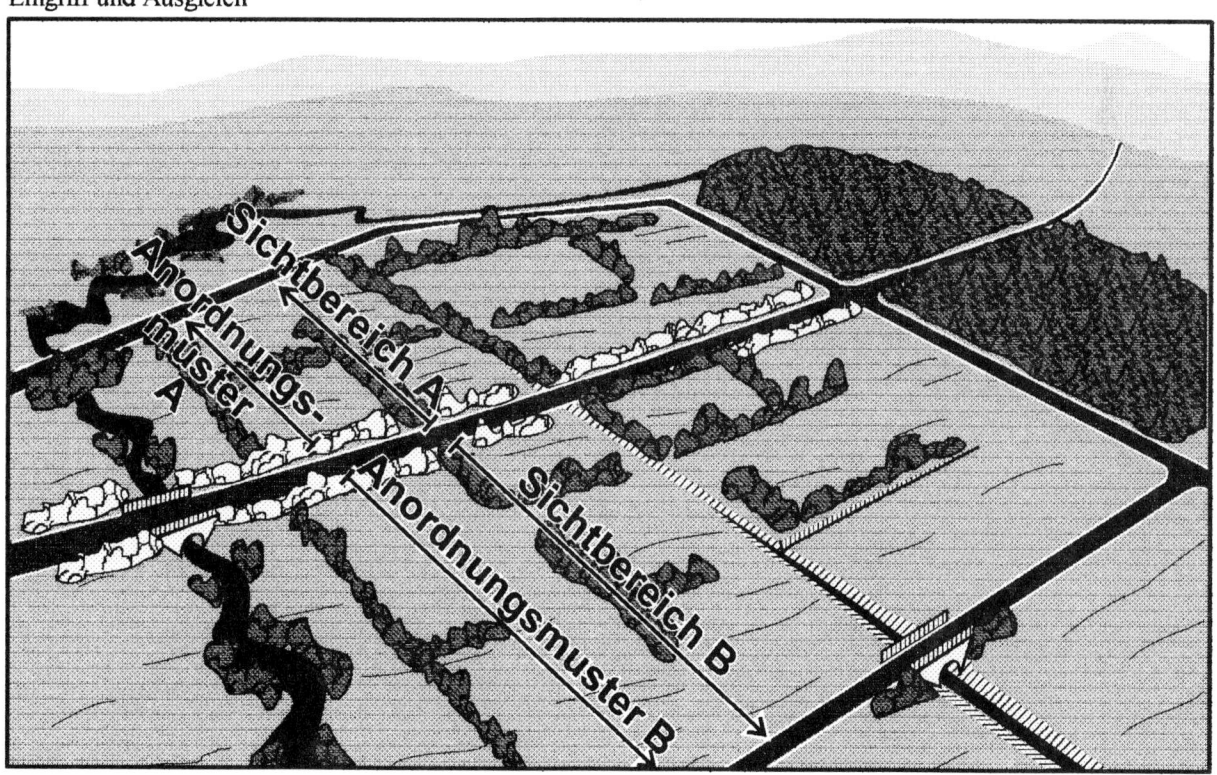

Ausgleichsmaßnahmen innerhalb der Deckungsfläche von Sichtbereich A und B sowie Anordnungsmuster A und B:
Bachrenaturierung und Abriß einer Bauruine (einschl. Entsiegelung und Begrünung der Fläche)

3.1.6 Ersatzmaßnahmen

Ziel: Beiträge zur weiteren Entlastung des Vorhabens durch Herabsetzung der Beeinträchtigungsbilanz.

Kategorie 1

Ersatzmaßnahmen haben eine andere Qualität als Ausgleichsmaßnahmen. So sind Maßnahmen zur Einengung oder Abdeckung (Verschattung) des optischen Wirkungsbereichs von eingriffsbedingten Beeinträchtigungen als Ersatzmaßnahmen einzustufen, weil sie nicht zur grundsätzlichen Behebung der strukturellen Veränderung beitragen, sondern nur standortabhängige Ansichten eliminieren oder reduzieren. Hierunter fallen Maßnahmen zur

- Sichtverschattung auf der Ausgleichs(bemessungsfähigen)-Fläche (gemeinsame Deckungsfläche von Anordnungsmuster und Sichtbereich der eingriffsbedingten Beeinträchtigung);
- Sichtverschattung außerhalb der Ausgleichs(bemessungsfähigen)-Fläche:

Prioritäten:

1.) Die Landschaftsbildeinheit, in der das Eingriffsvorhaben seinen Standort (Grundfläche) hat, steht im Range höher als die benachbarten sichteingebundenen Landschaftsbildeinheiten.

2.) Flächenmäßig umfangreicher sichteingebundene Landschaftsbildeinheiten sind im allgemeinen vorrangig zu bewerten (im Einzelfall können Ausnahmen eine andere Reihenfolge begründen; zum Beispiel Aussichtspunkte mit Blickachsen).

Kategorie 2

Ersatzmaßnahmen sind nicht ausschließlich an die konkreten Auswirkungen des Einzelvorhabens und die davon direkt betroffenen Strukturen und Flächen gebunden. Zur Wiederherstellung des Landschaftscharakters durch Behebung von bereits bestehenden (vom vorliegenden regelungsbedürftigen Vorhaben unabhängige) Beeinträchtigungen außerhalb der Ausgleichs(bemessungsfähigen)-Fläche können folgende Kategorien unterschieden werden: Maßnahmen zur Aufhebung von

- Beeinträchigungen des gleichen Eingriffstyps (z.B. bestehende Abtrennung, Zerschneidung)
- Störungen des Anordnungsmusters und/oder der Gestaltmerkmale von Landschaftselementen, die einem anderen Eingriffstyp zugehören.

Prioritäten:

1.) Ersatzmaßnahmen der Kategorie 2 sind vorrangig im Sichtzusammenhang des Eingriffsvorhabens beziehungsweise in dessen optischen Beeinträchtigungsbereich anzusiedeln (dort gilt die oben genannte Rangfolge der Kategorie 1 für mitbetroffene benachbarte Landschaftsbildeinheiten).

2.) Nicht sichteingebundene benachbarte Landschaftsbildeinheiten scheiden als ersatzbemessungsfähige Flächen aus.

3.1.7 Naturschutzfachlich abgeleitete Wertkriterien (ideelle Wertebene) und Schutzkategorien

Natur- und Kulturausdruck

Grundauffassung: Harmonie von Natur und Kultur.

Die Harmonie von Natur und Kultur wird gesehen in der Gestalt von

- natürlichen, halbnatürlichen und kulturell-technisch unterschiedlich stark geprägten
- ursprünglichen und neuen, beziehungsweise historischen und gegenwärtigen
- umgestalteten und gestalteten

Landschaften, Landschaftsteilen und -elementen.

Bezugsgegenstand und Komponenten des Gestaltausdrucks:

Anordnungsmuster, Formen, Farben, Raumgefüge und Größenverhältnisse, in denen sich das weitgehend ungestörte Verhältnis von Natur und Kultur (im Sinne von § 1 BNatSchG) landschaftsraumspezifisch manifestiert:

- ungebrochene Naturformen des Reliefs, der Vegetation und der Fauna
- leicht veränderte Naturformen, worin sich jedoch die natürlich angelegten Gestaltungskräfte noch durchsetzen: z.B. Sölle innerhalb der Feldflur, Oser mit Trockenrasen
- Bauwerke und Siedlungen, Gärten und Felder, Plätze, Wege und Straßen, die in das Gefüge von Geländeformen, Gewässerverläufen oder Biotopen behutsam eingelagert sind und die naturräumliche Grundform der Landschaft und wesentliche Einzelausprägungen gestalthaft unterstützen beziehungsweise noch ablesen lassen
- renaturiertes Moor, Gewässer; zur Brache werdende Felder u.a..

Repräsentanz

Grundauffassung: Einbindung von Einzelnen in das Ganze.

Der standortübergreifende Formenaufbau des Landschaftskomplexes findet seine Entsprechung in der gestalthaften Widerspiegelung auf der Ebene von Einzelelementen des Ortes als

- gestaltidentischer
- gestaltabgewandelter (jedoch kanonisch eingebunden)
- gestaltindividueller (z.B. landschaftsgenetisch bedingte Einzelschöpfungen der Natur)

Landschaftsteil oder -bestandteil.

Bezugsgegenstand und Komponenten des Gestaltausdrucks:

Spektrum der landschaftscharakteristischen Elemente und Erscheinungsformen; Formen, Farben, Größenverhältnisse oder deren Vielfalt/Kargheit oder deren Anordnungsmuster, z.B. für den Flachlandschaftstyp in Mecklenburg-Vorpommern (hier verkürzt nur für Relief dargestellt):

- aus glazialen Prozessen hervorgegangene Hohlformen: Kessel, Mulde, Wanne, Soll, Delle, Bucht, Nische, Tal, Abflußbahn;
  Vollformen: Kegel, Kuppe, Buckel/Höcker, Rücken, Kames, Wall/Os;
  Flachformen: Ebene Fläche des Urstromtales, Wasserfläche von Seen;
- die glazialen Hohl-, Voll- und Flachformen in ihrer unterschiedlichen örtlichen Benachbarung und Dichte oder die als durchgängige Grundfläche standortübergreifende Ebene des Urstromtales;
- glazial entstandenes Urstromal mit seitlichen Flachformausbuchtungen als charakteristisches Anordnungsmuster flächiger Formen; aufgereihte Formen, gestaffelte Formen, Vernetzungen, parallele Anord-

nung, Vergesellschaftung von Buckeln, Kesseln und regelhaften Mustern von Formen auf der Grundfläche.

Vollkommenheit

Grundauffassung: Idealtypische und stilistische Ausprägungen von Natur- und Kulturschöpfungen im evolutiven und gestaltharmonischen Bezugssystem des jeweiligen Ökosystems und Kulturraumes.

Das für den Natur-/Kulturraum repräsentative Landschaftselement kann

- gestaltvollkommen (Einzelelemente)
- anordnungsvollkommen (Komplexe)

ausgeprägt sein. Kriterien leiten sich aus dem potentiell erreichbaren Idealgrad zur Gestaltentwicklung eines Ortes ab.

Bezugsgegenstand und Komponenten des Gestaltausdrucks:

- aus der Landschaftsgenese hervorragende Anordnungsmuster der Relief- und Gewässerformen, in ihren typischen Übergangs- (z.B. Dünen) oder Endstadien (z.B. Oser); landschaftstypische komplexe Anordnungsmuster zum Beispiel aus Elementen des Reliefs, der Vegetation, der Landnutzung
- Einzelformen des Reliefs, der Siedlungsstruktur (nach Baustilausprägungen eines Kulturraumes, Maß der stilistischen Reife), der Vegetation (nach Biotopkatalog des jeweiligen Naturraumes)

Vegetationsformationen besitzen zum Beispiel in der Horizontalzonierung (beim See: Schwimmblatt-, Röhricht-, Gebüsch, Weichholzzone) oder in Vertikalzonierung (beim Laubwald: Boden-, Gräser/Stauden-, Gebüsch-, Baumschicht I und II) ein biotopspezifisches Idealanordnungsmuster auf komplexer und zugleich klar ablesbarer Ebene. Übergangsstadien von der Brache über Stauden-, Gebüsch- und Vorwaldgesellschaften kennzeichnen formal ein hohes Maß an Vielfalt ohne klare Anordnung der Elementgruppen. Die Feldflur kann idealtypisch der Gewannflur- oder Blockflurauftteilung unterliegen. Anordnungskonzepte der Siedlungs-, Verkehrs-, Ver- und Entsorgungssysteme gilt es aufgrund kulturräumlicher Gesichtspunkte zwischen wiederkehrenden Schemata der Hausstellung (Haufen-, Straßen-, Anger-, Rundlingsdorf) und vielfältigen Sonderformen zu unterscheiden.

Vielfalt

Grundauffassung: Jeder Landschaftsraum oder -ausschnitt besitzt ein natur- und kulturbedingtes Potential der erreichbaren Vielfalt oder Mannigfaltigkeit in:

- Anordnungsmustern von gleichen oder verschiedenen Elementen
- Gestalt und Farbe eines wiederkehrenden Elementtyps

Bezugsgegenstand und Komponenten des Gestaltausdrucks:
Es können unterschieden werden:

- die natürliche Vielfalt aufbauender Elemente und Strukturen des geomorphologischen Formenschatzes der Landschaftstypen sowie deren aufstehenden Vegetationsformen und Biotope einschließlich aquatischer Prägungen
- die kultürliche Vielfalt begründenden Elemente und Strukturen der Baustile und Siedlungsformen, der Verkehrslinien und -netze, der Feldflurgliederung, der Wald- und Forstflächengliederung, der Entwässerungssysteme u.a.
- Gestaltvielfalt eines Elementtyps

- Gestaltvielfalt im Anordnungsmuster von gleichen und verschiedenen Elementen (siehe Repräsentanz; als wesentliches Meßkriterium gilt die Dichte unterschiedlicher Elemente und deren Ausformungen bezogen auf Flächeneinheiten) und wechselnde Anordnungsformen (bezogen auf den Raum)

Unersetzbarkeit

Grundauffassung: Existenzbeendigung und (Existenz-)Bedrohung für die von der Ausrottung des Elements abhängigen Strukturen:

- nicht wiederherstellbar
- durch Naturprozesse potentiell wiederherstellbar, jedoch erst in großen Zeiträumen über viele Generationen hinweg
- durch menschliche Leistungen potentiell wiederherstellbar, jedoch unter Restaurierung kulturhistorisch weit zurückliegender Gesellschafts- und Existenzbedingungen oder Reaktivierung verschollener Kenntnisse und Fähigkeiten

Bezugsgegenstand und Komponenten des Gestaltausdrucks:
Unbelebte und belebte Elemente/Strukturen des Natur- und Kulturraumes:

- Relief: Nicht wiederherstellbar sind zum Beispiel glazial entstandene Reliefformen oder Moore mit einer Entwicklungszeit von 1.000 - 10.000 Jahren
- Vegetation: nicht wiederherstellbar ist z.B. eine Heidelandschaft oder ein Niederwald, weil die gesellschaftlichen und wirtschaftlichen Voraussetzungen zur langjährig andauernden Entwicklung dieser Vegetationsformen nicht mehr gegeben und einführbar sind; ein alter Baum von 500 Jahren ist nicht ersetzbar (siehe Altersdimensionen von Biotopen; KAULE, 1986, S. 267)
- Bebauung: Unersetzbar sind solche baulichen Anlagen, deren Zwecksetzung heute nicht mehr begründbar ist (historische Wasserleitungen, Landwehren), oder die zur Errichtung erforderlichen Fähigkeit und sozio-ökonomischen Bedingungen nicht mehr aktivierbar oder herleitbar sind.

Unersetzbarkeit ist ein quantitatives Kriterium und gibt keine Hinweise auf Gestaltqualitäten.

Seltenheit

Grundauffassung: Seltene Dinge lösen ethisch begründete Zuwendungsformen (wie erhöhte Aufmerksamkeit, gesteigerte Neugierde) und Schutzzusprüche aus.

Es können unterschieden werden:

- von Natur aus seltene
- von Kultur aus seltene
- durch menschlichen Einfluß selten gewordene Elemente/Strukturen und deren Erscheinungsformen.

Bezugsgegenstand und Komponenten des Gestaltausdrucks:
Seltenheit ist ein quantitatives Kriterium hinsichtlich des zahlenmäßigen Vorkommens und der Verbreitung oder der zeitlichen Entwicklung eines Anordnungsmusters oder eines Elementes und seiner Gestaltmerkmale oder einer Erscheinungsform; qualitative Attribute seltener Objekte und Erscheinungsformen siehe unter den übrigen ideellen Strukturmerkmalen.

Gefährdung

Gefährdung kennzeichnet das Bedrohungspotential eines Elements oder einer Struktur und kann zum Beispiel aus der Sensibilität und der Bedrohung abgeleitet werden, denen ein Bezugsgegenstand ausgesetzt ist. Treffen zugleich auch die Attribute Seltenheit und Unersetzbarkeit zu, so verschärfen sie in der Regel das Gefährdungspotential.

Schutzkategorien

Der rechtsverbindliche Schutz von Natur und Landschaft bezieht sich auf Gebietskategorien und auf Einzelobjekte. Die Ziele des § 1 Bundesnaturschutzgesetz (BNatSchG) sollen durch verschiedene Gebote und Verbote sowie Pflege- und Entwicklungsmaßnahmen erreicht werden. Schutzzwecke, die sich auf das Landschaftsbild beziehen, werden daher in den einzelnen Schutzkategorien unterschiedlich gewichtet.

Für die einzelnen Planungs- und Untersuchungsschritte zur Berücksichtigung des Landschaftsbildes in der Eingriffsregelung (siehe Ablaufschema Abb.13) gilt es daher, vorhandene Schutzgebiete und -objekte nachrichtlich zu übernehmen und Zweck und Bedeutung bezüglich des Landschaftsbildschutzes zu erklären. Welche Schutzkategorien auf welcher Planungsstufe und Strukturebene (Makro-, Meso- und Mikrostruktur) zu berücksichtigen sind, ist vorhabens- und landschaftstypspezifisch zu ermitteln.

Nachfolgend werden Hinweise zu den Schutzinhalten der vorhandenen Schutzkategorien gegeben, die sich auf das Landschaftsbild beziehen und daher prinzipiell relevant sind:

- *Naturschutzgebiet (§ 13 BNatSchG):* als Ganzheit oder in einzelnen Teilen prägend für die besondere Eigenart oder hervorragenden Schönheit einer Landschaft; das Gebiet ist mit seinen Charakteristika als solches selten.

- *Nationalpark (§ 14 BNatSchG):* in der großräumigen Betrachtung besonders schöne natürliche Landschaft und als ganzer Landschaftsraum mit charakteristischen Eigenarten; in der kleinräumigeren Betrachtungsweise (d.h. Meso- und Mikrostrukturebene) können die den gesamten Landschaftsraum prägenden Eigenarten an einzelnen repräsentativen Landschaftselementen vermittelt sein (vgl. Kapitel 2.1.2, Abb. 2). Der Begriff der Natürlichkeit (oder Naturnähe) bezieht sich auf die ideelle Werteebene von der Harmonie zwischen Natur und Kultur (siehe oben: Erklärung zum Natur- und Kulturausdruck).

- *Landschaftsschutzgebiet (§ 15 BNatSchG):* besonderer Schutz wegen der Vielfalt, Eigenart und Schönheit des Landschaftsbildes, bezogen auf das gesamte Gebiet; hier wird großflächig auf den besonderen (individuellen) Charakter einer Landschaft eingegangen, der auch durch besiedelte Teile des Gebietes gebildet werden kann. Aufgrund einer gewissen Einheitlichkeit und Homogenität des Landschaftsbildes ist es Ziel der Schutzbemühungen, nicht nur einzelne Bestandteile, sondern das Gebiet als Ganzheit zu erhalten, bzw. zu entwickeln.

- *Naturpark (§ 16 BNatSchG):* großräumiges Gebiet zum Schutz des Landschaftsbildes und der Naturausstattung für eine landschaftsgebundene Erholung (Natur- und Landschaftserlebnis); in Teilen Landschaftsschutz- und Naturschutzgebiete (mehr als die Hälfte der Gesamtfläche werden gefordert), zur Erhaltung der natürlichen und landschaftlichen Qualität.

- *Naturdenkmal (§ 17 BNatSchG):* als Landschaftselement wegen seiner Seltenheit, Eigenart oder Schönheit geschützt (Objektschutz); die Umgebung des Naturdenkmals kann mit einbezogen werden, wenn es zum Schutz notwendig ist. Auf das Landschaftsbild bezogen kann dies eine besondere Überprüfung der Sichtbarkeit des Objektes im Kontext vorhandener Anordnungsmuster und Gestaltmerkmale der es umgebenden Landschaftselemente bedeuten.

- *Geschützter Landschaftsbestandteil (§ 18 BNatSchG):* als Landschaftselement zur Belebung, Gliederung oder Pflege des Orts- und Landschaftsbildes geschützt; wie beim Naturdenkmal bezogen auf ein Einzelobjekt. Die Begriffe Belebung und Gliederung zeigen, daß die Bedeutung der Landschaftselemente insbesondere mit dem Anordnungsmuster zu sehen ist, das sie bilden (z.B. Allee, Hecken). Im Zusammenhang mit ihrer Umgebung können aber auch Gestaltmerkmale (z.B. Form und Größe, Textur und Farbe) eine Kontrastwirkung im positiven Sinne der Belebung hervorrufen. Geschützte Landschaftsbestandteile sind eventuell im gesamten Erscheinungsbild einer Landschaftsbildeinheit für die Vielfalt, Eigenart und Schönheit von Bedeutung.

- *Schutz bestimmter Biotope (§ 20c BNatSchG):* der Schutz von Lebensräumen bestimmter Arten und Lebensgemeinschaften ist im direkten Zusammenhang mit dem Landschaftsbildschutz zu sehen, auch wenn dies aufgrund der Gewichtung für die Aufgaben des Artenschutzes im Gesetz nicht extra genannt wird. Die im § 20c aufgezählten Biotope kennzeichnen charakteristische Elemente einer Landschaftsbildeinheit. Ein Verlust eines solchen Biotops bedeutet auch einen Verlust im Sinne der Vielfalt, Eigenart und Schönheit des Landschaftsbildes, insbesondere mit Bezug auf die Bedeutung des eingangs formulierten ganzheitlichen und synästhetischen Anspruchs des Landschaftsbildschutzes (siehe auch Kapitel 2.3.2.2).

- *Biosphärenreservat:* Landschaftsgebiet, das nach den Kriterien des UNESCO-Programms „Mensch und Biosphäre" ein charakteristisches Ökosystem der Erde repräsentiert. Es ist großräumig ausgewiesen und kann in mehrere Schutzzonen unterschiedlicher Schutzbestimmungen gegliedert sein. Diese sind im Ablauf der Eingriffsüberprüfung eines Vorhabens entsprechend zu berücksichtigen und im Einzelfall landschaftsbildbezogen zu bewerten. Generell zielt die Unterschutzstellung des ganzen Gebietes auf die Erhaltung aber auch Entwicklung von einzigartigen Kulturlandschaften mit vielfältiger Naturausstattung (in Teilen Natur- und Landschaftsschutzgebiete) und den Schutz von wertvollen historischen Zeugnissen des Verhältnisses zwischen Mensch und Landschaft.

3.1.8 Gesamtbilanzierung: Feststellen der Erheblichkeit, Nachhaltigkeit und der Ausgleichsmaßnahmen

Die Frage der Vermeidbarkeit, der Erheblichkeit und Nachhaltigkeit der Beeinträchtigungen des Landschaftsbildes läßt sich von der Makrostrukturebene zur Mikrostrukturebene immer differenzierter erfassen. Die Beeinträchtigungen der Gestaltmerkmale und Anordnungsmuster des Landschaftsbildes können aufgrund der spezifischen Wirkfaktorengruppen (siehe Tab. 7) des Vorhabens genau beschrieben und räumlich bezogen werden auf

- den unmittelbaren Standort des Vorhabens, sofern dieser schon festgelegt ist (auch Alternativstandorte); betrifft den Verlust an Landschaftselementen aufgrund der Flächeninanspruchnahme durch das Vorhaben (Bau- und Nutzungsphase); dies bedeutet eine Verlustaufstellung der Gestaltmerkmale und Anordnungsmuster
- die betroffenen Bildareale der Meso- und Mikrostruktur aufgrund der Ableitung aus der Makrostruktur und der Landschaftsbildeinheit.

Gerade durch den räumlich-strukturellen Bezug des Verlustes und der Beeinträchtigungen von Gestaltmerkmalen und Anordnungsmustern können *landschaftsgerechte Ausgleichsmaßnahmen* ermittelt und festgelegt werden.

Für die Gesamtbilanzierung der Ausgleichsmaßnahmen mit dem Zustand vor dem Eingriff stehen daher die qualitativen Bewertungskriterien im Vordergrund (siehe Tabelle 5. Welche quantitativen Größen zur Wiederherstellung oder Neugestaltung des Landschaftsbildes erforderlich sind, bemißt sich somit an den Flächen und Mengen, die solche qualitativen Ausgleichsmaßnahmen benötigen. Sie sind nicht direkt von der Flächeninanspruchnahme des Vorhabens abhängig. Die Bilanzierung der Ausgleichsmaßnahmen braucht daher nicht durch ein Aufrechnen der Flächengröße oder Mengen wiedereingebrachter Elemente zu erfolgen.

	Feststellen der Erheblichkeit und Nachhaltigkeit		Ausgleich		Ersatz
Tabellarische Gegenüberstellung von Beeinträchtigung, Ausgleichs- und Ersatzmaßnahmen beim Schutzgut Landschaftsbild					
Betroffenes Bildareal: Nr. XY	Landschaftsbildbestand Charakterisierung und Sensibilität:	Vorhabensspezifische Beeinträchtigungen nach Vermeidung:	1) Restaurativer Ausgleich 2) Struktureller Ausgleich 3) Substitutiver Ausgleich	Bleibende Beeinträchtigungen nach Ausgleich, Angaben zur ersatzbemessungsfähigen Fläche	Flächenanspruch für Ersatzmaßnahmen
–Nummer der Beeinträchtigung, Streckenabschnitt von x + 000 - x + y Länge (lfm) Fläche (ha)	– Landschaftsbildelement – GME – AOM – Vorrangflächen /-objekte (Schutzkategorien, ideelle Wertzuweisungen) – Nr. der GME / AOM	– Art und Wirkfaktoren – Dimension: Makro- (Ma), Meso- (Me), Mikrostrukturebene (Mi) – bezogen auf GME / AOM, – Nr. der Beeinträchtigung	Beschreibung der Ausgleichsmaßnahmen bezogen auf: – Ort, Zeitpunkt/ -dauer – GME – AOM – Vorrangflächen/-objekte – Makro-, Meso-, Mikrostrukturebene	bezogen auf den Grundflächenanspruch des Vorhabens	Höchster %-Anteil bleibender Beeinträchtigung je Fläche, Streckenabschnitt, Länge

Tab. 9: Grundschema zur Gesamtbilanzierung
GME = Gestaltmerkmale; AOM = Anordnungsmuster

Bei einem Vergleich von potentiellen Standorten ist nicht nur die Ausgleichsmöglichkeit zu berücksichtigen, sondern schon die Vermeidung und Minimierung von Beeinträchtigungen und auch das Volumen an nicht ausgleichbaren Beeinträchtigungen.

Daher ergeben sich im Sinne der Eingriffsregelung **sechs Bilanzierungsstufen** zum Standortvergleich:

1.) ohne Erheblichkeit oder Nachhaltigkeit, da vermeidbar (Distanz, Anpassung an das Anordnungsmuster oder an die Gestaltmerkmale)

2.) minimierbar, Restbeeinträchtigung ausgleichbar

3.) nicht vermeidbar oder minimierbar, aber ausgleichbar

4.) nicht vermeidbar, (evtl.) teilweise minimierbar, nur teilweise ausgleichbar, Restbeeinträchtigungen nicht ausgleichbar

5.) minimierbar, Restbeeinträchtigungen nicht ausgleichbar

6.) nicht vermeidbar, nicht ausgleichbar

3.2 Veranschaulichung einzelner Untersuchungs- und Planungsschritte am ausgesuchten Beispiel

3.2.1 Auswahl einer Beispiellandschaft und eines Eingriffsvorhabens

Das nachfolgend dargestellte Beispiel zur Demonstration der Analysebausteine folgt den im Verfahrensablauf (Kap. 3.1, Abb. 13) dargestellten inhaltlichen und prozessualen Hinweisen. Die Untersuchungsschritte setzen großräumig auf der Ebene der Landschaftsbildeinheiten an und durchlaufen deren Makro- und Mesostruktur bis hinunter zur detaillierten Mikrostruktur mit standörtlichem Planungsbezug. Proportional zur abnehmenden Aggregationsdichte treten wertdifferenzierende und wahrnehmungsspezifische Aspekte auf den verfeinerten Strukturebenen des Landschaftsbildes hinzu. Sie beliefern den Untersuchungs-, Planungs- und Entscheidungsprozeß der Eingriffsregelung mit inhaltlich abgestuften Sachinformationen zur Bestimmung der Erheblichkeit, der Vermeidung und Minimierung sowie des Ausgleichs von Eingriffen.

Eine Verkürzung des als idealtypisch zu bezeichnenden Verfahrensablaufs der Eingriffsregelung ist dann angezeigt, wenn aufgrund planerischer Konditionen bereits vorliegende Präferenzen für Vorhabensstandorte und/oder -gestaltlösungen den vorauslaufenden Untersuchungs- und Abstimmungsweg auf höher aggregierten Ebenen des Landschaftsbildes auf die Frage des Standortvergleiches reduzieren.

Auf diese Konstellation sind die Bausteine einstellbar, ohne daß dadurch die Relevanz der strukturellen und wertmäßigen Einbindung des Einzelstandortes in die komplexe und raumübergreifende Landschaftsbildeinheit vernachlässigt wird. Sie sind als selbständig funktionierende Untersuchungsinstrumente konzipiert, mit deren Hilfe auf unterschiedlichen Landschaftsbildebenen planerisch relevante Teilergebnisse erzielt werden können.

Aufbauend auf den Gliederungsresultaten zum Landschaftsbild und der Übersicht zu den charakteristischen Gestaltmerkmalen von Elementen eröffnet die aufgezeigte Methode einen landschaftstypneutralen Analyse- und Bewertungsablauf.

Zur Demonstration der Methode bietet daher derjenige Landschaftstyp günstige Voraussetzungen, in dem

- Züge sowohl der Flach- als auch der Gebirgslandschaft enthalten sind (letztere sind nicht nach Kriterien der Dimension, sondern der Gestaltmerkmale relevant)
- Landschaftsbildeinheiten über alle Strukturebenen signifikante Ausprägungen des Anordnungsmuster und der Landschaftsbildelemente besitzen.

Die Wahl fiel auf einen Landschaftsraum in Mecklenburg-Vorpommern. Das Testgebiet "Kummerower See" bietet aufgrund seines in geomorphologischer wie kulturhistorischer Hinsicht bemerkenswerten Landschaftsinventars eine breite Demonstrationspalette.

Überprüfungen zur Methodik sollten praxisbezogen, aber nicht einzelfallspezifisch ausgestaltet sein. Irregulierende und daher die Methodenerklärung störende Einflüsse können zum Beispiel politische Vorgewichtungen oder einzelwirkende Einspruchsverfahren individuell Betroffener sein. Somit wird bewußt auf einen individuellen Planungs-/Eingriffsfall verzichtet. Zudem wird in dem unten aufgezeigten Beispiel auf die weitgehend formalisierte Bundesfernstraßenplanung (als "linearer Eingriffstyp") zurückgegriffen. Es stellt einen fiktiven Planungsprozeß dar, das zum Zeitpunkt der Durchführung dieser Studie nicht existent war.

Das Vorhaben "Straßenplanung" ist eine großräumig dimensionierte Maßnahme mit einem Erfassungs- und Bewertungsbedarf auf verschiedenen Planungsebenen und erfordert ein gestuftes Eingriffsuntersuchungsverfahren. Entsprechend der Klassifizierung von Eingriffstypen nach Standort- und Gestaltdefinitionen entspricht das gewählte Vorhaben dem Eingriffstyp ohne Standort- aber mit prinzipieller Gestaltvorgabe.

3.2.2 Allgemeine Hinweise zur Berücksichtigung des Landschaftsbildes beim Bundesfernstraßenbau

Aus den Paragraphen 1, 2 und 8 des BNatSchG sowie den entsprechenden Länderregelungen leitet sich die allgemeine Anforderung ab, eine Straße so in die Landschaft einzugliedern, daß in Abwägung aller Belange die geringfügigste Beeinträchtigung des Landschaftsbildes zu verzeichnen ist. Dieses Ziel soll in allen Planungsstufen, d.h. auf den Ebenen der **Bedarfsplanung**, der **Linienfindung** und der **Planfeststellung** verfolgt, beziehungsweise in die für die jeweilige Planungsstufe erforderliche Abwägung einbezogen werden.

Es gilt die großräumige Bildwirksamkeit des geplanten Projektes in der Bauphase, in der Nutzungsphase, in der Stillegungsphase und in der Abbauphase ebenso zu beachten wie die unmittelbare Gestaltqualität der Straße sowie der im Zuge einer Straßenbaumaßnahme miterrichteten Nebenanlagen, Nebenbetriebe und Zubehör nach §1, Abs. 3 - 5, Bundesfernstraßengesetz (FStrG). Daraus wird bereits der Erfassungs- und Bewertungsbedarf auf verschiedenen Maßstabsebenen deutlich.

Entsprechend den Richtlinien für die Anlage von Straßen, Teil "Landschaftsgestaltung" (RAS-LG), werden allgemeine Gestaltungsgrundsätze definiert:
Die großräumigen topographischen Gegebenheiten sind demnach (auch) aus gestalterischen Gründen zum Zwecke einer geländenahen Gradientenführung zu berücksichtigen und die Durchschneidung von Landschaftsräumen ist zu vermeiden. Geschützten und schützenswerten Landschaftsräumen und -bestandteilen bis hin zu meso- bis mikrostrukturellen Landschaftselementen, wie zum Beispiel wertvollen Hecken und Kleinbiotopen ist auszuweichen. Insgesamt wird der Anspruch einer harmonischen Einfügung in das Erscheinungsbild des Landschaftsraumes formuliert.

Aus der Vorgabe des Gesetzgebers, die Umweltverträglichkeit nach dem Stand der Planung zu prüfen (§16,17 FStrG), ergibt sich ein abgestuftes Bearbeitungsprofil:

Ebene der Bedarfsplanung:
Am Anfang steht demnach die Frage, ob eine Straßenbaumaßnahme innerhalb eines im Raumordnungsplan festgelegten Gebietes unter Berücksichtigung aller naturschutzfachlich und landschaftsästhetisch relevanten Faktoren und unter Einbeziehung der potentiellen Beeinträchtigungswirkungen eines solchen Vorhabenstyps vertretbar ist.
Bereits hier sind alternative Lösungen mit einer voraussichtlich geringeren Belastung für die Landschaft zu prüfen und gegebenenfalls von dem Vorhaben Abstand zu nehmen (siehe ALLGEMEINES RUNDSCHREIBEN STRAßENBAU NR. 5/1987):
- Das erste Ergebnis der Prüfung ist die Abgrenzung des Suchraums, in dem die Trasse verlaufen soll.
- Das zweite Prüfungsergebnis ist die Darstellung möglicher alternativer Korridore innerhalb des Suchraums.

Auf dieser Planungsebene geht es primär um eine großräumige Betrachtungsweise; entsprechend ist der erforderliche Analysebedarf an den makrostrukturellen Landschaftsbestandteilen des Reliefs, der Vegetation und der Siedlungsstruktur orientiert.
Als Arbeitskarten dienen hierbei Topographische Karten im Maßstab 1:50.000.

Ebene der Linienfindung:

Ist die theoretische Durchführbarkeit des geplanten Vorhabens auf der Bedarfsplanungsebene bestätigt, gilt es innerhalb der Linienbestimmung die in Frage kommende Trassen im Hinblick auf ihre Landschaftsbildverträglichkeit beziehungsweise ihr ästhetisches Beeinträchtigungspotential zu untersuchen sowie die Ausgleichbarkeit unvermeidbarer Beeinträchtigungen festzustellen.

Wie bereits auf der übergeordneten Planungsebene gilt auch hier als ein mögliches Endergebnis der Verzicht auf die Realisierung.

Letztgenannte Aufgabe erfordert eine detaillierte Betrachtung dergestalt, daß neben der Erfassung von Benachbarung, Berührung und Durchschneidung landschaftsästhetisch wertvoller und schützenswerter Landschaftsbestandteile bereits Aussagen über den Grad der Schutzwürdigkeit letzterer und der Beeinträchtigungswirkung einer Korridoralternative getroffen werden.

Dazu ist eine Analyse der entsprechenden Landschaftsbestandteile auf mesostruktureller Ebene mit einer differenzierteren Erfassung der Anordnungsmuster und Gestaltqualitäten erforderlich.

Ebene der Planfeststellung:

Mit zunehmendem Konkretisierungsstand des Planungsvorhabens wächst schließlich bei der Planfeststellung der Anspruch an Detailliertheit zur Bewertung der direkten Harmonie- bzw. Kontrastwirkung auf das unmittelbare Umfeld des Vorhabens.

Die im Rahmen der Bedarfsplanung und Linienfindung vorgenommenen Untersuchungen sind dabei mit zu berücksichtigen, sowie notwendige Ausgleichs- und Ersatzmaßnahmen darzustellen und zu begründen.

Der nachfolgende Verfahrensablauf der Eingriffsregelung am fiktiven Beispiel "Autobahnbau von Greifswald nach Malchin" gliedert sich daher in folgende Stufen:

1.) Ebene der Landschaftsbildregion und Landschaftsbildeinheiten
    Empfehlung zur weiteren Untersuchung der Eingriffsvermutungen und Abstecken des sachlichen Untersuchungsrahmens

2.) Ebene der Makrostruktur
    Ausweisung vergleichsweise konfliktarmer Planungsräume, Korridorfindung

3.) Ebene der Mesostruktur
    Suche, Vergleich und Empfehlung einer geeigneten Linie

4.) Ebene der Mikrostruktur
    Ausführungsplanung und Bilanzierung erheblicher und nachhaltiger Beeinträchtigungen sowie Ausgleichs- und Ersatzmaßnahmen

3.2.3 Demonstration der einzelnen Untersuchungsschritte

Exemplarische Eingriffsuntersuchung am fiktiven Beispiel einer Bundesfernstraßenplanung in Mecklenburg - Vorpommern: "Autobahnbau von Greifswald nach Malchin"

Die einzelnen Teilschritte der Untersuchung werden nicht im vollen Umfang mit dem erarbeiteten Kartenmaterial demonstriert. Es wird für jede der oben angegebenen Ebene des Verfahrensablaufs am Anfang eine schematische Übersicht zu den Konditionen der Planungsphase und zu den notwendigen Untersuchungsschritten (Karten) gegeben. Danach werden mit Text- und Kartenbeispielen die Teilschritte ausführlicher dargestellt, die die entscheidenden Analyse- und Bewertungsergebnisse aufzeigen oder neue Kriterien für die Anwendung der Bausteine demonstrieren.

3.2.3.1 Ebene der Landschaftsbildregion und Landschaftsbildeinheiten: Eingriffsvermutung und Abstecken des sachlichen Untersuchungsrahmens

Konditionen der Planungsphase: Offener Raumbezug seitens des Vorhabensträgers zwischen zwei Anbindungspunkten; Vorgabe von Gestaltnormen des Vorhabenstyps Straßenplanung.

Übersicht: Untersuchungsschritte zur Herleitung einer ersten Erheblichkeits- und Nachhaltigkeitsvermutung und zum Abstecken des Untersuchungsrahmens

1.) Ermittlung von Landschaftsbildeinheiten
- Übernahme vorhandener räumlicher Gliederungen (Abb. 22, Textbeispiel)
- Analyse des geomorphographischen Landschaftsaufbaus (Karte 1.1, nicht abgebildet)
- Anordnung von Waldflächen und der Siedlungsstruktur (Karte 1.2, nicht abgebildet)
- Ausweisung von Landschaftsbildeinheiten (Abb. 23: Karte 1.3)

2.) Charakteristik der Landschaftsbildeinheit (Anordnungsmuster, Element- und Formeninventar) und Feststellung der grundsätzlichen Sensibilität (Tab. 10; Karte 1.4, nicht abgebildet)

3.) Erfassung der vorhabensspezifischen Wirkfaktoren und Feststellung von verletzungsempfindlichen Bereichen
- Einstufung des Vorhabens als Eingriffstyp, Erfassung der spezifischen Wirkfaktoren
- Gegenüberstellung der vorhabensspezifischen Wirkfaktoren mit den Ordnungsprinzipien und den Trägerkategorien der Ordnung (Abb. 24: Karte 1.5; Tab. 11)
- Übernahme ausgewählter Bereiche des Natur- und Umweltschutzes (Karte 1.6, nicht abgebildet)
- Kritische Standortpräferenzen und näher zu untersuchende Bereiche (Abb. 25: Karte 1.7)

Erläuterung zum Untersuchungsschritt 1: Ermittlung der Landschaftsbildeinheiten

Zur Ausweisung von Landschaftsbildeinheiten ist es erforderlich, den Untersuchungsraum in die regionalen natur- und kulturräumlichen Gegebenheiten einzuordnen. Dazu werden vorhandene Gliederungen übernommen und ausgewertet.

Beispiel für die **Einordnung des Untersuchungsraumes in die Naturräumliche Gliederung** nach SCHULTZE (1955) (siehe Abb. 22):
- Großlandschaft: Rückland der Mecklenburgischen Seenplatte (03)
- Landschaft   : Malchiner Becken (031)

Allgemeine Charakteristik, Höhe, Relief: Weite Beckenlandschaft zwischen einzelnen Höhengebieten (bis 122 m), die einzelne Oser und Drumlinschwärme tragen. Die Böschungswinkel nehmen bis 30° zu, zum Teil sind die Hänge natürlich terrassiert. Seespiegel des Kummerower Sees nur 0,40 m über NN.

Morphologischer Formentyp: Glaziales Beckengebiet.

Bodenart: Wechselnd, meist nährstoffreich. Sandiger Lehm mit örtlichen Sandflächen; Moore um die Seen.

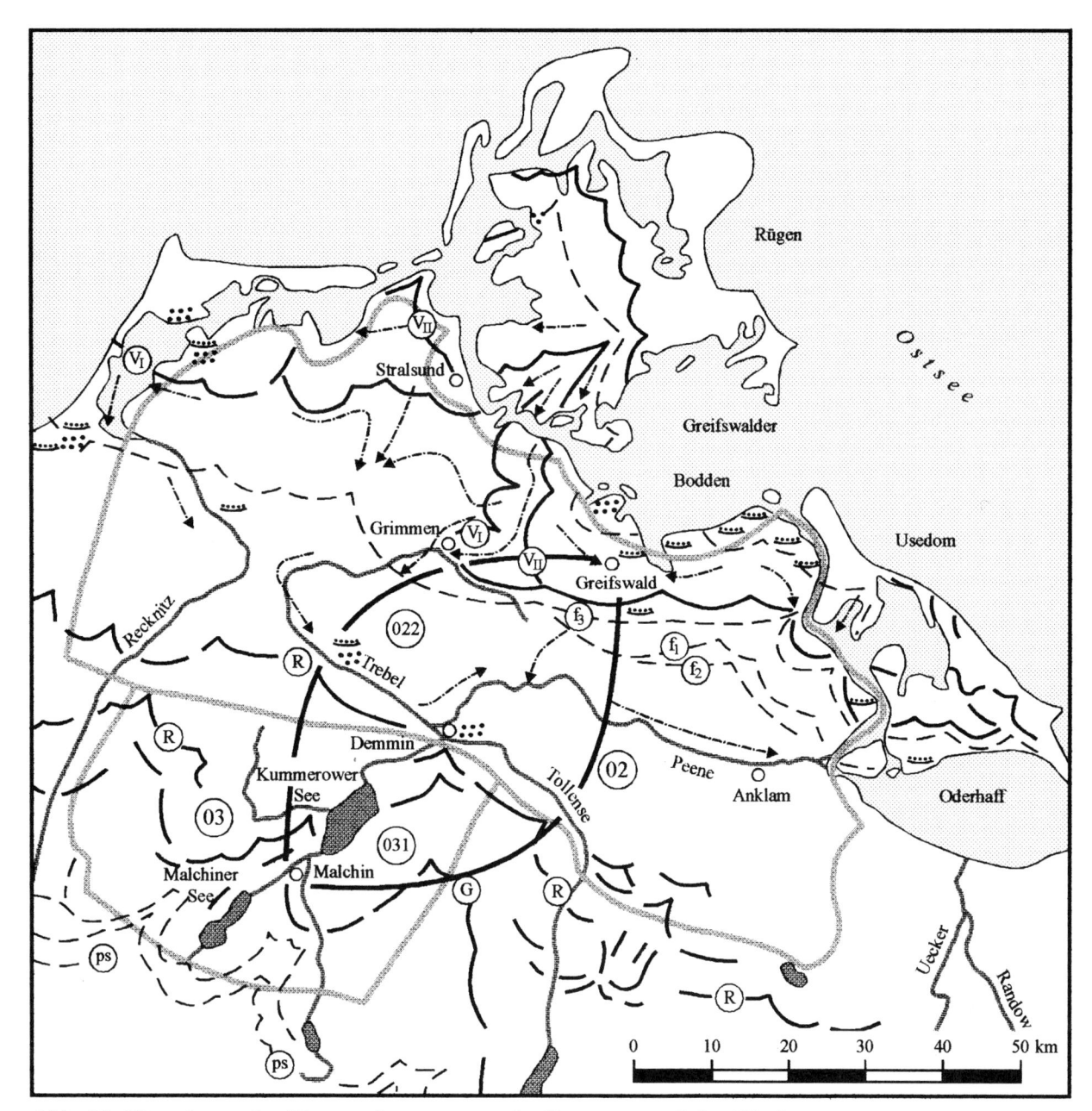

Abb. 22: Einordnung des Untersuchungsraumes in die naturräumliche Gliederung

Das Untersuchungsgebiet betreffende naturräumliche Einheiten (nach SCHULTZE, 1955):

02   Nordostmecklenburgisches Flachland
022 Nordmecklenburgische Lehmplatten; Mecklenburgisches Grenztal
03   Rückland der Mecklenburgischen Seenplatten
031 Malchiner Becken

⌐ Markierungslinie der naturräumlichen Einheiten

Strukturaufbau der Moränenlandschaft (verändert nach zwei Karten in MARCINEK & NITZ, 1973)

Stauchendmoränen
R: Rosenthaler Staffel
V: Velgaster Staffel
G: Gerswalder Staffel

Aufschüttungsendmoränen
f: Franzburger Schiefer
ps: Pommersches Stadium

Schmelzwasserbahnen

Äolische Periglazialphänomene:

- Flugsande

- Binnendünen

Suchraum zwischen Greifswald und Malchin

Hydrologie: Die Peene entwässert das Becken nach Nordosten. Schwankungen der Seespiegelhöhe des Malchiner Sees. Bei Ostwind Stauüberschwemmungen in den Flußniederungen. Mittlerer Grundwasserstand wechselnd. Hauptgrundwasser in 10 bis 30 m Tiefe.

Analyse des geomorphographischen Landschaftsaufbaus (vgl. MARCINEK & NITZ, 1973)

Das Untersuchungsgebiet liegt zwischen der sogenannten Pommerschen Eisrandlage im Südwesten und der Ostsee im Nordosten. Als Jungmoränengebiet zeigt dieser Landschaftsraum einen relativ geringen periglaziären Formenschatz und wird als kaum abgetragene und veränderte Glaziallandschaft bezeichnet.

Die Hauptreliefeinheiten verlaufen in parallelen Zonen etwa in der langgestreckten Ausdehnungsrichtung von Nordwesten nach Südosten und werden nachfolgend in ihrer Aufeinanderfolge von Südwesten nach Nordosten aufgeführt:

Nördlicher Landrücken

Der Nördliche Landrücken umfaßt die weitgeschwungenen Moränenzüge der spätglazialen Hauptgletscher. Im weiten Bogen umrahmen diese Höhenzüge den Malchiner See südlich. Die Gerswalder und Rosenthaler Staffel sind am Aufbau dieser Höhenzüge beteiligt. Sie zeichnen etwa den Verlauf der Pommerschen Eisrandlage nach.

Beckenzone nordöstlich des Nördlichen Landrückens

Im Untersuchungsgebiet umschließen die Höhenzüge das Malchiner Becken. Es ist im Vergleich mit anderen Beckenausbildungen dieser Zone relativ langgestreckt und tief ausgeschürft. Der Beckenboden liegt zum Teil beträchtlich unter dem heutigen Meeresspiegel und wird von zwei schmalen, langgestreckten Zungenbeckenseen, dem Malchiner und Kummerower See eingenommen.

Die nordöstliche Begrenzung des Malchiner Beckens bildet die Rosenthaler Staffel, eine Stauchendmoräne, die hier bei Demmin ihre nördlichste Lage besitzt. Bis auf diese Gegend von Demmin verläuft die Rosenthaler Staffel sonst weiter südlich des Grenztales.

Insgesamt gesehen läuft die Beckenzone zum Mecklenburgischen Grenztal in relativ flachen Grundmoränengebieten aus. Vorhandene Oszüge zeugen von einem verhältnismäßig ungestörten Niederschmelzen des inaktiv gewordenen Inlandeises. Während dieser Zeit schob sich das aktive Inlandeis zur Rosenthaler Staffel vor.

Mecklenburgisches Grenztal

Der Name bezeichnet die Flachlandschaft der nordöstlichen Talniederungen und Platten, die sich bis zur Ostsee erstrecken. Die Talniederungen werden im Nordosten südlich von Greifswald mit den Höhenzügen der Franzburger und Velgaster Staffel abgeschlossen, im Südwesten mit der Rosenthaler Staffel (siehe Abb. 22).

Das nördlich des Peeneurstromtales ansteigende Gelände tritt als räumlich markante Höhenstufe nur wenig in Erscheinung. Die Aufschüttungen der Franzburger Zwischenstaffel (Satzendmoräne) besitzen relativ breite, meist (mit Nadelgehölzen) bewaldete Sanderstreifen, dann folgen die Höhenzüge der in zwei Teilstaffeln gegliederten Stauchendmoränen der Velgaster Staffel. Aufgrund des ungestörten Abschmelzens des Eises hat das Gebiet des Mecklenburgischen Grenztals Grundmoränengebiete mit flachwelligen bis ebenen Flächen. Das Pommersche Grenztal besitzt auch keine größeren Ausschürfungen (vergleiche Beckenzone) und ist daher seenarm.

Die Flüsse Trebel und Schwinge zeichnen heute zwei Schmelzwasserbahnen nach, die beim Niederschmelzen des nordöstlichen Inlandeises entstanden (Velgaster und Franzburger Staffel) sind. Alle großen Talniederungen dieser Zone können auf Erosion zurückgeführt werden. Vor etwa 10.000 Jahren (Holozän) kam es in den Niederungen und in allseitig geschlossenen Hohlformen zu organogenen Bildungen (Vermoorung). Die flachwellig zwischen den Talniederungen und ehemaligen Schmelzwasserrinnen liegenden Platten sind verhältnismäßig waldarm und treten optisch als raumbildende Höhenstufen nur wenig in Erscheinung.

Hydrographische Verhältnisse

Im Bereich des Untersuchungsgebietes ist die Anordnung der Fließgewässer im Mecklenburgischen Grenztal durch die ehemaligen Schmelzwasserbahnen vorgegeben. Daher verläuft die Peene als Hauptstrom von Demmin aus in Nordwest - Südost - Richtung zum Oderhaff. Die Tollense fließt ebenfalls im rechten Winkel aus dem Tollense-Becken ins Grenztal ein, und verläuft dann in Nordost - Südwest - Richtung bis Demmin, wo sie in die Peene mündet. Die Fließgewässer besitzen im Grenztal landschaftsgliedernde Bedeutung; es sind dies die Talniederungen der Recknitz, der Trebel, der unteren Peene, der Ziese, der Ryck sowie von Ibitz-, Kuckucks- und Großem Abzugsgraben. (AURADA, in KLIEWE et al., 1990)

Ergebnis von Untersuchungsschritt 1:
Ausweisung von Landschaftsbildeinheiten (Karte Nr. 1.3, siehe Abb. 23)

Die Auswertung der Angaben zur Naturräumlichen Gliederung und die Analyse des geomorphographischen Landschaftsaufbaus (Relief, Gewässer) und der Anordnung von Waldflächen und der Siedlungsstruktur (kartographische Darstellung, hier nicht abgebildet) führen zur Ermittlung von acht Landschaftsbildeinheiten, die das Untersuchungsgebiet betreffen.

Beispielhaft werden nachfolgend die Landschaftsbildeinheiten (LBE) beschrieben und in der Analyse weiterverfolgt, die um den Kummerower See herum liegen.

LBE 5)

Flachwelliges bis kuppiges Grundmoränengelände mit einzelnen Oser-Aufreihungen, teilweise hohlformenstrukturiert mit Moorbildungen; als Höhenbereich zu den Beckenzonen beckenrandbildend. Zum Kummerower See Becken-Höhendifferenzen von ca. 20 - 30 m.
Dünn besiedelt, größere zusammenhängende Flächen agrarischer Nutzung aber auch von Waldgebieten. Bis auf Neukalen Städte erst wieder mit der Südost - West - Verbindungsachse von Neubrandenburg - Reuterstadt - Slavenhagen - Malchin - Teterow (Bundesstraße und Eisenbahn).

LBE 6)

Zungenbecken von Kummerower See und Malchiner See (Malchiner Becken). Östlicher Teil des Kummerower Sees mit direktem, optisch markantem Geländeanstieg. Westlicher Teil und nördlich bis Dargun und südlich bis Malchin ebenes Gelände als Beckenboden, strukturiert durch Entwässerungsgräben und flachwelligere Ausprägung des Beckenrandes.

LBE 8)

Optisch markante Endmoränenbildung (Teil der sogenannten Mecklenburgischen Schweiz), zum Becken hin mit Höhenunterschieden von 70 bis 80 m. Im Untersuchungsgebiet große Waldflächen; kleine Dörfer nur am Rand der Hügelzone.

Erläuterung zum Untersuchungsschritt 2:
Charakteristik der Landschaftsbildeinheiten und Feststellung der grundsätzlichen Sensibilität
(siehe Tabelle 10; kartographische Darstellung hier nicht abgebildet)

Tab. 10: Charakteristik der Landschaftsbildeinheiten und Feststellung der grundsätzlichen Sensibilität

"Schutzgutkomponenten Landschaftsbild" Landschaftscharakteristik (Potential / Anordnungsmuster / Element- und Formeninventar)	Sensibilität Anfällig für Veränderungen sind:	Strukturbeeinträchtigung
LBE 5) *Relief:* flachwellig bis kuppig, teilweise hohlformenstrukturiert; einzelne Oser und Drumlinschwärme; relative Höhendifferenzen im Schnitt 25 m, auch bis 35 m *Vegetation:* landwirtschaftlich geprägt; lineare, punktuelle Elemente (Feldgehölze, Baumgruppen, Moorgebiete) und teilweise Kleinflächigkeit; Waldflächen, Alleen *Siedlungsstruktur:* dünn besiedelt, gleichmäßig verteilt, historische Stadt Neukalen in Verbindung mit Fluß (Peene; Hafen, Kanäle, Mühlen); Stavenhagen in der Verbindungsachse (Infrastrukturen) nach Malchin bzw. Neubrandenburg	Höhenstufen von Relief und Vegetation in gleicher Proportion von 25 - 35 m maximal (Bäume, Reliefenergie); Eigenart und Vielfalt: großflächige Elemente und Nutzungsgebiete bei Wald und Landwirtschaft; Kontrast zu Kleinflächigkeit, linearen und punktuellen Elementen, insbesondere in Kombination von Vegetation und Gewässerstrukturen und Reliefunstetigkeit (kleinhügelig, kuppig); naturnahe Flächen bei dünner Besiedlung, soweit nicht intensive Landwirtschaft, insbesondere auch in Verbindung mit Gewässern; Seltenheit von singnifikanten Osern und Drumlins (unwiederbringliche eiszeitliche Relikte)	Höhenverhältnisse von Relief und Vegetation sprengend; Höhenanordnungsmuster trennen, durchschneiden, Dominanz verschieben; großflächige Elemente und Dorfzersiedlung, Ausräumung der Feldflur; Verlust von eiszeitlichen Elementen (Oser, Drumlin)
LBE 6) *Relief:* Zungenbecken mit Seen, Hauptraumrichtung Südwest-Nordost, ebenes Gelände; Raumkanten des Beckenrandes bedeutend, besonders signifikant bei steilen Rändern und großen relativen Höhendifferenzen (20 - 30 m) zur Wasserfläche der Seen; Linearität in der Beckenzone (Flüsse und Grabensystem; Raumkanten vom Beckenrand) *Vegetation:* lineare Elemente in Verbindung mit Fließgewässern und Seeufer, kleinflächige Waldstücke, punktuelle Elemente	Raummaßstäblichkeit: Beckenebene und Beckenrand; Kontrast von Seefläche zu den signifikanten Raumkanten des Beckenrandes; Definition des Beckenrandes: steile Böschungen, aber auch flachwellige Ausprägung mit geringeren Hangneigungen und extreme Höhendifferenzen im Bereich der Endmoräne; Hauptraumrichtung Zungenbecken: Querriegel, Zersiedlung z.B. schon bei Malchin; Naturnähe, Eigenart und Vielfalt: insbesondere Kombination von Gewässerstrukturen und Vegetation, große Gebiete siedlungsfrei	Störung des Beckenrandes: Einschnitte, Anschnitt, Verbauung, überdimensionierte Höhenproportionen, Abgrabungen, Aufschüttungen; überdimensionierte Abgrabungen, Aufschüttungen, Bauwerke in der Beckenebene; Durchschneidungen, Querriegelbildungen; großflächige Elemente, Bündelungen zu Raumachsen entgegen der Zungenbecken-Raumrichtung; Zersiedlung durch Ferienhausbebauung und Freizeiteinrichtungen; Störung des Wasserhaushalts, der Wassergüte aller Gewässer (flacher Grundwasserstand)

Fortsetzung Tab. 10: Charakteristik der Landschaftsbildeinheiten und Feststellung der grundsätzlichen Sensibilität

"Schutzgutkomponenten Landschaftsbild" Landschaftscharakteristik (Potential / Anordnungsmuster / Element- und Formeninventar)	Sensibilität Anfällig für Veränderungen sind:	Strukturbeeinträchtigung
Forts. LBE 6) *Siedlungsstruktur*: historische Siedlung Verchen, Kummerow am See (Fischerei); Malchin schon stark zersiedelt (Infrastruktur, Erschließungsachse Teterow, Stavenhagen); Entwässerungsgräben flächenstrukturierend **LBE 8)** *Relief*: Endmoränen-Rücken, (kleinhügelig, Kuppen) mit markanten Höhenunterschieden zur Zungenbeckenebene (um 70 - 80 m, absolut 100 m) *Vegetation*: größtenteils bewaldet, insbesondere die höchsten Höhenbereiche *Siedlungsstruktur*: nur am Rand kleinere Siedlungen	innere Struktur der großen Waldflächen in Verbindung mit Reliefunstetigkeit und -energie; Hangbereiche, die den Beckenrand des Zungenbeckens bilden	Durchschneidungen, Einschnitte, Auffüllen von Hohlformen; Störungen des Anordnungsmusters von Kuppen durch Dominanzverschiebungen, Akzente (Bauwerke, Abtragungen, Entwaldungen); überdimensionierte Abgrabungen, Aufschüttungen; Zersiedlung offener Bereiche, Überbauungen der Randausbildung zum Zungenbecken

Erläuterung zum Arbeitsschritt 3:

Erfassung der vorhabensspezifischen Wirkfaktoren und Feststellung von verletzungsempfindlichen Bereichen

Einstufung des Vorhabens als Eingriffstyp

Die vorhabensspezifischen Wirkfaktoren sind aus den Hinweisen in der Tabelle 7 abzuleiten. Mit der Einstufung des Vorhabens als linearen Eingriffstyp lassen sich generelle Erheblichkeits- und Nachhaltigkeitsvermutungen aufstellen bezüglich:

– Durchschneidung von Elementen
– Durchschneidung von Raumrichtungen
– Auffädelung, Aufreihung

Die kartographische Darstellung der verletzungsempfindlichen Bereiche und Flächen mit Erheblichkeits- und Nachhaltigkeitsvermutung erfolgt auf der Grundlage der Darstellung der generellen Sensibilität der Landschaftsbildeinheiten (hier nicht abgebildet, siehe Tab. 10).

Gegenüberstellung der vorhabensspezifischen Wirkfaktoren mit den Ordnungsprinzipien und den Trägerkategorien der Ordnung

Abbildung 24 (Karte Nr. 1.5) zeigt nun ergänzend als neue Informationsschicht die vorhabensspezifischen Beeinträchtigungsmöglichkeiten innerhalb des Untersuchungsgebietes (Fischbauch) auf. Sie werden ermittelt aus der Gegenüberstellung der in der Karte aufgezeigten Anordnungsmuster und Gestaltmerkmale des Landschaftsbildes mit den vorhabensspezifischen Wirkfaktoren. Die Tabelle 11 zur Karte 1.5 beschreibt diese einzelnen Veränderungen für die Landschaftsstruktur und gibt Hinweise zur Beeinträchtigungsdimension (Makro-, Meso-, Mikrostruktur) der Wirkfaktoren und Veränderungseffekte. Die Symbolisierung der Beeinträchtigungsmöglichkeiten mit Piktogrammen erlaubt eine wechselseitige Lesbarkeit zwischen Karte 1.5 (Abb. 23) und Tabelle 11.

Kritische Standortpräferenzen und näher zu untersuchende Bereiche
Karte Nr. 1.7, siehe Abb. 25
Die Ermittlung der Erheblichkeits- und Nachhaltigkeitsvermutung bereits auf der Ebene der Landschaftsbildeinheiten erlaubt im Sinne der Planungsstufe auf der Ebene der Bedarfsplanung die Abgrenzung des Untersuchungsraumes (Fischbauch), in dem die Trasse verlaufen soll. Mit diesem Ergebnis wird die Darstellung und Prüfung möglicher alternativer Korridore vorbereitet.

Aus der Karte ergeben sich Empfehlungen zur weiteren Untersuchung der Eingriffsvermutung und zum Abstecken des sachlichen Untersuchungsrahmens (Scoping):
– Herausnahme kritischer Standortpräferenzen
– Abgrenzung näher zu untersuchender Bereiche

Die Herausnahme kritischer Standortpräferenzen und die Abgrenzung näher zu untersuchender Bereiche wird in der Legende der nachfolgenden Karte 1.7 nach zwei Punkten differenziert ausgewiesen:
– kritische Bereiche mit hohen Erheblichkeits- und Nachhaltigkeitsvermutungen für die Makrostrukturebene
– Bereiche mit überprüfungsbedürftigen Erheblichkeits- und Nachhaltigkeitsvermutungen für die Makrostrukturebene

Die Ausweisung erfolgt unter Berücksichtigung der Flächen,
– die laut Karte Nr. 1.5 (Abb. 24) Beeinträchtigungsmöglichkeiten besitzen durch Trennung, Zerschneidung, Anschnitt u.a., und
– Beeinträchtigungsmöglichkeiten von Schutzgebieten und -objekten besitzen (Karte der Schutzgebiete hier nicht abgebildet)

Mit der Darstellung der kritischen Standortpräferenzen auf Landschaftsbildebene (Karte Nr. 1.7, Abb. 25) sind die Untersuchungs- und Planungsschritte auf dieser Ebene für den Untersuchungsraum abgewickelt.
Für die weitere Demonstration der Untersuchungs- und Planungsschritte auf der Ebene der Makrostruktur - mit dem Ziel der Ausweisung von vergleichsweise konfliktarmen Korridoren - wird ein Ausschnitt nördlich des Kummerower Sees gewählt, der entsprechend der Ausweisungen in Karte 1.7 (Abb. 25) sowohl kritische Bereiche mit hoher Erheblichkeits- und Nachhaltigkeitsvermutung, als auch Bereiche mit zu überprüfender Erheblichkeitsvermutung enthält.

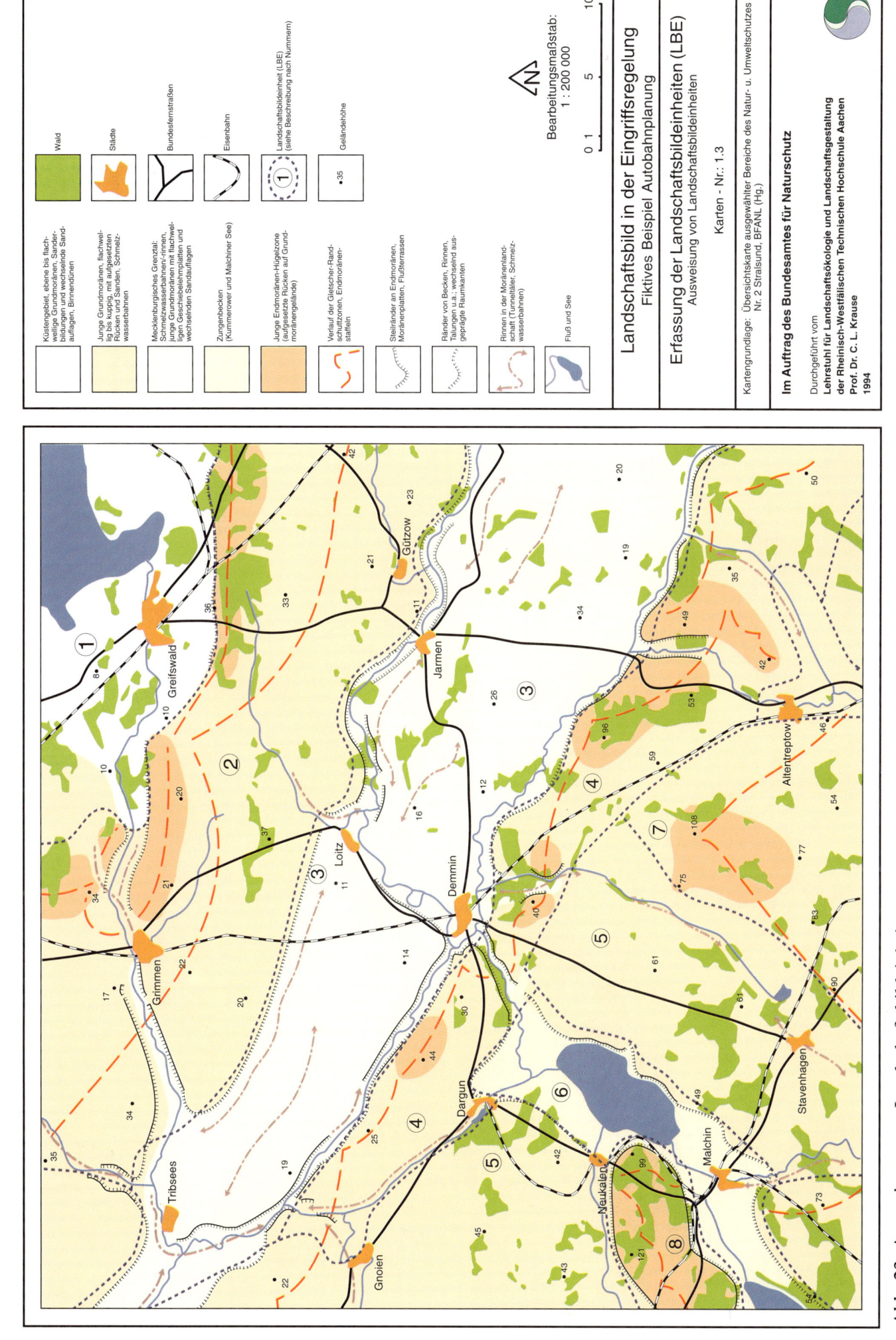

Landschaftsbild in der Eingriffsregelung
Fiktives Beispiel Autobahnplanung

Erfassung der Landschaftsbildeinheiten (LBE)
Ausweisung von Landschaftsbildeinheiten

Karten - Nr.: 1.3

Bearbeitungsmaßstab: 1 : 200 000

Kartengrundlage: Übersichtskarte ausgewählter Bereiche des Natur- u. Umweltschutzes Nr. 2 Stralsund, BFANL (Hg.)

Im Auftrag des Bundesamtes für Naturschutz

Durchgeführt vom
**Lehrstuhl für Landschaftsökologie und Landschaftsgestaltung
der Rheinisch-Westfälischen Technischen Hochschule Aachen
Prof. Dr. C. L. Krause
1994**

Legende:

- Wald
- Städte
- Bundesfernstraßen
- Eisenbahn
- Landschaftsbildeinheit (LBE) (siehe Beschreibung nach Nummern)
- Geländehöhe

- Küstengebiet, ebene bis flachwellige Grundmoränen, Sanderbildungen und wechselnde Sandauflagen, Binnendünen
- Junge Grundmoränen, flachwellig bis kuppig, mit aufgesetzten Rücken und Sanden, Schmelzwasserbahnen
- Mecklenburgisches Grenztal: Schmelzwasserbahnen/-rinnen, junge Grundmoränen mit flachwelligen Geschiebelehmplatten und wechselnden Sandauflagen
- Zungenbecken (Kummerower und Malchiner See)
- Junge Endmoränen-Hügelzone (aufgesetzte Rücken auf Grundmoränengelände)
- Verlauf der Gletscher-Randschuttzonen, Endmoränenstaffeln
- Steilränder an Endmoränen, Moränenplatten, Flußterrassen
- Ränder von Becken, Rinnen, Talungen u.a., wechselnd ausgeprägte Raumkanten
- Rinnen in der Moränenlandschaft (Tunneltäler, Schmelzwasserbahnen)
- Fluß und See

Abb. 23: Ausweisung von Landschaftsbildeinheiten

Abb. 24: Sensibilität der Landschaftsbildeinheiten und Erheblichkeits-/Nachhaltigkeitsvermutung

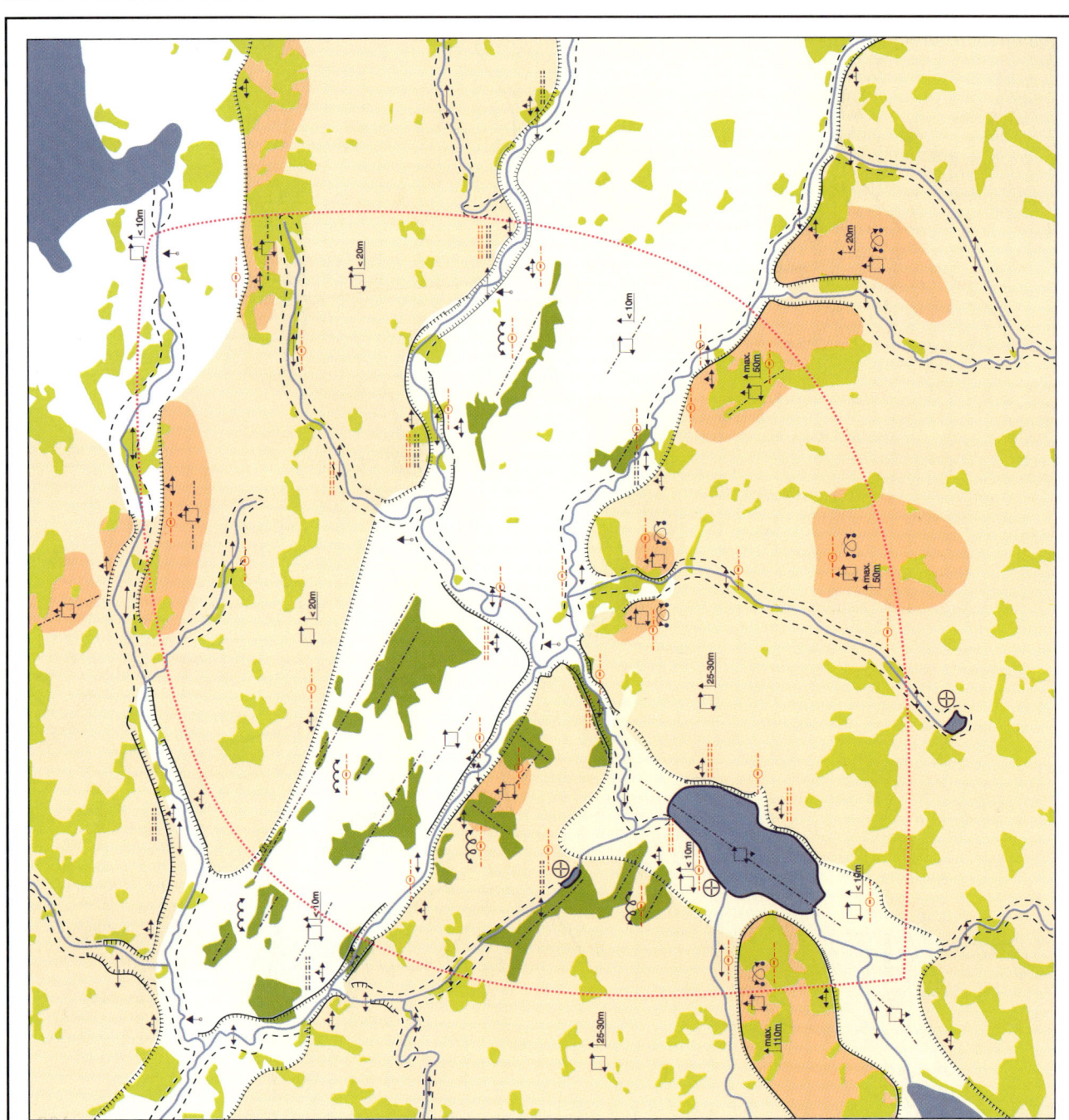

Tabelle 11 zur Karte 1.5 (Abb. 24):
Ermittlung der vorhabensspezifischen Veränderungen für die Landschaftsstruktur (Gegenüberstellung der grundsätzlichen Sensibilitäten des Landschaftsbildes mit den vorhabensspezifischen Wirkfaktoren)

Landschaftsstruktur und Sensibilität des Landschaftsbildes			Objekte, Wirkfaktoren und Veränderungseffekte mit Erheblichkeits- und Nachhaltigkeitsvermutung
(1)	Ebene; Raumgliederung und Anordnung durch Vegetationselemente; ebene Fläche als Rand bestimmter Raumausrichtung (Urstromtal)	< 10 m	flache Linie auf Fläche; evtl. Veränderung der Höhenproportionen der Vegetation (Meso, Mikro) durch Dämme, Lärmschutzwall, Knoten; Linie durchkreuzt Bandfläche aufgrund anderer Raumrichtung (Makro, Meso)
(2)	Fläche; Grundmoränen flachwellig bis kuppig; Vegetationselemente können Reliefbewegung betonen oder unterdrücken	< 20 m	flache Linie auf Fläche; evtl. Veränderung der Höhenproportion der Vegetation in Kombination mit Reliefbewegung (Meso, Mikro)
(3)	Fläche; Grundmoränen flachwellig bis kuppig; größere Reliefrauhigkeit und teilweise -energie als (2); Raumgliederung und Anordnung durch Proportionsspiel der Höhenstufen von Relief und baumdominierenden Vegetationselementen	25 - 30 m	flache Linie auf Fläche; bei hoher Reliefrauhigkeit und -energie evtl. Dämme, Ein- und Anschnitte, Brücken, Veränderung der Anordnung, und der Raumgliederung von Relief und Vegetation (Makro, Meso)
(4)	Vollform; Endmoränen-Hügelzone, Endmoränenwälle, kuppige Grundmoränen - mit bestimmter räumlicher Ausrichtung und - unregelmäßiger Anordnung	max 50 m	Ein- und Anschnitte, Dämme, Brücken, insbesondere bei Kreuzung der Raumrichtung der wallartigen Vollform (Makro); möglicherweise parallele Linienführung, aber Ein- und Anschnitt der Vollform (Makro, Meso); Auffädelung unregelmäßig angeordneter Kuppen, Hohlformen der Hügelzone (Meso)
(5)	Raumkanten und Ränder als lineare Elemente (Raumausrichtung) - mehr oder weniger regelmäßig durchlaufend - unregelmäßig ausgeprägt - Reihung von Kanten und Linien		Ein- und Anschnitte, Dämme bei Durchkreuzung der Raumrichtung (Makro, Meso); Parallelität durch gleiche Raumrichtung mit linearen Landschaftselementen; möglicherweise Anschnitt der Raumkante (Makro, Meso)

Fortsetzung der Tabelle 11 zur Karte 1.5 (Abb. 24):
Ermittlung der vorhabensspezifischen Veränderungen für die Landschaftsstruktur

Landschaftsstruktur und Sensibilität des Landschaftsbildes		Objekte, Wirkfaktoren und Veränderungseffekte mit Erheblichkeits- und Nachhaltigkeitsvermutung
(6) Fließgewässer und begleitende Vegetation (Aue, Niederungsbereich, Durchströmungsmoore) als lineares Ordnungselement		Parallelität durch gleiche Raumrichtung (Makro); Durchkreuzung der Raumrichtung - Dämme, Brücken (Makro, Meso)
(7) Hohlform; Becken des Kummerower Sees mit Hauptausrichtung (Rinne); Ebene des Beckens (Rinne), Seefläche (als Band)		Ein- und Anschnitte, Dämme des Beckenrandes bei Kreuzung der Hauptraumrichtung (Makro); Überbrückung der Seefläche (Makro), flache Linie auf Fläche, in gleicher Raumausrichtung keine Durchkreuzung der Bandfläche (Makro)
(8) Hohlform als lineares Element; Talabschnitte mit Raumkanten, Rändern		bei Durchkreuzung der Raumrichtung Brücken, Dämme, Einschnitte (Makro, Meso); möglicherweise parallele Linienführung, aber Einschnitt der Kanten, Ränder (Makro, Meso)
(9) Waldflächen (Raumkanten) aufgereiht, gestaffelt (regelmäßig, unregelmäßig) in bezug auf Hauptraumrichtung (Bandfläche, Endmoränenwall, Beckenrand)		mit der Raumachse Auffädelung bei Reihungen oder Durchschneidung der gestaffelten Elemente, bei Durchkreuzung der Raumachse Trennung der gestaffelten Elemente oder Durchschneidung aufgereihter Elemente (Makro)
(10) Historische Stadt mit bedeutender Stadtsilhouette (Raumpunkt, Dominante)		flache Linie; evtl. Veränderung der Blickbeziehungen zur Stadtansicht durch Dämme, Lärmschutzwälle, Knoten u.a. Bauwerke der Autobahn (Abstandszone: Makro, Meso, Sichtbeziehungen: Mikro)
(11) See, Uferlinie rahmenbildend, Einbindungsfunktion einer Fläche		Parallelität durch Anlehnung an die Richtung der Uferlinie, aber möglicherweise Anschnitt - Dämme, Brücken (Makro, Meso); Durchkreuzung der Raumausrichtung - Abtrennung, Teilung durch Brücken (Makro, Meso)

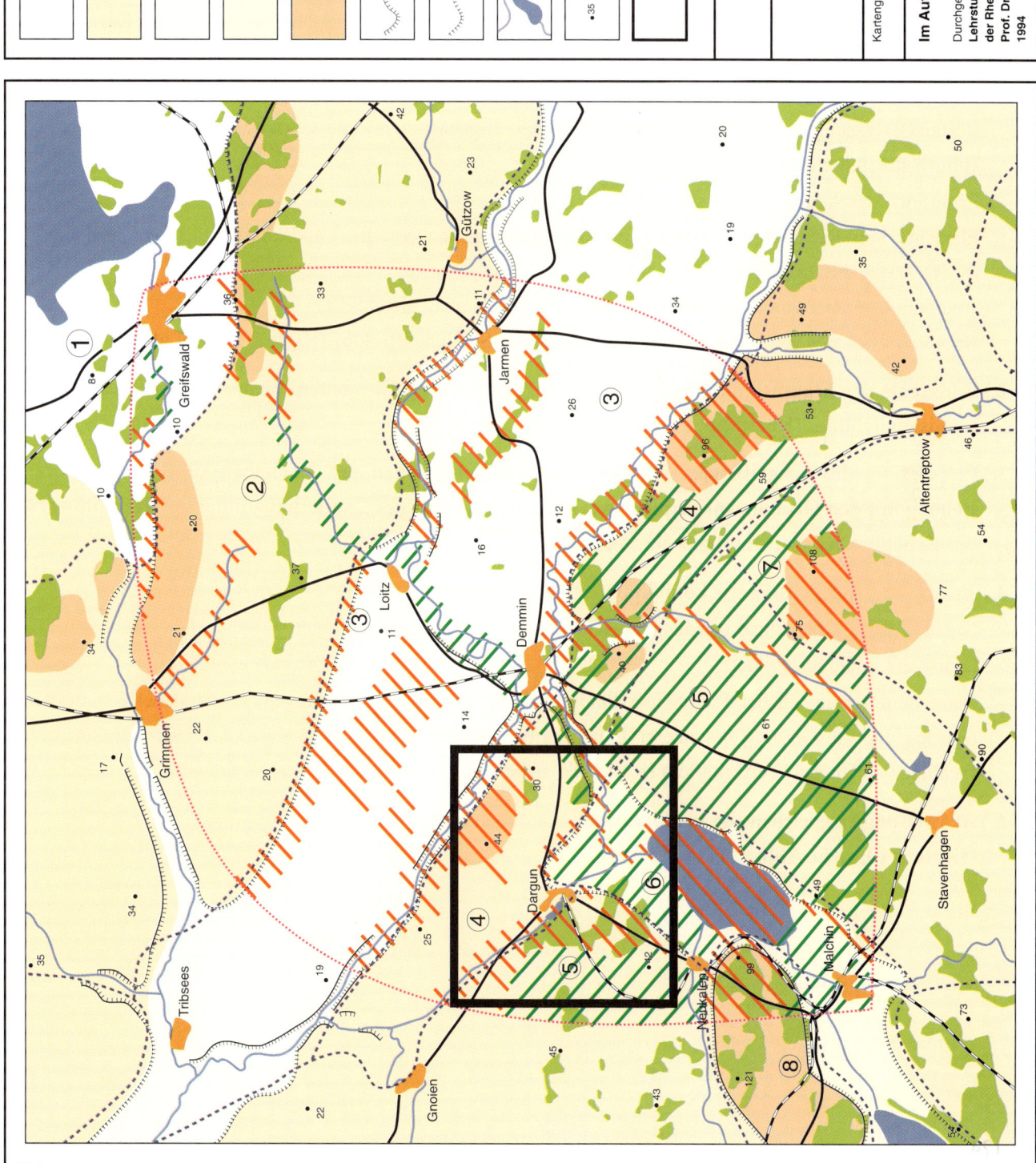

Abb. 25: Kritische Standortpräferenzen, näher zu untersuchende Bereiche

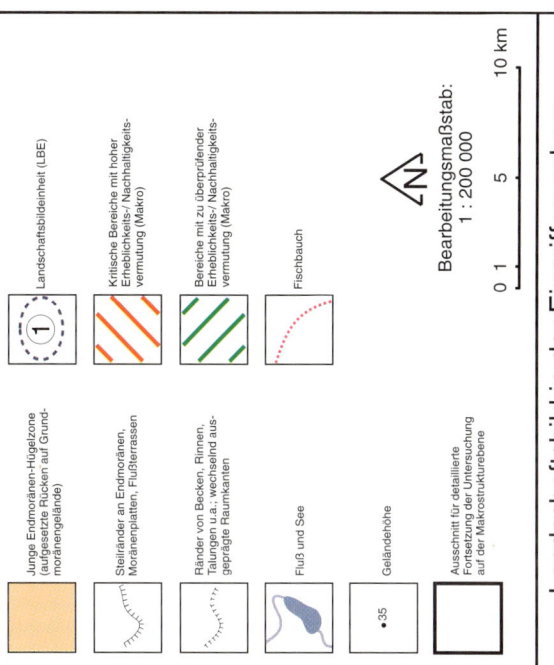

3.2.3.2 Ebene der Makrostruktur: Korridorfindung

Konditionen der Planungsphase: innerhalb des Untersuchungsraumes (Fischbauch) offener Raumbezug seitens des Vorhabensträgers zwischen zwei Anbindungspunkten; Vorgabe von Gestaltnormen des Vorhabenstyps Straßenplanung.

Übersicht: Untersuchungsschritte zur Herleitung der Erheblichkeits- und Nachhaltigkeitsvermutung und zur Ausweisung von vergleichsweise konfliktarmen Planungsräumen (Korridore)

1.) **Ableitung der Makrostrukturen der weiter zu untersuchenden Landschaftsbildeinheiten und kennzeichnen nach Ordnungsprinzipien und Trägerkategorien der Ordnung**
   - Analyse des geomorphographischen Landschaftsaufbaus (Karte 2.1, nicht abgebildet);
     formale Definition und Typologisierung der Reliefbereiche im Untersuchungsraum; Aufstellung des landschaftsgenetisch bedingten Reliefformenschatzes (Textbeispiel)
   - Analyse des Elementinventars der Vegetation, der Landnutzung und der Siedlungsstruktur (Karte 2.2, nicht abgebildet, Textbeispiel); Bestandserfassung und -bewertung der Vegetationscharakteristik im Untersuchungsraum;
     Bestandserfassung und -bewertung der kulturellen Eigenart der Landschaft (Siedlungsstruktur) und kulturhistorischer Landschaftsbestandteile;
   - Ermittlung der Anordnungsmuster
     Elemente von Relief und Gewässer, die das Ordnungskonzept der Landschaftsbildeinheit aufbauen (Karte 2.3, nicht abgebildet);
     Anordnungsmuster von Relief und Gewässer (Karte 2.4, nicht abgebildet);
     Anordnungsmuster von Vegetation, Landnutzung und Siedlungsstruktur (Karte 2.5, nicht abgebildet);

2.) **Bildareale der Makrostruktur nach Anordnungsmuster und Elementen. Generelle Sensibilität des Landschaftsbildes (Karte 2.6: siehe Abb. 27)**

3.) **Feststellung des Eingriffstyps und der Wirkfaktorengruppen des Vorhabens und Gegenüberstellung mit den Ordnungsprinzipien und Trägerkategorien des Landschaftsbildes zur Herleitung der Erheblichkeitsvermutung (siehe Abb. 26)**

4.) **Ausweisung vergleichsweise konfliktarmer Bereiche**
   - Nachrichtliche Übernahme von ausgewiesenen Schutzgebieten und -objekten
     (Karte 2.7, nicht abgebildet)
   - Bereiche unterschiedlicher Raumwiderstände nach Erheblichkeitsvermutungen, vorhandener Schutzkategorien und Ausweisung besonderer Landschaftsbildschutzgebiete (nach Karte 2.3 und naturschutzfachlich abgeleiteten Wertkriterien) (Karte 2.9, siehe Abb. 28)

5.) **Ausweisung vergleichsweise konfliktarmer Planungsräume (Korridore)**
   (Karte 2.10, siehe Abb. 29)

Erläuterung zum Untersuchungsschritt 1:
Ableitung der Makrostrukturen der weiter zu untersuchenden Landschaftsbildeinheiten und kennzeichnen nach Ordnungsprinzipien und Trägerkategorien der Ordnung

Analyse des geomorphographischen Landschaftsaufbaus: Aufstellung des landschaftsgenetisch bedingten Reliefformenschatzes für den Untersuchungsraum
Bezug: Landschaftsbildregion Norddeutsches Flachland, formenreicher, glazial überprägter Landschaftstyp
Charakteristik des Landschaftstyps und typische Reliefformen:
Moränenlandschaft, deren Oberfläche überwiegend vom Eis geformt ist, bzw. von Sedimenten überdeckt wurde, die glazialer Entstehung sind. Aufgrund der Eisbewegung und der vom Schmelzwasser des Eises ausgehenden Hydrodynamik gibt es eine naturgesetzliche Abfolge von geomorphologischen Prozessen und Formen im Bereich eines Gletschereisrandes und seines Vorlandes. Dieser Prototyp der Glaziallandschaft wird als **glaziale Serie** bezeichnet.

Es gibt Unterschiede in der Ausprägung der glazialen Formen, der Sedimente und anderen Bildungen zwischen dem nordwestdeutschen Flachland und dem östlichen Gebiet der Elbe (Ostelbien). Dies hängt mit der Dauer der Vereisung und der geringeren Mächtigkeit der Gletscher im Weichselglazial (jüngere Vereisungen) zusammen: Ostelbien war länger vereist als Westelbien. Deshalb finden wir in dem erstgenannten Gebiet eine Jungmoränenlandschaft vor. Besonders der Nordosten des Norddeutschen Tieflandes unterscheidet sich durch seine fast lückenlose Ausbildung des glaziären Formenschatzes von allen anderen Teilen des Norddeutschen Tieflandes, vor allem von dem weiter westlich und südlich gelegenen Altmoränengebiet.

Der Relieftyp **Jungmoränenlandschaft** zeichnet sich besonders durch einen "ursprünglichen" Zustand aus. Charakteristisch sind hohe, steile Endmoränenwälle, kuppige Grundmoränengebiete mit einem ungeregelten Gewässernetz, das sich über zahlreiche Rinnen, Becken und Kesseln erstreckt. In den flachen Grundmoränenplatten befinden sich spezifische Formentypen: Rinnensee, Soll, Os, Drumlin, Kames.
Für Jungmoränengebiete typisch sind die relativ zu der Altmoränenlandschaft größeren Höhenunterschiede von den Höhenrücken zu den Tiefenzonen, z.B. einem See. Aussage: Höhenunterschiede von 80 m auf einer Distanz von ca. 1 km sind auch für Jungmoränengebiete nicht allzu häufig.

Typische Reliefformen (Aufzählung):
Binnendüne, Drumlin, Endmoräne, Findling (erratischer Block, Großgeschiebe), Grundmoräne, Kames, Lesesteinhaufen, -wälle, -mauern, Os, Rinne, Rinnental (Rinnenzüge), Rinnensee, Rummel, Rundhöcker u.a. Abscherungen und Stauchungen des präglazialen Untergrundes, Sander, Satzendmoräne, Soll (Pfuhl), Stauchendmoräne, Terrasse, Tunneltal, Urstromtal, Zungenbecken.

Analyse des Elementinventars der Vegetation, der Landnutzung und der Siedlungsstruktur - Bestandserfassung und -bewertung der Vegetationscharakteristik im Untersuchungsgebiet

Die mecklenburgische Landschaft ist gekennzeichnet durch einen mosaikartigen Wechsel zwischen meist kleinen "natürlichen" Vegetationsbeständen und oft großen forst- bzw. agrarwirtschaftlich überprägten Kulturlandschaftsteilen.
Infolge der sozialistischen Intensivierung der Landwirtschaft sind agrarische Produktionseinheiten zum Teil riesigen Ausmaßes entstanden, wohingegen idealtypische natürliche Vegetationsformen (wie z.B. Buchen- und Eichenwälder) nur noch in Resten vorhanden sind.

Die breitsohligen Täler zeichnen sich durch ein unregelmäßiges Gittermuster natürlich bedingter Grünlandzonen in der sonst überwiegend durch Ackerbau geprägten landwirtschaftlichen Nutzfläche aus. Die Pflanzenproduktion wird durch den Anbau von Getreide- und Futterpflanzen, insbesondere Roggen, Gerste, Grün- und Silomais und Kartoffeln bestimmt.

Das Untersuchungsgebiet ist charakterisiert durch ein häufiges Vorkommen von fließenden und ruhenden Gewässern verschiedener Größenkategorien, deren lineare und punktuelle Grundflächengliederungsfunktion durch Vegetationsbestände im Ufer- sowie Randbereich besonders hervorgehoben wird. Hierfür typische Vegetationsformen (z.B. Weichholzauen, Seggenriede und Röhrichte) bilden oftmals diffuse saumartige Übergänge ins angrenzende Grünland ohne markante Raumkanten- und Konturenausprägung.

Diese diffusen Übergänge kontrastieren mit deutlichen Raumkanten, wie sie von Waldrändern und Alleen in der Flachlandschaft gebildet werden.

Beschreibung einzelner wichtiger Elemente:

Waldvegetation:
Wälder sind auf allen Strukturebenen als flächige Vollformen zu erfassen. Ihre Ränder bilden Raumkanten, die bei deutlicher linearer Ausbildung raumrichtungsgebend sind (siehe Anordnungsmuster, Baustein 2). Für die Ausprägung der Gestaltmerkmale ist der naturnahe Zustand und die Wirtschaftsform entscheidend.

Alleen und Baumreihen:
sind hervorragende lineare Gestaltungselemente der mecklenburgischen Landschaft (lineare Vollformen als Raumkanten auf Makro- und Mesostrukturebene). Viele Alleen zeichnen sich noch durch ihre Geschlossenheit aus (wenig Lücken durch abgängige Bäume).

Alleen und Baumreihen werden durch einheimische und nichtheimische Baumarten gebildet, insbesondere Linden, Eichen, Kastanien, Eschen, Buchen; als Baumreihen an Wegen, Gräben und Ufern sind insbesondere Kopfweiden und Pappeln prägend (wichtig für die Gestaltmerkmale auf Mikrostrukturebene, siehe Baustein 3, Kapitel 2).

Hecken:
Charakteristisch für viele Teile Mecklenburg-Vorpommerns sind die Grenzhecken oder Gemarkungshecken mit Bäumen, besonders im Bereich der Endmoränen und Grundmoränen. Sie weisen eine vielfältige Pflanzen- und Bestandsstruktur auf. Früher dienten sie nur selektiv der Brennholzgewinnung, wurden also nicht systematisch auf den Stock gesetzt, wodurch sie heute oft eine erhebliche Breite besitzen.

Insgesamt bilden Hecken ein grafisches Grundgerüst in den offenen, unstrukturierten Acker- und Grünlandflächen. Als Verband (siehe Anordnungsmuster) sind sie für die Makro- und Mesostrukturebene von Bedeutung.

Baumbestandene Sölle:
Sölle sind in der mecklenburgisch-vorpommerschen Landschaft meist wasserführend und viele mit Gehölzen bestanden. Charakteristisch ist auch ein umlaufender Steilrand, der durch das Umpflügen entstanden ist. Sölle liegen im Ackerland, weniger im Grünland und bilden innerhalb dieser großen, weiten Flächen hervorragende punktuelle Landschaftselemente.

Sie können als Gruppe (siehe Anordnungsmuster) auch für ein Bildareal der Makrostruktur prägend sein, wenn entsprechend der Maßstabsebene eine dichte und ausgedehnte Verteilung auf der Grundfläche vorliegt; sonst Meso- und Mikrostrukturebene.

Feldgehölze mit Bäumen:
Als punktuelles Landschaftselement sollen hier Feldgehölze als kleine, flächenhafte Baumholzbestände angesprochen werden, die meist isoliert in der Feldmark (Acker- und Grünland) liegen (Mesostrukturebene). Die Kraut- und Gebüschschichten können unterschiedlich ausgeprägt sein (unterschiedliche Gestaltmerkmale auf Meso- und Mikrostrukturebene). Feldgehölze ohne Baumbestand sind auf Makrostrukturebene in der Feldmark optisch unerheblich.

Für ein Makrobildareal können die Feldgehölze mit dichten Baumbeständen bei ausreichender Verteilung über eine größere Grundfläche als eine Gruppenanordnung von Bedeutung sein.

Zur Bestandserfassung und -bewertung der kulturellen Eigenart der Landschaft (Siedlungsstruktur) und kulturhistorischer Landschaftsbestandteile

Die **Bestandserfassung** historischer Kulturlandschaften und -landschaftsteile ist über die Auswertung der Topographischen Karten nur sehr eingeschränkt möglich. Einzelne historische Bauwerke, Anlagen oder Landschaftsteile sind zwar symbolisch in der Legende aufgeführt, über ihre historische Bedeutung und optische Markanz im Landschaftsbild (z.B. Größe eines Gebäudes bedingt Sichtbarkeit, Orientierungswert) können aber ohne zusätzliches Informationsmaterial keine Aussagen getroffen werden. Entsprechende wissenschaftliche Literatur zur Besiedlungsgeschichte (Siedlungstypen, Dorf- und Flurformen u.a.), historische Karten, bereits vorhandene Denkmalschutzlisten, Verzeichnisse historischer Kulturlandschaften und -teile, kulturhistorische Reiseführer usw. müssen herangezogen werden.

Bestandsbewertung: Aufgrund des gesetzlich eingeräumten Zonenschutzes für historische Kulturlandschaftsteile ist für die erfaßten Schutzobjekte pauschal eine bestimmte Schutzzone zu fordern, die sich nach den vorhabensspezifischen Beeinträchtigungsmöglichkeiten des Landschaftsbildes zu richten hat.

Für die Makrobetrachtungsebene werden zwei Bewertungskategorien unterschieden:
- Ensembleschutz; typischer Zusammenhalt (Struktur) einzelner Elemente zu einem Ganzen (Gestalt), z.B. Stadtsilhouette, Dorf- und Flurformenverband
- Kulturdenkmal, das durch seine besondere Größe oder landschaftlichen Lage/Situation aufgrund seiner Sichtbarkeit und Bedeutung in den Makrobereich hineinreicht; zum Beispiel Kirchtürme eines Landschaftsraumes ergeben ein weitreichendes Orientierungsnetz (Straßen sind oft auf die Türme ausgerichtet), Windmühle auf Hügelkuppe

Bestandsauswertung für die Makrostrukturebene:
Aus Landschaftsbildsicht wichtige und schützenswerte Kulturobjekte im Untersuchungsgebiet:
- Typische Stadtsilhouetten, durch Kirchen, Stadttürme, Befestigungsanlagen, Stadtgrundriß u.a., als Ensembleschutz gewertet (Beispiele):

Demmin: Stadt im Zusammenfluß von Peene, Trebel und Tollense; Peenehafen mit Speicher und Zugbrücke; Pfarrkirche mit weithin sichtbarem Turm; Reste der Stadtmauer und -türme sowie Wälle und Gräben; langgestreckter ovaler Stadtgrundriß mit gitterförmigem Straßennetz und zentralem rechteckigen Markt (historische Bausubstanz aber weitgehend zerstört);

Jarmen: Pfarrkirche mit weithin sichtbarem Turm;

Malchin: Reste der Stadtbefestigung, Mauerturm, zwei erhaltene Vortore; Stadt in Kreisform mit gitterförmigem Straßennetz und rechteckigem Markt im Mittelpunkt (wenig alte Bausubstanz erhalten); Stadtkirche mit weithin sichtbarem Turm;

Neukalen: Pfarrkirche mit weithin sichtbarem Turm; Windmühle in der Nähe auf einem Hügel (Mühlenberg);

- Einzelne Kulturdenkmale, die durch ihre Flächengröße und notwendige Schutzzonen in den Bereich der Makrostruktur fallen: Klosteranlagen, Schloßanlage, Herren- und Gutshäuser mit Parkanlagen, u.a. (Beispiele):

Dargun: Ruinen des Zisterzienserklosters, Schloßanlage, Klosterkirche mit Parkanlage, Teepavillon, Wirtschaftsgebäuden;

Demmin: ehemaliges Gutshaus "Haus Demmin" südlich außerhalb der Stadt und Gutspark mit Ruine einer Burganlage;

Kummerow (am Kummerower See): ehemaliges Schloß mit ausgedehntem englischen Landschaftspark;

Verchen: Gutshaus mit Landschaftspark; ehemalige Klosterkirche und Klosterhof.

Erläuterung zum Untersuchungsschritt 2:
Bildareale der Makrostruktur nach Anordnungsmustern (AOM) und Elementen. Generelle Sensibilität des Landschaftsbildes, Karte 2.6, siehe Abb. 27

Erläuterung zum Untersuchungsschritt 3:
Feststellung des Eingriffstyps und der Wirkfaktorengruppen des Vorhabens und Gegenüberstellung mit den Ordnungsprinzipien und Trägerkategorien des Landschaftsbildes zur Herleitung der Erheblichkeitsvermutung

Kennzeichnung des Vorhabens als Eingriffstyp auf der Makrostrukturebene

Welche Anordnungsmuster (AOM) lassen sich nach Stand der Planung laut Baustein 2, Tabelle 2 für das Vorhaben ableiten und festlegen?

Aufgrund möglicher Einschränkungen der Erheblichkeits- und Nachhaltigkeitsprüfung durch die planerischen Konditionen sind nur die dialogfähigen Anordnungsmuster des Vorhabens und des Landschaftsbildes zu erfassen.

Welche Eingriffstypen des Vorhabens sind auf den jeweiligen Strukturebenen vertreten und welche Wirkfaktorengruppen lassen sich laut Tabelle 8 abschätzen?

Die in Tabelle 8 aufgezeigten Eingriffstypen sind:

- punktuell
- punktuell als Vertikale aufsteigend
- punktuell als Vertikale fallend
- linienhaft
- linienhaft als Vollform oder Kante
- linienhaft als Hohlform
- flächig
- flächig als Vollform (vertikal aufsteigend)
- flächig als Hohlform (im Gelände)

Nach dem hier vorgestellten Stand der Planung treffen potentiell alle für den Eingriffstyp nach Tabelle 7 aufgeführten Wirkfaktorengruppen zu. Solange die Standorte der verschiedenen Objekte der Autobahnplanung nicht bekannt sind, ist auch eine Überprüfung der einzelnen durch die spezifischen Wirkfaktoren hervorgerufenen Veränderungseffekte und -dimensionen nicht möglich; daß heißt, ohne räumliche Standortbekundung sind die in der Tabelle 6 und 8 vorgegebenen Gestaltnormen auf Makroebene nicht nach ihrer Erheblichkeit oder Nachhaltigkeit überprüfbar. Die Prüfung bleibt auf wenige, aber dialogfähige Sachverhalte des Anordnungsmusters beschränkt.

Eingriffstypen, die auf Makroebene vertreten sind und ihre Anordnungsmuster (vgl. Baustein 2):

•	↑	↓	↔	⊥↔	⊤↔	▭
			⋯⋯	⋯⋯	⋯⋯	
Zum derzeitigen Planungsstadium liegen keine Informationen vor über Anordnungsmuster wie: Reihe, Gruppe, hierarchische Funktionen			Neben den in Tabelle 7 aufgezeigten Wirkfaktorengruppen (Trennen, Auffädeln.u.a.) ist diese richtungsgebende Funktion ein Anordnungs-prinzip, dessen Wirksamkeit auch ohne Kenntnisse über das tatsächliche Auftreten anderer Anordnungsmuster als feste Größe unterstellt werden kann			Zum derzeitigen Plaungsstadium liegen keine Informa-tionen vor über Anordnungsmuster wie: Reihe, Gruppe, hierarchische Funktionen

Konsequenzen mit Erheblichkeitsvermutung nach Baustein 2:
1. Ordnungsprinzip (OP) des Vorhabenselementes ist mit OP der Makrostruktur identisch: Nein (-)
2. Vorhabenselement ist gleicher Gestalttyps wie Landschaftsbildelement: Nein (-)
Konsequenzen im Ja-Bereich stützen die Annahme des vergleichsweise geringen Konflikts

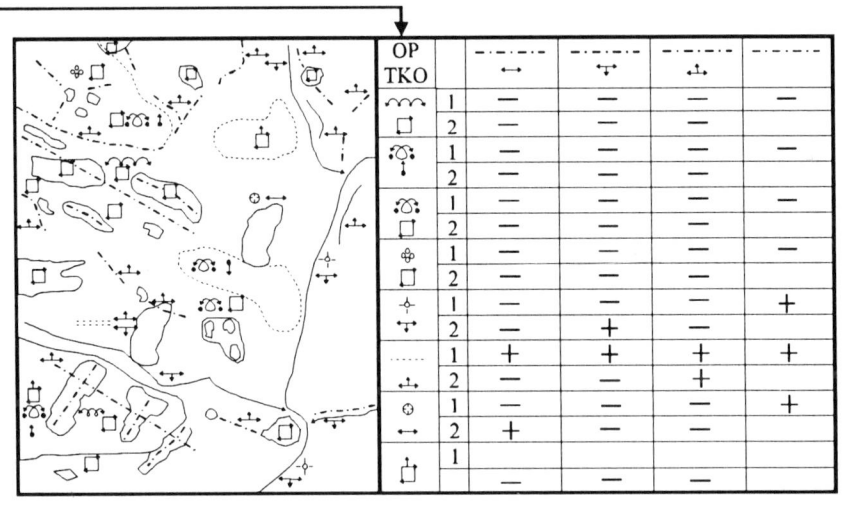

Einschränkungen für die mit + gekennzeicheten Bereiche können sich aus der Störsensibilität von Raumrichtungen ergeben.

Abb. 26: Herleitung der Erheblichkeitsvermutung

Erläuterung zum Untersuchungschritt 4:
Ausweisung vergleichsweise konfliktarmer Bereiche, Karte 2.9: Bereiche unterschiedlicher Raumwiderstände, siehe Abb. 28

Erläuterung zum Untersuchungsschritt 5:
Ausweisung vergleichsweise konfliktarmer Planungsräume (Korridore), Karte 2.10, siehe Abb. 29

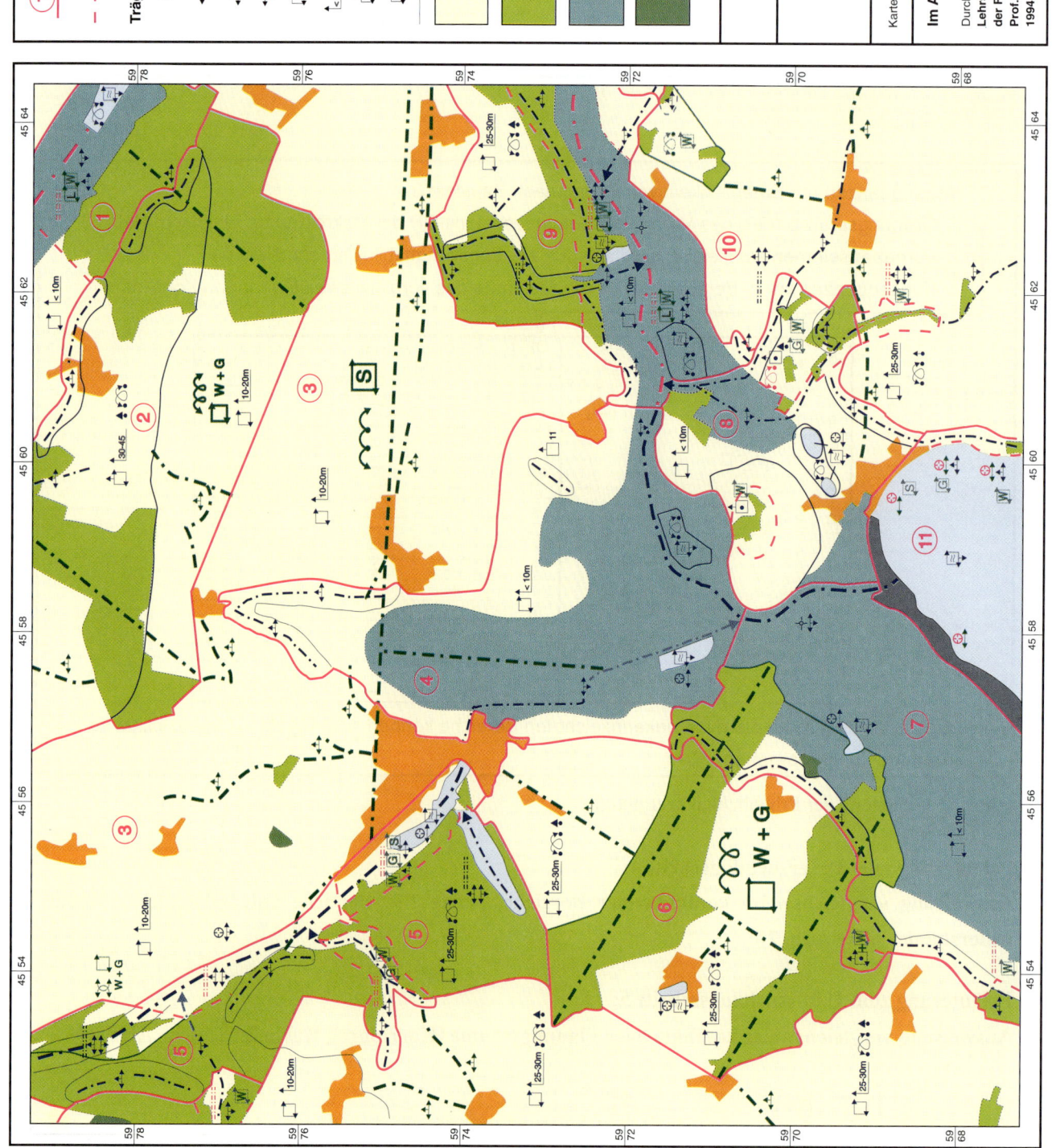

Abb. 27: Bildareale nach Anordnungsmuster und Elementinventar

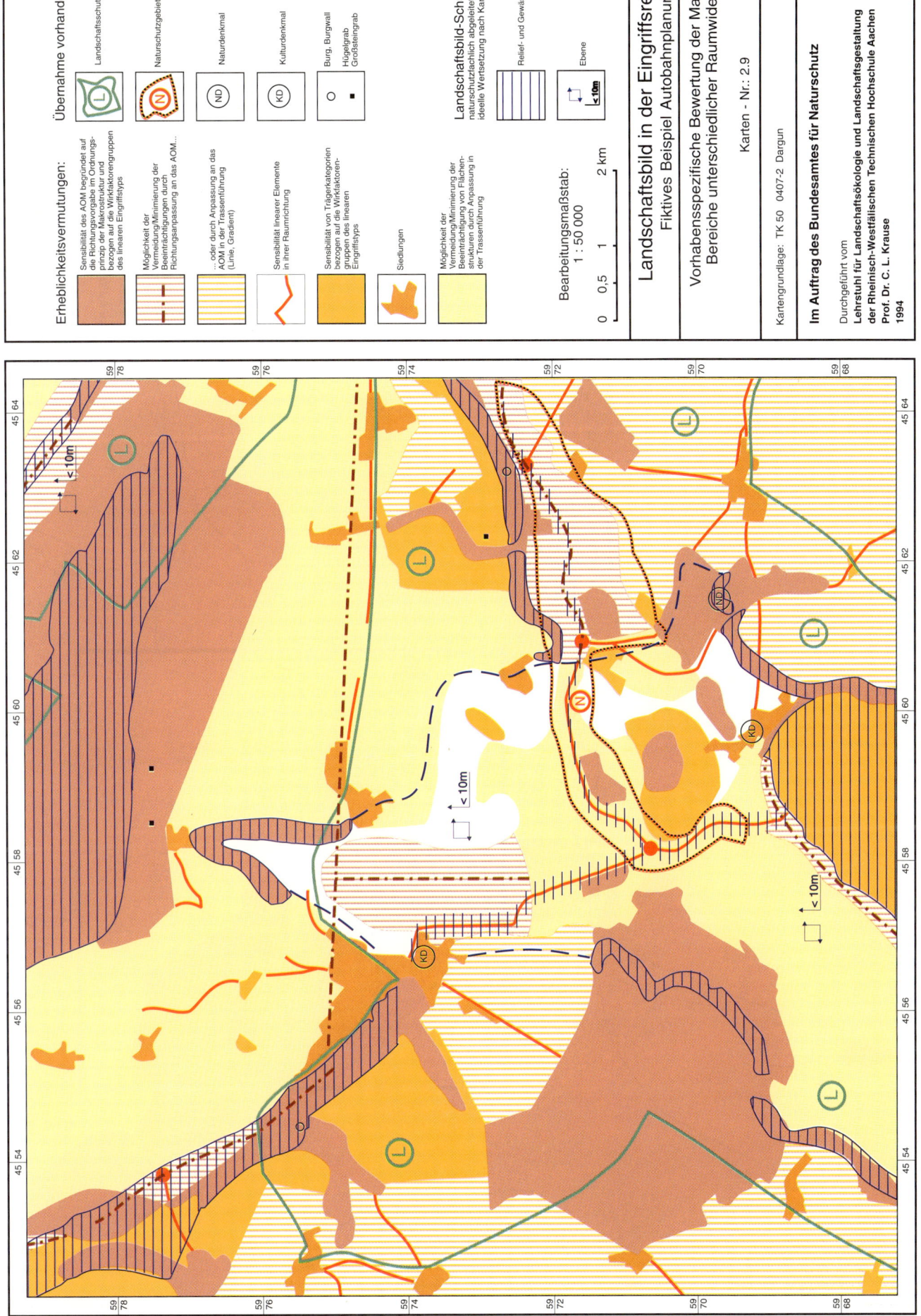

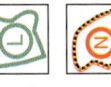

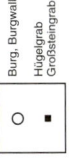

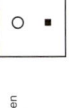

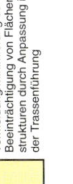

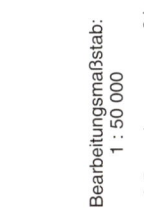

Abb. 28: Bereiche unterschiedlicher Raumwiderstände

Landschaftsbild in der Eingriffsregelung
Fiktives Beispiel Autobahnplanung

Vorhabensspezifische Bewertung der Makrostruktur
Vergleichsweise konfliktarme Planungsräume (Korridore)

Karten - Nr.: 2.10

Bearbeitungsmaßstab: 1 : 50 000

Kartengrundlage: TK 50 0407-2 Dargun

Im Auftrag des Bundesamtes für Naturschutz

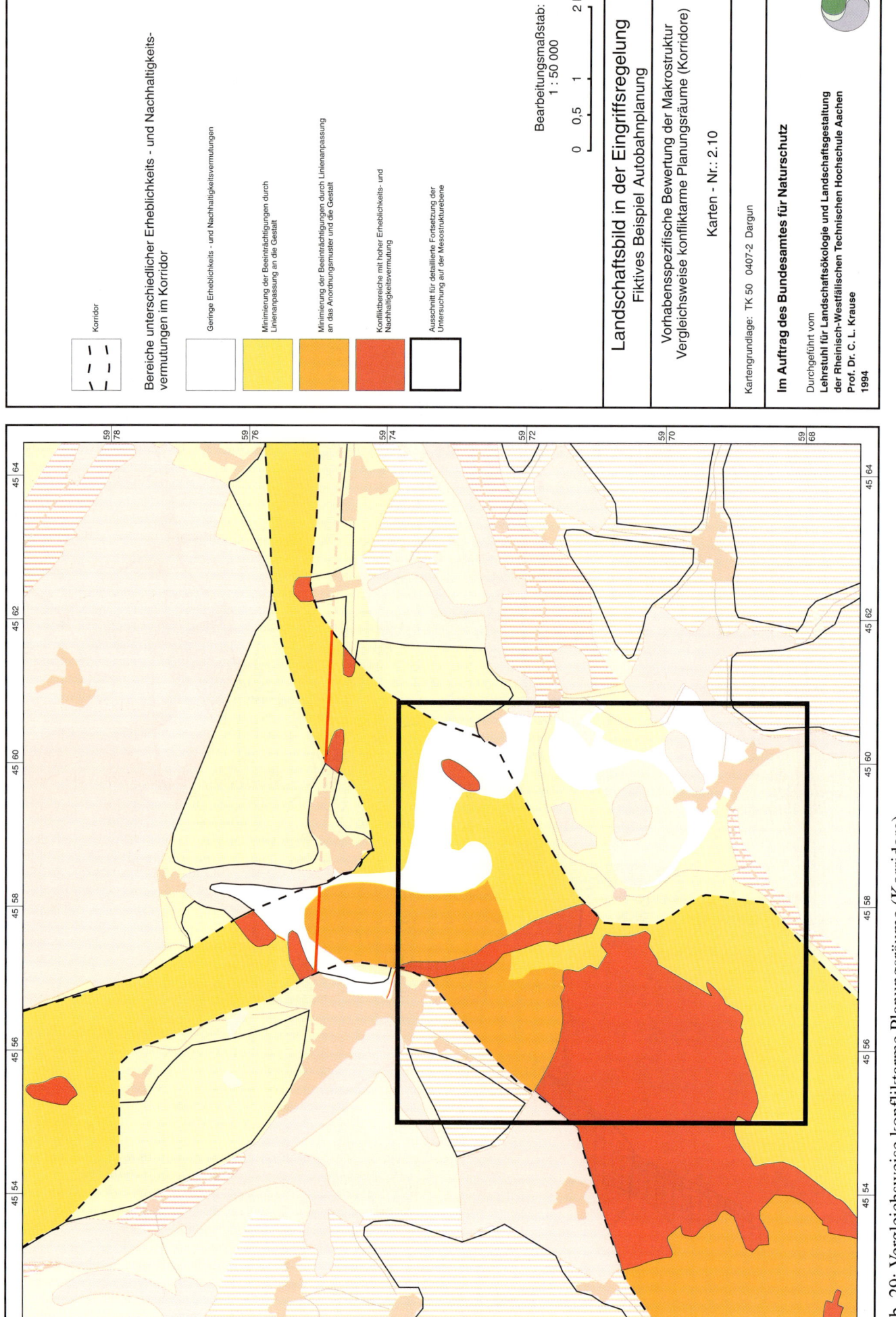

Durchgeführt vom
**Lehrstuhl für Landschaftsökologie und Landschaftsgestaltung
der Rheinisch-Westfälischen Technischen Hochschule Aachen
Prof. Dr. C. L. Krause**
1994

Bereiche unterschiedlicher Erheblichkeits - und Nachhaltigkeitsvermutungen im Korridor:
- Korridor
- Geringe Erheblichkeits - und Nachhaltigkeitsvermutungen
- Minimierung der Beeinträchtigungen durch Linienanpassung an die Gestalt
- Minimierung der Beeinträchtigungen durch Linienanpassung an das Anordnungsmuster und die Gestalt
- Konfliktbereiche mit hoher Erheblichkeits- und Nachhaltigkeitsvermutung
- Ausschnitt für detaillierte Fortsetzung der Untersuchung auf der Mesostrukturebene

Abb. 29: Vergleichsweise konfliktarme Planungsräume (Korridore)

3.2.3.3 Ebene der Mesostruktur:
Suche, Vergleich und Empfehlung einer geeigneten Linie

Konditionen der Planungsphase: Bei diesem fiktiven Fall der Autobahnplanung wird von einer weiteren Vorgabe der Linienalternativen von seiten des Vorhabensträgers ausgegangen. Zur Demonstration der Untersuchungsschritte sind die Linienvorschläge im nachfolgenden Beispiel so gewählt, daß möglichst verschiedene Beeinträchtigungsarten entstehen. Die Überprüfung von Vermeidbarkeit und Ausgleichbarkeit erfolgt in bezug auf die betroffenen Bildareale und darstellerisch mit der Nummerierung von Streckenabschnitten in den Karten und Tabellen. Die hier abgebildete Karte Nr. 3.7 (Abb. 34) ist somit im Zusammenhang mit der danach zu erfolgenden tabellarischen Prüfung der Linien zu sehen (Tab. 12). Der Linienalternativvergleich wird in der Bilanzierungstabelle für die vergleichbaren Streckenabschnitte von Linie Ia und Linie II demonstriert.

Es ist aber auch in anderen Fällen ein Verfahrensablauf denkbar, in dem zur Ermittlung der Linienvorschläge von einer Sensibilitätseinschätzung und Abgrenzung von Bereichen nach der Erheblichkeits- und Nachhaltigkeitswahrscheinlichkeit ausgegangen wird. Danach erfolgt zuerst eine Gegenüberstellung der Ordnungsprinzipien und Gestaltmerkmale des Vorhabens und deren Wirkfaktorengruppen mit den Anordnungsmustern und Gestaltmerkmalen des Landschaftsbildes (siehe Abb. 30). Im nächsten Schritt wird eine Überlagerung der Sensibilitätsbereiche von Anordnungsmustern und Gestaltmerkmalen durchgeführt, um zu einer Abgrenzung von Bereichen nach der Erheblichkeits- und Nachhaltigkeitswahrscheinlichkeit zu kommen. Innerhalb dieser Bereiche kann schließlich die Ermittlung von Linienvorschlägen erfolgen. Die Untersuchung endet ebenfalls wie im nachfolgend dargestellten Fall der Linieneignungsprüfung mit einem Vergleich der Linienalternativen nach den Kriterien der Vermeidbarkeit und Ausgleichbarkeit von Beeinträchtigungen.

Übersicht und Erläuterungen der Untersuchungsschritte zur Herleitung von Erheblichkeit und Nachhaltigkeit, Vermeidbarkeit und Ausgleichbarkeit des Vorhabens:

1.) Ableitung der Mesostruktur der Landschaftsbildeinheit innerhalb der betroffenen Bildareale der Makrostruktur

Um die Zunahme der Komplexität des Bildaufbaus von der Makro- zur Mesostrukturebene zu demonstrieren, werden die Strukturerfassungskarten der Mesoelemente und ihrer Anordnungsmuster gezeigt. Die Erfassung der Gestaltmerkmale erfolgt - ebenso wie schon auf der Makroebene - getrennt nach

a) Vegetation, Landnutzung, Siedlungsstruktur (Karte Nr. 3.1, siehe Abb. 31)
b) Relief und Gewässer (Karte Nr. 3.2, siehe Abb. 32)

Dementsprechend werden die Anordnungsmuster getrennt festgestellt für a) in Karte Nr. 3.3 (siehe Abb. 33) und b) in Karte 3.4 (nicht abgebildet). Weitere Untersuchungsschritte werden dann durchgängig am Beispiel der Elementkategorie "Vegetation, Landnutzung und Siedlungsstruktur" veranschaulicht.

2.) Anordnungsmuster und Bildareale der Mesostruktur

Um dem ganzheitlichen Charakter und der ganzheitlichen Bewertung des Landschaftsbildes gerecht zu werden, erfolgt als nächster Arbeitsschritt eine Überlagerung der Anordnungsmuster der Karten Nr. 3.3 und 3.4. Dabei werden die einzelnen Ordnungsprinzipien und die Trägerkategorien der Ordnung zu komplexen Eigenartsstrukturen zusammengefaßt und flächendeckend in verschiedene charakteristische Bildareale der Mesostruktur unterschieden (Karte Nr. 3.5, nicht abgebildet).

3.) Untersuchung der Vermeidbarkeit über Linieneignungswahl, Anpassung und Ausgleichbarkeitsschätzung

Planungskondition im dargestellten fiktiven Beispiel: Linienalternative I mit zwei Teilstrecken a) und b) und Linienalternative II.

- Vorhabensspezifische Sensibilität des Anordnungsmusters (Karte 3.6, nicht abgebildet)
- Vorhabensspezifische Sensibilität der Vegetation, Landnutzung und Siedlungsstruktur (Elementinventar und Gestaltmerkmale); Karte 3.7 (siehe Abb. 34 und Erläuterungen)
- Vorhabensspezifische Sensibilität des Reliefs und der Gewässer (Elementinventar und Gestaltmerkmale); Karte 3.8 (nicht abgebildet)
- Vorhabensspezifische Sensibilität: Schutzgebiete und Vorrangflächen (Karte 3.9, nicht abgebildet)
- Linienalternativvergleich mit sechs Bilanzierungsstufen zur Relevanz und Effizienz (siehe Tab. 12)

4.) Bilanzübersicht für die Linienalternative IA und II (siehe Tab. 13)

Gegenüberstellung der Ordnungsprinzipien und Gestaltmerkmale des Vorhabens und deren Wirkfaktorengruppen mit den Anordnungsmustern (AOM) und Gestaltmerkmalen (GME) des Landschaftsbildes							
GME ↔ Vorhaben gestalt- und proportionsidentisch: nein (-), aber 1. Anpassungsmöglichkeiten an lineare und flächige Elemente mit Raumrichtungsvorgaben (–··–··–), Formverletzung proportional geringfügiger: nein (-), ja (~) 1.1 Trasse: Gerade, Krümmung 1.2 Gradient: oberflächengleich (max. 4% Steigung) 1.3 Damm, Stützmauer, Lärmschutzwall 1.4 Brücke, Überführung, Lehnenbrücke 2. Beeinträchtigungen durch Lärm, Bewegung, Licht, Geruch		**AOM ↔ OP des Vorhabens identisch:** nein (-), aber Anpassungsmöglichkeiten bei AOM mit Richtungsvorgaben zur Vermeidung von Wirkfaktoren (–··–··–) ja (+), nein (-): 1. Zerschneidung/Trennung 2. Auffädelung 3. Überlagerung 4. Blockierung, Blockbildung bei Verlaufsrichtung des Vorhabens zur Hauptachse des AOM					
Gestaltmerkmale (GME) der charakteristischen Landschaftsbildelemente	↔	GME Beispiele		1.1	1.2 4%	1.3	1.4	2.
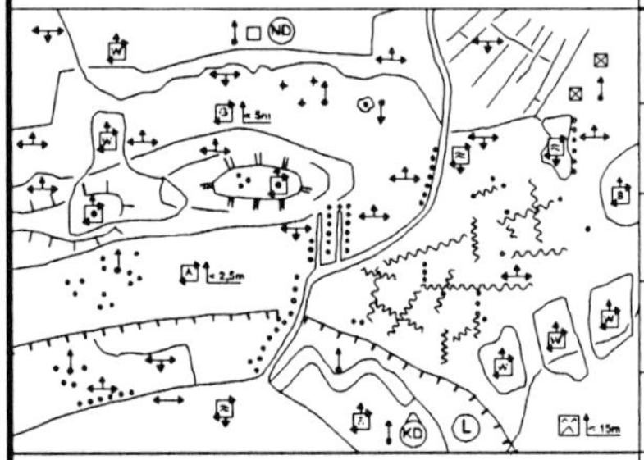 [Landschaftskarte]		kuppiges Gelände	-	-	-	-	/
		Hangkante, Neigung >4%	~/-	~	-	-	/
		Feldgehölze, Einzelbäume	-	/	-	-	/
		Wald mit Raumkantenwirkung	-·-·-	/	~	~	/
		Grünland, Ebene	~	-	-	-	~
Anordnungsmuster der Mesostrukturelemente	↔	AOM Beispiele		1	2	3	4
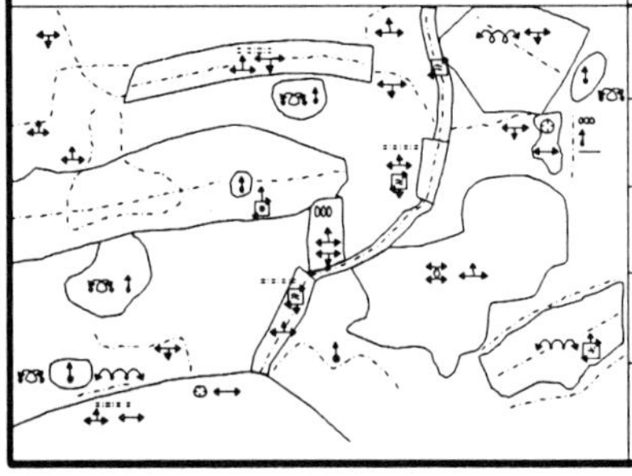 [Karte]		unregelm. Gruppe Feldgehölze	-·-·-	/	-	-	/
		unregelm. Reihe Waldflächen	-	-	-	-	-
		unregel. Staffel Gräben	-	-	-	-	-
		unregel. Verband Hecken	-	-	/	/	/
		Parallelität Baumreihe, Fluß	=·=	+	+	+	-

Abb. 30: Herleitung von Erheblichkeit, Nachhaltigkeit und Vermeidbarkeit

Legende zur Abb. 32 (Karte Nr. 3.2)
Strukturerfassung Mesoelemente - Relief und Gewässer

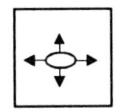

Vollformen

- Kuppe, Erhebung kuppenförmig
- Wall, Erhebung wallförmig
- Kleinformen (kuppig), Erhebung < 5 m
- Absolute Höhenpunkte, Kanten-/Stufenhöhe oder als Höhenlinie
- Rücken, Erhebung rückenförmig
- Schwelle
- Positive Geripplinie (Höhenlinie; rot)
- Hangfußbereich als Höhenlinie, hier bei 2,5 m

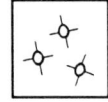

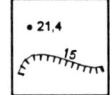

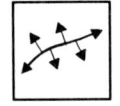

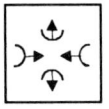

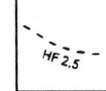

Hohlformen, Talformen

- Muldenförmige Vertiefung ohne scharfe Abgrenzung
- Kesselförmige Vertiefung, Soll
- Schlucht, Tal schluchtartig
- See und Fließgewässer
- Nische, Vertiefung nischenförmig
- Kleinformen (kesselig)
- Negative Geripplinie (Tiefenlinie; blau)

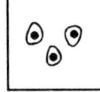

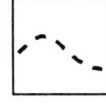

Raumkanten, Hangformen

- Raumkante > 10 m
- Böschung laut TK 25
- Neigung > 6°
- Wölbung nach Exposition konvex
- Raumkante > 5 - 10 m
- Wölbung mit der Gefällsrichtung konvex
- Neigung > 4° - 6°
- Wölbung nach Exposition konkav
- Raumkante > 2,5 - 5 m
- Wölbung mit der Gefällsrichtung konkav
- Neigung > 2° - 4°
- Kante durch Geländeknick (extremer Expositionswechsel)
- Raumkante > 1,25 - 2,5 m (ca. 1° - 3° Neigung)
- Wölbung mit der Gefällsrichtung gestreckt (stetiges Gefälle)
- Neigung < 2° (grün)

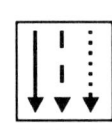

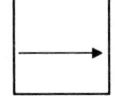

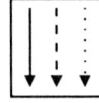

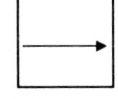

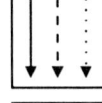

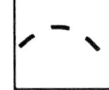

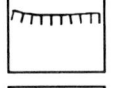

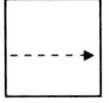

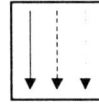

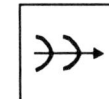

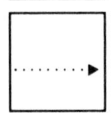

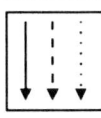

Reliefbereiche

- Ebene Fläche, keine Rauhheit
- Flachwellig
- Reliefenergie relative Erhebungen < 5 m
- Markierung der Reliefbereiche (grün)
- Eben bis flachwellig
- Flachwellig bis kuppig
- Reliefenergie relative Erhebungen < 12 m

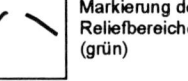

Anthropogene Reliefformen

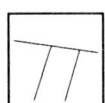

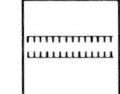

- Deich, Damm
- Graben, Kanal
- Geländeeinschnitt
- Hohlform (Tagebau, Grube)

Erläuterungen zum Untersuchungsschritt 3:
Vorhabensspezifische Sensibilität der Vegetation, Landnutzung und Siedlungsstruktur
Erläuterungen zu den in Karte 3.7 (Abb. 34) dargestellten Gestaltmerkmalen

Die Auswahl der Gestaltmerkmale zur Ermittlung der vorhabensspezifischen Sensibilität der Landschaftsbildelemente richtet sich nach den Konditionen der Planung. Es ist zu fragen, welche Gestaltmerkmale des Vorhabens auf der Mesobetrachtungsebene zur Sensibilitätsprüfung bereits herangezogen werden können und dem Ziel der Linienfindung dienlich sind.

In diesem fiktiven Beispiel werden für die Linienalternativen Brückenbauwerke und Dämme als notwendig angenommen, um Bäche, Gräben und Wirtschaftswege zu überbrücken. Daraus ergeben sich für die Gestaltung dieser Vorhabensobjekte Möglichkeiten der Vermeidung und Minimierung der Beeinträchtigungen. Fazit für die Auswahl der Gestaltmerkmale zur Ermittlung der vorhabensspezifischen Sensibilität der Landschaftsbildelemente:

- Umrißlinie der Figur / Kontur (Grundriß); Verlust / Kontrast,
  Anpassungsmöglichkeiten, z.B. Böschungsgestaltung
- Ansicht: Vertikalgliederung durch Höhenstufen (Größen);
  Verlust / Kontrast, Anpassungsmöglichkeit z.B. anderer Standard eines Brückenbauwerks
- Materialität / Textur / Farbe: Verlust, immer Kontrastwirkung
- Transparenz: Verlust / Kontrast in Verbindung mit der Sichtbarkeit des Vorhabens oder auch Sichtachsen zu besonderen Kulturdenkmälern (z.B. Kirchen); Anpassungsmöglichkeiten z.B. anderer Standort eines Brückenbauwerks, keine Dämme (das Maß der Transparenz ist abhängig von den Höhenstufen oberhalb der menschlichen Augenlinie und der jahreszeitlichen Variabilität der Vegetationselemente)
- Synästhetische Aspekte: durch Lärm, Bewegung, Licht immer Verlust und Kontrast, keine Anpassungsmöglichkeiten; aus naturschutzfachlich-ideeller Sicht ist insbesondere der notwendige Abstand zu Schutzgebieten und Vorrangflächen auch für den Landschaftsbildschutz zu überprüfen.

Für die Linienfindung im Alternativvergleich entfallen deshalb als Kriterien die Gestaltmerkmale Materialität, Textur, Farbe; für die Analyse der Landschaftsbildelemente auf Mesostrukturebene sind relevant: Umrißlinie und Kontur, Höhenstufen, Transparenz und synästhetische Aspekte.

Bestimmung der Umrißlinie und Kontur bei flächigen Elementen
- Umrißlinie: Form der Elemente, bezogen auf die Grundfläche durch eine Grundrißprojektion
- Kontur: ein flächiges Element kann sich von anderen absetzen durch eine klare Grenzlinie, einen deutlichen Wechsel von Fläche zu Fläche (insbesondere bei geometrischen Figuren); oder aber es gibt keine klar erkennbare Linie oder Raumkante. Diese zwei Gestaltqualitäten der Kontur sind in der Analyse berücksichtigt als deutliche, scharfe oder verwischte, weiche Umrißlinie.

Bestimmung der Höhenstufen bei Vegetationselementen, Landnutzung, Bebauung nach Baustein 3 und Schätzung von Durchschnittswerten

Höhensschicht I = bis ca. 2 m II = ca. 1,5 - 4 m III = ca. 2,5 - 10 m IV = ca. 10 - 30 m		
Elementkategorie und Angaben von Höhenstufen		in Schichten zusammengefaßt
Wald allgemein (Forst)	10 - 30 m (40 m)	IV
Allee, Baumreihe	10 - 30 m	IV
Baumgruppe, einzelnstehender Baum	10 - 30 m (40 m)	IV
Niederhecke (-gebüsch) Mittelhecke (-gebüsch) Hochhecke (-gebüsch)	ca 1 m bis 2,5 m 2,5 - 10 m	I II III
Ackerland (Getreide, Mais)	0,5 -2 m	I
Grünland	0,1 - 0,7 m	I
Sumpf, Moor, Feuchtwiese, Ufervegetation (pauschal), ohne Gebüsch, Bäume	0,1 - 1 m	I
Ufervegetation, Röhricht	0,5 - 4 m	I - II
Ortsrandgrün - Gärten	2,5 - 10 m 10 - 30 m	III IV
Siedlung 1 - 2 geschossig mehrgeschossig	ca. bis 7 m >7 m	III IV

Bestimmung der Transparenz

Transparenz ist ein Gestaltmerkmal für einzelne Elemente und ein Charaktermerkmal für ein ganzes Bildareal.

Die Beeinträchtigung (Verlust, Kontrast) steht im Zusammenhang mit besonderen vorhabensspezifischen Wirkfaktoren, wie zum Beispiel beim linearen Eingriffstyp der Durchschneidung und Trennung: bei einer Durchschneidung eines Waldes (Transparenzfaktor auf das Element bezogen) entsteht eine Schneise; infolge einer Durchschneidung einer Grünlandfläche mit vereinzelten Gruppen von Feldgehölzen (Transparenzfaktor auf das Bildareal bezogen) mit einem Damm entsteht eine Trennung/Barriere der Transparenzqualität. In beiden Fällen bewirkt das Vorhaben eine totale Umkehrung der Eigenartsstruktur (Verlust), gemessen am Transparenzfaktor.

Entsprechend dem Ziel der Linienbestimmung und den Möglichkeiten der Auswertung des Kartenmaterials und der Luftbilder wird eine differenzierte Einstufung in drei Transparenzkategorien vorgenommen: gering - mittel - hoch.

Die genannten Eigenschaften werden in ihrer jahreszeitlichen Variabilität beurteilt. Es wird gefragt, ob eine Transparenzwirkung vorliegt und ob sie sich im Jahresverlauf verändert.

Hat eine locker bestandene, lückenhafte Allee einen mittleren Transparenzwert im belaubten Zustand, und ist er im Winter hoch, dann stellt sich der durchschnittliche Gesamtwert als Transparenzvariabilität von mittel bis hoch dar und wird aufgewertet in die nächst höhere Kategorie: mittlerer Wert + Variabilität = hoher Gesamtwert.

Tab. 12: Bilanzierungstabellen zum Linienvergleich nach Streckanabschnitten (AOM = Anordnungsmuster; GME = Gestaltmerkmal)

Stufen der Relevanz und Effizienz:

1. Ohne Erheblichkeit und Nachhaltigkeit
2. Vermeidbar durch Linienführung und/oder Gestaltanpassung
3. Nicht vermeidbar aber ausgleichbar
4. Nicht vermeidbar aber minimierbar, Rest ausgleichbar
5. Nicht vermeidbar aber z.T. ausgleichbar, Rest nicht ausgleichbar
6. Nicht vermeidbar und nicht ausgleichbar

LINIE IA

Streckenabschnitt Bildareal	Kurzcharakterisierung AOM + GME (Bestand)	Beeinträchtigungsart Wirkfaktoren	Vermeidungs-Minimierungs-möglichkeiten	Ausgleichbarkeit	Stufen der Relevanz und Effizienz: 1 - 6
2 x + 000 - x + 250 (250 m)	1) AOM Bildareal mit Flächengliederung durch unregelmäßige Staffel linearer Elemente (als Hohlform); Parallelität von linearen Elementen (Gewässer, Relief)	- Durchschneidung; Staffel wird unerheblich beeinträchtigt - Parallelitäten jeweils am Ende: Richtungsblockierung bei Durchschneidung	- durch Verschiebung nur noch Blockierung der Parallelität von linearen Hohlformen (nur kleine Strecke)	- Restbeeinträchtigung nicht ausgleichbar	4. = 0.25 km
	2) GME Ebene (Erhebungen kleiner 1 m), Grünland: keine Vegetations-Höhenstufen größer 2 m; hohe Transparenz	Proportionskontrast in der Höhe durch Brücke und durch Damm, Störung der Transparenz: Barriere, Blockierung; fremde Form: Wall	- nicht vermeidbar oder minimierbar	- nicht ausgleichbar	6. = 0.25 km
	3) Verbindung von Röcknitzbach zur Peene	Trennung	nicht vermeidbar	abschnittsweise Bachrenaturierung	3. = punktuell
3 x + 250 - x + 1150 (900 m)	1) AOM Unregelmäßige Gruppe von punktuellen und linearen Vegetationselementen; Parallelität von linearen Elementen (Hohlfom, flache Linie)	Durchschneidung - des Bereiches nur an einer kleinen Ecke: Abtrennung von einzelnen Elementen - nur benachbart, im Prinzip gleiche Raumrichtung: unerheblich	nicht vermeidbar, aber minimierbar durch Autobahnbepflanzung von Vegetationselementen am Rand- und Mittelstreifen	- im Bereich des AOM ausgleichbar durch Neupflanzung	3. = 0.32 km

Fortsetzung der Tabelle 12: Bilanzierungstabellen zum Linienvergleich nach Streckanabschnitten (AOM = Anordnungsmuster; GME = Gestaltmerkmal)

LINIE IA				
Strecken-abschnitt Bildareal	Kurzcharakterisierung AOM + GME (Bestand)	Beeinträchtigungsart Wirkfaktoren	Vermeidungs-Minimierungs-möglichkeiten	Ausgleichbarkeit	Stufen der Relevanz und Effizienz: 1 - 6
3 Forts. x + 250 - x + 1150 (900 m)	2) GME Vegetationselemente der Gruppe mit mittlerer bis geringer Transparenz, aber im Bereich weite Verteilung, so daß die ebene Fläche (Grünland) weitgehend einen hohen Transparenzfaktor hat (geringe Höhenstufe der Fläche)	- neue scharfe Kontur insbesondere bei Autobahndamm - Störung der Transparenz Barriere, Blockierung - Proportionskontrast von der wallartigen Vollform des Vor-habens zu linearen, punktuellen Elementen als Vollformen	- lockere Verteilung o.g. Bepflan-zung (Transparenz erhalten) - flache und weiche Böschungsausformung		2. = 0.32 km
	Ebene: relative Erhebungen < 1 m angrenzender Hangfußbereich	- Höhenkontrast und Formkontrast durch Damm und Brücke	nicht vermeidbar	nicht ausgleichbar	6. = 0.82 km
4 x + 1150 - x + 1600 (450 m)	1) AOM Vielfalt von AOM gebildet aus Elementen von Relief / Gewässer (insbesondere lineare Formen) und Vegetation (verschiedene Trägerkategorien):	Durchschneidung - des AOM Parallelität von linearen Elementen aus verschiedenen Bereichen (Vegetation, Relief)	- nicht vermeidbar bei gleicher Trasse - Empfehlung: vermeidbar durch Verschieben, dann aber Durch-schneidung einer unregel-mäßigen Gruppe von punktuellen Vegetationselementen	teilweise ausgleichbar: Wiederherstellung des Heckensystems im weiteren Verlauf (NW) leichter aus-gleichbar innerhalb des Bildareals (Neupflanzung)	5. = 0.45 km
	2 Raumrichtungen maßgeblich und flächeneinbindend (zentrumsbezogene Flächenfunktion), unregelmäßige Gruppen und Staffel, Parallelität	- keine Anpassungsmöglichkeit; neue Raumrichtung zerteilt die Fläche noch einmal	nicht vermeidbar		

Fortsetzung der Tabelle 12: Bilanzierungstabellen zum Linienvergleich nach Streckanabschnitten (AOM = Anordnungsmuster; GME = Gestaltmerkmal)

LINIE IA				
Strecken-abschnitt Bildareal	Kurzcharakterisierung AOM + GME (Bestand)	Beeinträchtigungsart Wirkfaktoren	Vermeidungs-Minimierungs-möglichkeiten	Ausgleichbarkeit	Stufen der Relevanz und Effizienz: 1 - 6
4 Forts. x + 1150 - x + 1600 (450 m)	2) GME Vegetationsflächen mit geringer bis mittlerer Transparenz, unscharfe Konturen; Höhenstufen II - III	- bei flacher Liniengestalt ohne Beeinträchtigung - neue scharfe Kontur - ohne Beeinträchtigung	- flache und weiche Böschungsausformung		2. = 0.45 km
	Ebene: relative Erhebungen < 1 m; Dammform (Deich), Gräben; Angrenzender Hangfußbereich mit Raumkante	- flache Autobahnstrecke (Fläche), unerheblich - Durchschneidung, Formbeein-trächtigung - keine Beeinträchtigung, läuft fast parallel	- nicht vermeidbar	teilweise ausgleichbar: verrohrten Graben öffnen, Grünland-extensivierung	5. = 0.45 km + punktuell
5 x + 1600 - x + 2650 (1050 m)	1) AOM Raumkante, -richtung; Parallelität von Raumkante und linearer Hohlform (Relief, Gewässer)	Durchschneidung - an einer Stelle mit Richtungs-wechsel: Zerstörung des Winkels und Zerschneidung der Parallelität, Blockierung der Richtungsdominante	- nicht vermeidbar, bei Verschiebung immer Zerstückelung der Raumkante und ihrer Wechselfolgen in der Richtung	teilweise ausgleichbar durch natürlichere Waldsaumbildung (Neupflanzung) und Extensivierung der Grünlandflächen	5. = 1.05 km

Fortsetzung der Tabelle 12: Bilanzierungstabellen zum Linienvergleich nach Streckanabschnitten (AOM = Anordnungsmuster; GME = Gestaltmerkmal)

LINIE IA

Strecken-abschnitt Bildareal	Kurzcharakterisierung AOM + GME (Bestand)	Beeinträchtigungsart Wirkfaktoren	Vermeidungs-Minimierungs-möglichkeiten	Ausgleichbarkeit	Stufen der Relevanz und Effizienz: 1 - 6
5 Forts. x + 1600 - x + 2650 (1050 m)	2) GME Flächige Elemente - Vollform Wald - zu Flachform Ebene mit Grünland, mit scharfen Umrißlinien (Raumkanten) 2 Kontrastbereiche: hohe Transparenz gegen geringe und Höhenstufe I gegen II	- Formzerstörung durch Zerschneidung, Abtrennung - Durchtrennung... - ...und Störung durch Schneise im Wald; Beeinträchtigung der Höhenstufen: keine	- leichte Krümmung der Straße im Wald =>Einbruch der Geschlossenheit, Milderung der Trennwirkung	Restbeeinträchtigung teilweise ausgleichbar durch natürliche Waldsaumausbildung	3. = 0.7 km
	Ebene: relative Erhebungen < 1 m lineare Hohlformen (Gräben)	- Höhen- und Formkontrast durch Damm und Brücke - Zerschneidung: neue Flächenglie-derung (fremde Form durch Autobahnband)	- nicht vermeidbar	- nicht ausgleichbar	6. = 0.35 km

LINIE II

Strecken-abschnitt Bildareal	Kurzcharakterisierung AOM + GME (Bestand)	Beeinträchtigungsart Wirkfaktoren	Vermeidungs-Minimierungs-möglichkeiten	Ausgleichbarkeit	Stufen der Relevanz und Effizienz: 1 - 6
4 x + 000 - x + 380 (380 m)	1) AOM Bildareal geprägt durch Ordnungsprinzipien mit flächigen Trägerelementen - unregelmäßige Gruppe - unregelmäßige Reihe	Durchschneidungen - andere Raumrichtung - wird zweigeteilt - Abtrennung von Element => Zerstörung der Reihe	nicht vermeidbar	nicht ausgleichbar	6. = 0.38 km

Fortsetzung der Tabelle 12: Bilanzierungstabellen zum Linienvergleich nach Streckanabschnitten (AOM = Anordnungsmuster; GME = Gestaltmerkmal)

LINIE II					
Streckenabschnitt Bildareal	Kurzcharakterisierung AOM + GME (Bestand)	Beeinträchtigungsart Wirkfaktoren	Vermeidungs-Minimierungsmöglichkeiten	Ausgleichbarkeit	Stufen der Relevanz und Effizienz: 1 - 6
4 Forts. x + 000 - x + 380 (380 m)	2) GME unscharfe Konturlinien der Flächen Vegetationselemente: Höhenstufen I - II	- Kontrast zur scharfen Konturlinie (Damm) - keine Höhenstufenbeeinträchtigung	- flache und weiche Böschungsausformung und Bepflanzung		2. = 0.38 km
	geringe bis mittlere Transparenz	- Barriere, Blockierung durch Damm - Formzerstückelung der Flächen	nicht vermeidbar	nicht ausgleichbar	6. = 0.38 km
	Ebene mit Teichen	- Elementverlust	nicht vermeidbar	- teilweise wiederherstellbar, aber nicht im AOM (Ersatz) - fremde Form nicht ausgleichbar	6. = 0.1 km
		- Formenkontrast			6. = 0.38 km
	3) Benachbarung zum Naturschutzgebiet	Lärm, Licht, Bewegung	Abpflanzung zum Naturschutzgebiet - verstärkt aber die Durchtrennung der Flächen => flächenhafte Abpflanzungen	Restbeeinträchtigungen nicht ausgleichbar	5. = 0.38 km
5 x + 380 - x + 950 (570 m)	1) AOM Bildareal mit Flächengliederung durch unregelmäßige Staffel linearer Elemente; im betroffenen Bereich Parallelität von verschiedenen linearen Elementen (Gewässer, Relief, Vegetation)	- Durchschneidung; ein Teil der Staffel wird abgetrennt, - Zerteilung der parallelen Linien und Blockierung der Raumrichtung	nicht vermeidbar	nicht ausgleichbar	6. = 0.5 km
	2) GME Ebene, in diesem Bereich Abgrenzung mit Raumkante: Vegetation mit Höhenstufe II - III, scharfe Konturlinie, natürliches Fließgewässer	- Abtrennung vom übrigen Teil Barriere, keine Transparenz mehr (Raumrichtungsblockierung) - Durchschneidung, Zerstörung	nicht vermeidbar	nicht ausgleichbar	6. = 0.5 km
			nicht vermeidbar	teilweise ausgleichbar durch Bachrenaturierung	5. = punktuell

Fortsetzung der Tabelle 12: Bilanzierungstabellen zum Linienvergleich nach Streckanabschnitten (AOM = Anordnungsmuster; GME = Gestaltmerkmal)

LINIE II

Strecken-abschnitt Bildareal	Kurzcharakterisierung AOM + GME (Bestand)	Beeinträchtigungsart Wirkfaktoren	Vermeidungs-Minimierungs-möglichkeiten	Ausgleichbarkeit	Stufen der Relevanz und Effizienz: 1 - 6
5 Forts. x + 380 - x + 950 (570 m)	3) Benachbarung zum Naturschutzgebiet Röcknitzbach: Verbindung zur Peene (übergeordnete Gewässervernetzung, Bedeutung bis LBE-Ebene)	Lärm, Licht, Bewegung	Abpflanzung zum Naturschutzgebiet - verstärkt aber die Durchtrennung der Flächen => flächenhafte Abpflanzungen	Restbeeinträchtigungen nicht ausgleichbar	5. = 0.5 km
6 x + 950 - x + 1200 (250 m)	1) AOM siehe bei Linie Ia (4) hier betroffen der Teil der unregelmäßigen Staffel (Vollform Wald); Parallelität linearer Vollformen	Zerteilung in zwei Teile ohne Zusammenhang (Verlust) - Durchschneidung, Blockierung der Raumrichtung	nicht vermeidbar	nicht ausgleichbar	6. = 0.2 km
	(Vegetation, Relief)		nicht vermeidbar	nicht ausgleichbar	6. = 0.2 km
	2) GME hier betroffen einzige flächige Vollform (Waldstückchen), geringe Transparenz, Höhenstufe III, lineare Hohlformen (Gräben)	- Formverlust	nicht vermeidbar	nicht ausgleichbar	6. = 0.2 km
		- wird zerstört durch Schneise - keine Beeinträchtigung	nicht vermeidbar	nicht ausgleichbar	6. = 0.2 km
		- Proportionskontrast zum Damm, scharfe Konturlinie	nicht vermeidbar	nicht ausgleichbar	6. = 0.2 km
	3) unmittelbare Nähe zum Naturschutzgebiet	- Lärm, Bewegung, Licht	nur geringe Minimierung durch dichte Abpflanzung, zu wenig Abstand	nicht ausgleichbar	6. = 0.2 km

Fortsetzung der Tabelle 12: Bilanzierungstabellen zum Linienvergleich nach Streckanabschnitten (AOM = Anordnungsmuster; GME = Gestaltmerkmal)

LINIE II

Strecken-abschnitt Bildareal	Kurzcharakterisierung AOM + GME (Bestand)	Beeinträchtigungsart Wirkfaktoren	Vermeidungs-Minimierungs-möglichkeiten	Ausgleichbarkeit	Stufen der Relevanz und Effizienz: 1 - 6
7 x + 1200 - x + 2200 (1000 m)	1) AOM Unregelmäßiger Verband von linearen Hohlformen (Flächengliederung); Unregelmäßige Gruppe punktueller Vollformen (Vegetation);	- Zerschneidung in Teile, Abtrennung; neue dominierende Raumrichtung - keine Beeinträchtigung	nicht vermeidbar	teilweise ausgleichbar für den größeren Bereich des AOM neue Grabenvernetzung schaffen (Offenlegen von Grabennetzverbindungen)	5. = 0.95 km
	Begrenzung des Bildareals (Wald, Deich) durch Raumkante	- kleiner Anschnitt vom Waldzipfel: Formbeeinträchtigung und Verlust	nicht vermeidbar	ausgleichbar durch natürlichere Gestaltung des Waldsaumes, Verlust ergänzen (auf renaturierbaren Flächen)	3. = 0.1 km
	2) GME scharfe Konturlinien	Damm, keine Beeinträchtigung; Proportionskontrast zu linearen Elementen (Gräben als Hohlformen) und Fläche mit punktuellen Elementen (Vegetation)	nicht vermeidbar	nicht ausgleichbar	6. = punktuell
	Ebene	- Höhenkontrast durch Damm und Brückenbauwerk	nicht vermeidbar	nicht ausgleichbar	6. = 0.95 km
	3) Abschnittsweise Naturschutzgebiet in der Nähe	Lärm, Licht, Bewegung	teilweise durch Bepflanzungen minimierbar	teilweise ausgleichbar durch natürliche Gestaltung des Waldsaums	5. = 0.4 km

4.) Bilanzübersicht:

Der Prozentanteil einzelner Potentialstufen für die Ausgleichsrelevanz und -effizienz wird über die Streckenteilsumme ermittelt, die bei mehr als einem betroffenen Merkmal von Anordnungsmuster/Gestaltmerkmal über 100 % der tatsächlichen Streckenlänge liegt.

Potentialstufen für Ausgleichs-relevanz und -effizienz	I A km 2,65 tatsächl. Streckenlänge km 5,41 = 100% Bezugslänge		II km 2,2 tatsächl. Streckenlänge km 7,1 = 100% Bezugslänge	
1. Ohne Erheblichkeit und Nachhaltigkeit	0		0	
2. Vermeidbar durch Linienführung und/oder Gestaltanpassung	km 0,77 = 14,2%	14,2%	km 0,38 = 5%	5%
3. Nicht vermeidbar aber ausgleichbar	km 1,02 = 18,9% + punktuell	23,5%	km 0,1 = 1,3%	1,3%
4. Nicht vermeidbar aber minimierbar, Rest ausgleichbar	km 0,25 = 4,6% + punktuell		0	
5. Nicht vermeidbar aber z.T. ausgleichbar, Rest nicht ausgleichbar	km 1,95 = 36% + punktuell	62,3%	km 2,33 = 29,4% + punktuell	93,7%
6. Nicht vermeidbar und nicht ausgleichbar	km 1,42 = 26,3%		km 4,39 = 64,3% + punktuell	

Tab. 13: Bilanzierung für die Linienalternative IA und II

Interpretation der Bilanztabelle:

Die einzelnen Potentialstufen für Ausgleichsrelevanz und -effizienz werden für betroffene Gestaltmerkmale und Anordnungsmustermerkmale nach Streckenkilometern summiert.

Vergleichsebenen

1. Planerische Effizienz

    Hierfür stehen die Potentialstufen 1 und 2. Danach können durch die Wahl der Varianten I A 14,2% der potentiellen streckenbedingten Auswirkungen planerisch durch eine optimierte Linienführung vermieden werden, während für die Variante II nur 5% veranschlagt werden.

2. Kostenbasis

    Die für Ausgleichsmaßnahmen entstehenden Kosten (Planung, Verhandlung, Ankauf/Pachten von Grundstücken, Baumaßnahmen, Pflege, Verwaltung) sind in den Potentialstufen 3 und 4 enthalten. Hierbei liegt die Variante I A mit 23,5% des potentiellen streckenbedingten Ausgleichsaufwandes gegenüber 1,3% bei Variante II deutlich an zweiter Stelle.

3. Beeinträchtigungsbilanz

    Die Restbeeinträchtigungen werden durch die Potentialstufen 5 und 6 dimensioniert. Unter diesem Aspekt schneidet die Variante I A mit 62,3% entscheidend besser ab als die Variante II mit 93,7%.

Da beide Varianten im Landschaftsschutzgebiet liegen, kann hier auf dieses zusätzliche Vergleichskriterium verzichtet werden.

3.2.3.4 Ebene der Mikrostruktur:
Ausführungsplanung und Bilanzierung erheblicher und nachhaltiger Beeinträchtigungen und Ausgleichsmaßnahmen

Konditionen der Planungsphase: Landschaftspflegerischer Begleitplan (LBP); der Ausführungsplan konkretisiert die Ausgleichsmaßnahmen des LBP nach der Planfeststellung/ Plangenehmigung des Vorhabens. Zur weiteren Bearbeitung auf Mikrostrukturebene wurde der Streckenabschnitt vier der Linienalternative I ausgewählt.

Teilschritte der Untersuchung zur Herleitung von Erheblichkeit und Nachhaltigkeit, Vermeidbarkeit und Ausgleichsmaßnahmen (siehe Abb. 35):

1.) Ableitung der Mikrostrukturen der Landschaftsbildeinheit innerhalb der betroffenen Bildareale der Mesostruktur (Karte 4.1, siehe Abb. 36 und Legende)

2.) Feststellung der Erheblichkeit und Nachhaltigkeit und Prüfung weiterer Möglichkeiten der Vermeidung/ Minimierung durch Anpassung an die Anordnungsmuster und Gestaltmerkmale des Landschaftsbildes (Karte 4.2, siehe Abb. 37 und Legende)

3.) Bestimmung der Ausgleichsflächen und -maßnahmen (Karte 4.3, siehe Abb. 38 und Legende)

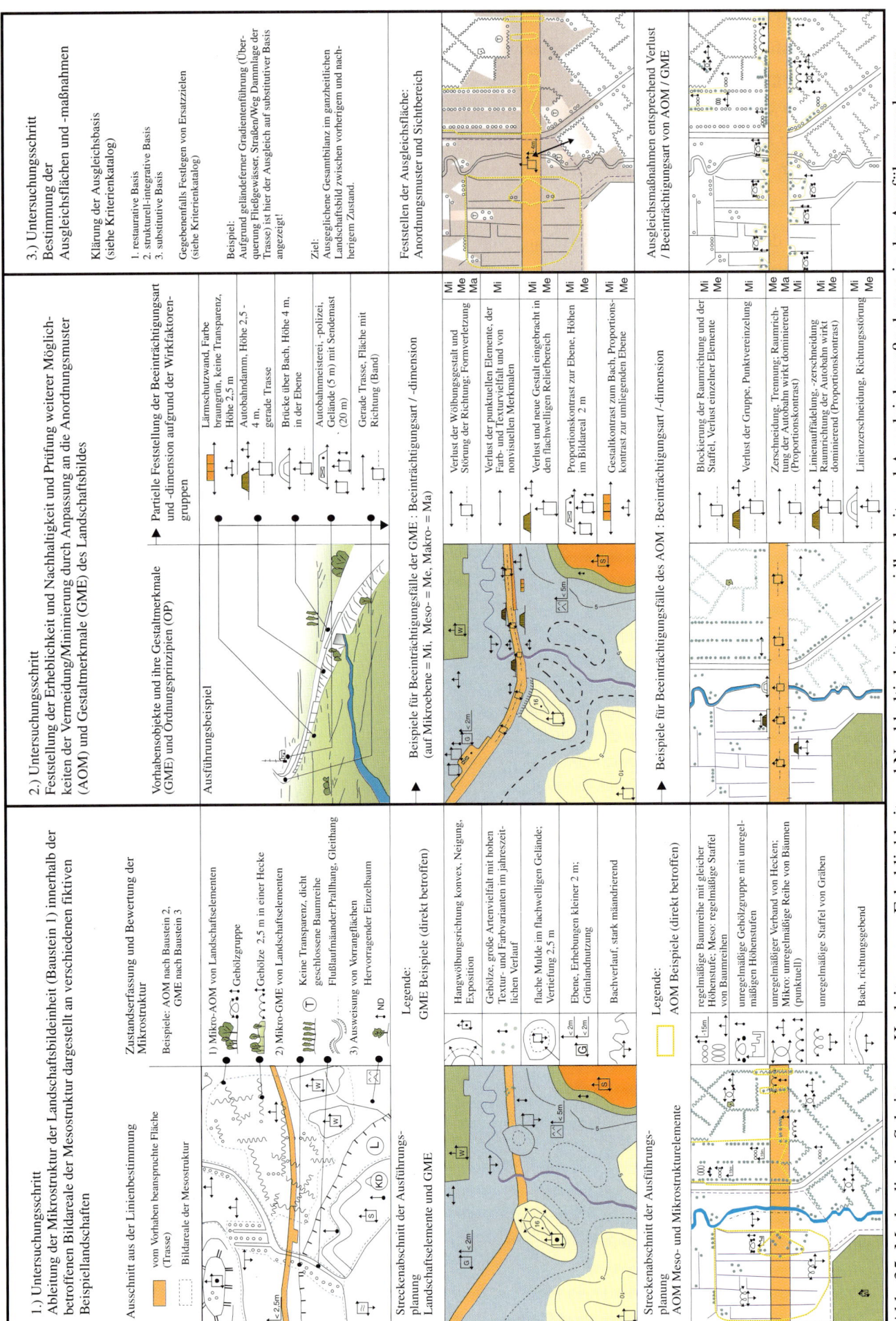

Abb. 35: Methodische Schritte zur Herleitung von Erheblichkeit und Nachhaltigkeit, Vermeidbarkeit und Ausgleichsmaßnahmen in der Ausführungsplanung

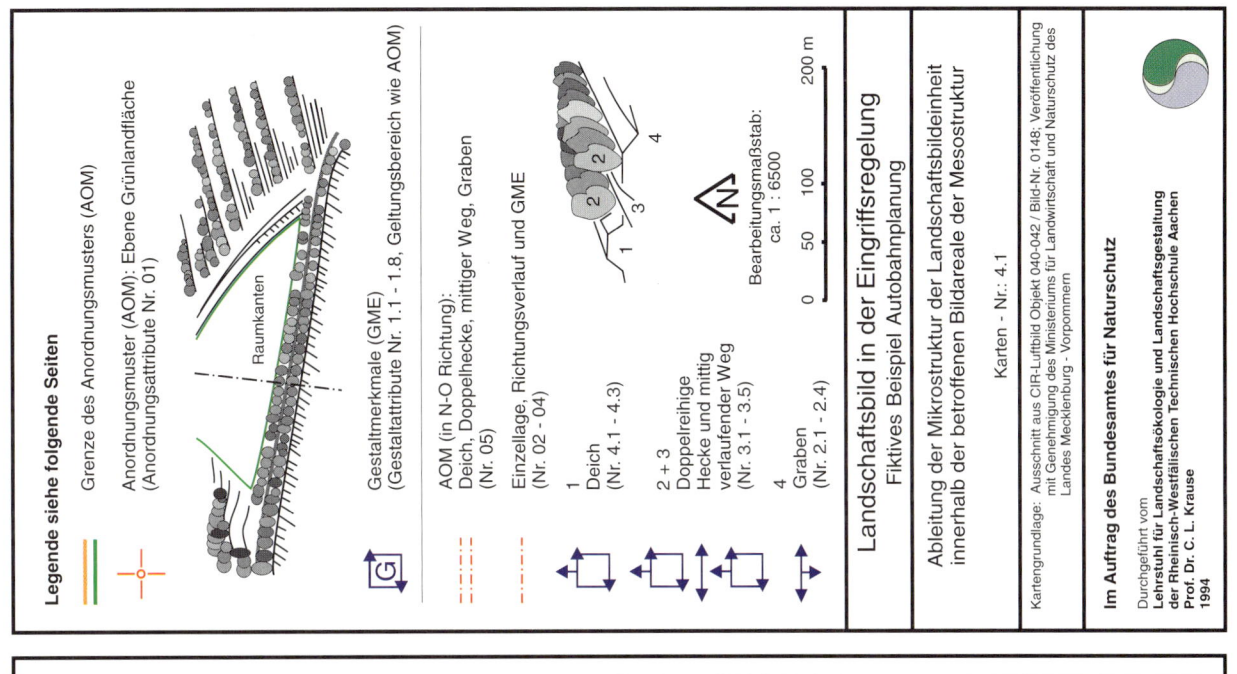

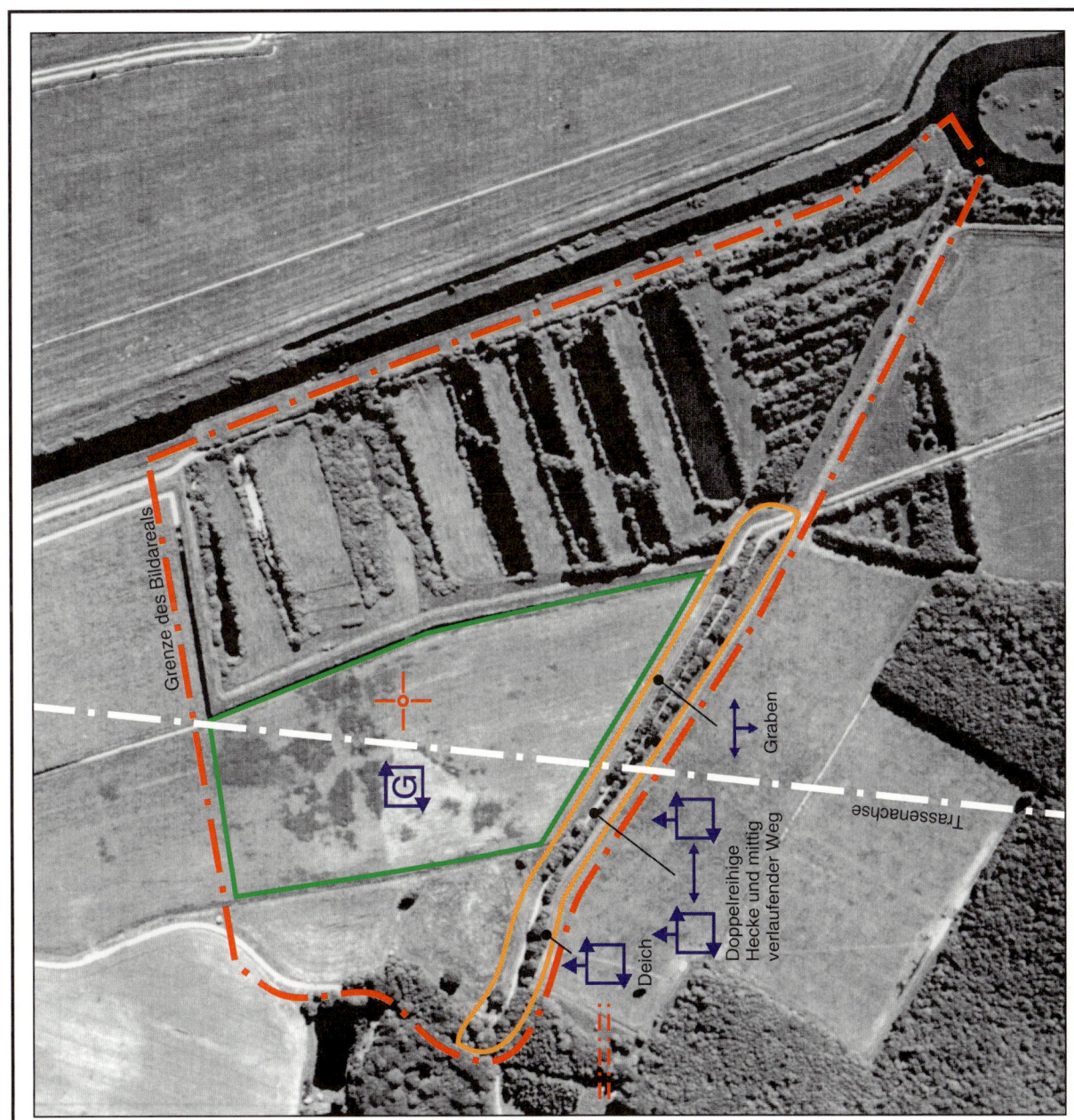

Abb. 36: Ableitung der Mikrostruktur der Landschaftsbildeinheit

Legende zur Karte Nr. 4.1 (Abb. 36)

Ableitung der Mikrostruktur der Landschaftsbildeinheit innerhalb des betroffenen Bildareals im unmittelbaren und angrenzenden Bereich des Straßenbauvorhabens

Bildareal Nr. 4	Gestaltmerkmale (GME)		Anordnungsmuster (AOM)	
Streckenabschnitt (Länge)	Kurz-zeichen	Beschreibung Objekt- Nr.　Merkmal-Nr.	Kurz-zeichen	Beschreibung Nr.　Merkmal-Nr.
x + 000 - x + 400 (400 m)		1　Dauergrünlandfläche: 1.1　Hohe Transparenz 1.2　ohne Erhebungen (flach), 　　　1 Vegetationsschicht, 　　　Farbe 1.3　Winter/Sommer grün 1.4　Wiesenfauna (allgemein) 　　　und Gäste: Reiher, 　　　Fischadler, Kranich 1.5　Wiesenflora: einge- 　　　schränkte Feuchtwiesen- 　　　arten des Wirtschafts- 　　　grünlandes 1.6　Geräuschpegel bei 　　　+ 40 dB(A) 　　　(relative Ruhe) 1.7　Gerüche: natürliche Art 1.8　Bewegung: gering, im 　　　Bereich von Blättern, 　　　Zweigen, Insekten, 　　　Vögeln u.a.		01　Zentrumsgebildete Fläche 　　　durch 75% umlaufende 　　　Kanten- und Gravuren: 　　　Osten: Graben, Gebüsch- 　　　reihen 　　　Süden: Riegel aus Hecken 　　　Graben, Deich 　　　Westen: Ansteigender 　　　Hangbereich
x + 400 - x + 403 (3 m)		2　Graben 2.1　Form: Trapezförmiges 　　　Regelprofil 　　　ständig wasserführend 2.2　Farbe: Dauergrün 　　　(Sommer) 　　　Brauntöne (Winter) 2.3　Struktur: Feuchtstauden 　　　bis 1.50 m hoch 2.4　Fauna: Lurche (Sommer)		02　Raumrichtender Gravur- 　　　verlauf

Fortsetzung der Legende zur Karte Nr. 4.1 (Abb. 36)

Bildareal Nr. 4	Gestaltmerkmale (GME)		Anordnungsmuster (AOM)	
Streckenabschnitt (Länge)	Kurz-zeichen	Beschreibung Objekt- Nr. Merkmal-Nr.	Kurz-zeichen	Beschreibung Nr. Merkmal-Nr.
x + 403 - 443 (40 m)		3 Doppelreihige Hecke mit Weg 3.1 Form: Korridor 3.2 Farbe: Dauergrün mit Blüten-, Fruchtfarben im Buntbereich 3.3 Heckenfauna: Vögel, Insekten 3.4 Textur/Struktur: Blattformen-spektrum reichhaltig, dto. Gezweig 3.5 Transparenz: gering (Sommer), mittel (Winter)		03 Raumrichtender Verlauf Krautschicht, Strauch- und mittlere Baumschicht (Sukzessionsstadium) aufgrund wechselnder Transparenz zeitvariierende Raumkantenwirkung
x + 443 - 450 (7 m)		4 Deich 4.1 Form: trapezförmiges Regelprofil mit gerundeten Kanten 4.2 Farbe/Textur: Dauergrün (Sommer), Graugrün (Winter), Gräser, Stauden 4.3 Transparenz: bis in Höhe von 1.5 m: keine		04 Raumrichtender Kantenverlauf (Raumkante für Bildareal Nr. 4 und 5)
x + 400 - 450 (50 m)		5 Komplex 5.1 Laute: ca. 50 dB(A) 5.2 Gerüche: natürliche Art 5.3 Bewegung: gering, im Bereich von Blättern, Zweigen, Kleintieren (Vögeln u.a.)		05 Parallelität: richtungsgebend, mit Raumkantenwirkung

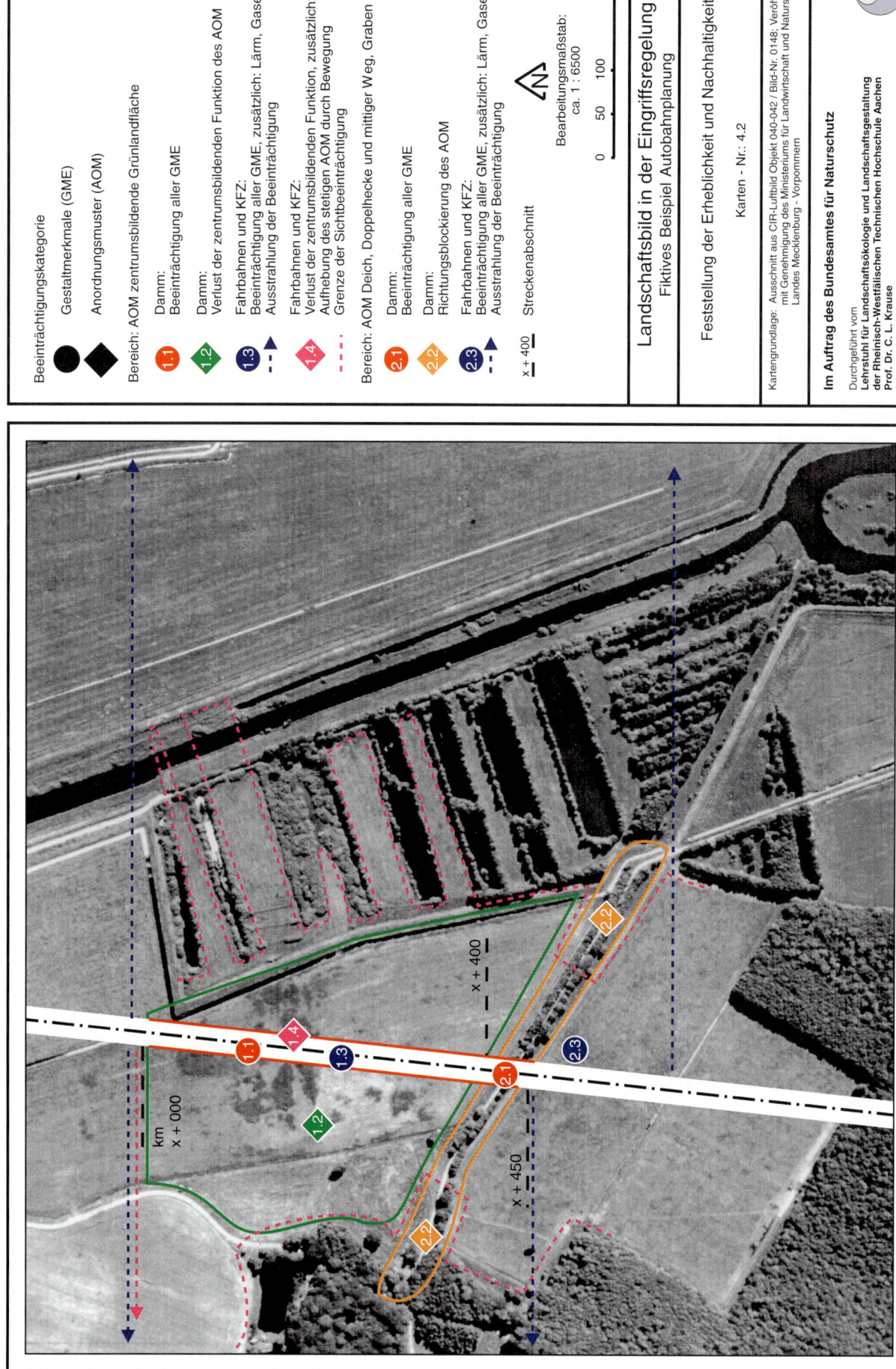

Abb. 37: Feststellung der Erheblichkeit und Nachhaltigkeit

Legende siehe folgende Seiten

Feststellen der Flächen, auf denen für spezifische Beeinträchtigungsarten Ausgleichsmaßnahmen umgesetzt werden können:
Geeignet sind Überlagerungsflächen des betroffenen Anordnungsmusters mit Sichtbereich(en) der Beinträchtigung innerhalb und außerhalb des Vorhabensstandortes:
Herleitung durch Überlagerung der Flächenabgrenzungen von Karte 4.1 (Anordnungsmuster) und Karte 4.2 (Sichtbereiche der Beeinträchtigung).

Flächenstandorte und Art der Ausgleichsmaßnahmen
(siehe nachfolgende Tabelle: Legende zur Karte 4.3)

		Weitere Flächen-/Standortoptionen, wenn Ausgleichsmaßnahme hier nicht realisiert werden kann:
▨	A 1	
│	A 2	
•••	A 3	
‖‖‖	A 4	─ ─ ─
‖‖‖	A 5	○○○○

Bearbeitungsmaßstab: ca. 1 : 6500

0   50   100   200 m

Landschaftsbild in der Eingriffsregelung
Fiktives Beispiel Autobahnplanung

Bestimmung der Ausgleichsmaßnahmen und -flächen

Karten - Nr.: 4.3

Kartengrundlage: Ausschnitt aus CIR-Luftbild Objekt 040-042 / Bild-Nr. 0148; Veröffentlichung mit Genehmigung des Ministeriums für Landwirtschaft und Naturschutz des Landes Mecklenburg - Vorpommern

Im Auftrag des Bundesamtes für Naturschutz

Durchgeführt vom
Lehrstuhl für Landschaftsökologie und Landschaftsgestaltung der Rheinisch-Westfälischen Technischen Hochschule Aachen
Prof. Dr. C. L. Krause
1994

Abb. 38: Bestimmung der Ausgleichsmaßnahmen und -flächen

Legende zur Karte 4.3

Tabellarische Gegenüberstellung von Beeinträchtigung, Ausgleichs- und Ersatzmaßnahmen beim Schutzgut Landschaftsbild

	Feststellen der Erheblichkeit und Nachhaltigkeit			
Betroffenes Bildareal: Nr. 4 - Nummer der Beeinträchtigung, Streckenabschnitt von x + 000 - x + 450 Länge (lfm) Fläche (ha)	**Landschaftsbildbestand Charakterisierung und Sensibilität:** - Landschaftsbildelement - Gestaltmerkmale - Anordnungsmuster - Vorrangflächen/-objekte (Schutzkategorien, ideelle Wertzuweisungen Nr. der GME/AOM s. Tab. zur Karte 4.1 | **Vorhabensspezifische Beeinträchtigungen nach Vermeidung:** a) Art und Wirkfaktoren b) Dimension (Makro-, Meso-, Mikrostrukturebene: Ma, Me, Mi) ● GME, Nr. der Beeinträchtigung, s. Tab. zur Karte 4.2 ◆ AOM	**Ausgleich** 1) Restaurativer Ausgleich 2) Struktureller Ausgleich 3) Substitutiver Ausgleich Beschreibung der Ausgleichsmaßnahmen bezogen auf Ort, Zeitpunkt/- dauer und: - GME - AOM - Vorrangflächen/-objekte - Makro-, Meso-, Mikrostrukturebene A= Ausgleichsmaßnahme Nr.	**Bleibende Beeinträchtigungen nach Ausgleich und Angaben zur ersatzbemessungsfähigen Fläche** (bezogen auf den Grundflächenanspruch des Vorhabens)	**Flächenanspruch für Ersatzmaßnahmen** Höchster %-Anteil bleibender Beeinträchtigung je Streckenabschnitt
x + 000 - x + 400 (400 m) (1.32 ha)	1 Dauergrünlandfläche	Errichtung von Damm, Fahrbahnen, KFZ-Verkehr und Flächen für Seitenbepflanzung führen zu:			
	1.1 - 1.5 Transparenz, Flaches Gelände, Farben, Fauna, Flora	a) Herausnahme, Eliminieren: ●1.1 b) im Trassenbereich: Mi	1) - 2) - 3) Extensivierung der mittel-artenreichen Mähwiese; Zeitziel: A1 5. Jahr nach Bauabschluß	25 %	
	1.6 Ruhe	a) KFZ-Geräusche: ●1.3 b) Verlärmung im Trassenbereich und in Seitenräumen bis mind. 500 m: Mi, Me, Ma	1) - 2) - 3) -	100 %	1,32 ha (z.B. Entsiegelung und Wiederbegrünung)

Fortsetzung der Legende zur Karte 4.3

Tabellarische Gegenüberstellung von Beeinträchtigung, Ausgleichs- und Ersatzmaßnahmen beim Schutzgut Landschaftsbild

Forts.: x + 000 - x + 400	1.7 Natürliche Gerüche	a) Abgase: b) Ausbreitung landschaftsfremder Gerüche auf der Trasse und beidseitig bis mind. 100 m Entfernung: Me, Mi	1.4 1) - 2) - 3)	100 %	Forts.: 1,32 ha (z.B. Entsiegelung und Wiederbegrünung)
	1.8 Relative Bewegungsarmut: ruhende Anordnung	a) schnelle KFZ-Bewegung und Lichtkette: b) Unruhe auf der Trasse: Mi, Unruhekulisse für Seitenräume bis mind. 1000 m: Mi, Me, Ma	1.4 1) - 2) - 3)	100 %	
	01 Zentrumsbezogene Flächenfunktion	a) Flächenreduzierung und Vereinzelung von Restflächen: b) über die gesamte Dauergrünlandfläche wirkend: Ma, Me, Mi	1.2 1) - 2) - 3)	100 %	
x + 400 - x + 403 (3 m) (0.01 ha)	2 Graben 2.1 - 2.4 Profil, Farbe, Struktur, Fauna	a) Verrohrung, Verlust b) im Trassenquerschnittsbereich: Mi	2.1 1) - 2) - 3) Wiederöffnen eines verrohrten "Grabenabschnitts" und Anpflanzung mit heimischen Stauden und Gräsern A2 Zeitziel: Maßnahmenabschluß zeitgleich mit Straßenbaumaßnahmen	0 %	

163

Fortsetzung der Tabelle zur Legende 4.3

Tabellarische Gegenüberstellung von Beeinträchtigung, Ausgleichs- und Ersatzmaßnahmen beim Schutzgut Landschaftsbild

Forts.: x + 400 - x + 403	02 Raumrichtender Gravurverlauf	a) Unterbrechung und Blockierung des Richtungsverlaufs b) für gesamten südlichen Randbereich der Dauergrünlandfläche: Mi, Me ◆2.2	1) - 2) - 3) -	100 %	0.01 ha (z.B. Öffnen eines verrohrten Grabens / Baches in entsprechender Größe / Länge)
x + 403 - x + 443 (40 m) (0.13 ha)	3 Doppelreihige Hecke mit Weg 3.1 - 3.5 Form (Korridor), Farbe, Fauna, Textur, Struktur, Transparenz	a) Herausnahme, Verlust ●2.1 b) im Trassenquerschnittsbereich: Mi	1) - 2) Teilweise Wiederherstellung der Heckenstruktur durch Bepflanzung der Wegüberführung durch Transplantation der bestehenden Hecke A3 Zeitziel: Zeitgleich mit Bauabschluß 3) Schließen von zwei Heckenlücken im N-W-Verlauf der Hecke durch Neubepflanzung mit heimischen Gehölzen A4 Zeitziel: 1. Jahr nach Beginn der Baumaßnahmen	0 %	

164

Fortsetzung der Legende zur Karte 4.3

Tabellarische Gegenüberstellung von Beeinträchtigung, Ausgleichs- und Ersatzmaßnahmen beim Schutzgut Landschaftsbild

	03 Raumrichtender Verlauf, Höhenschichten Raumkantenwirkung	a) Unterbrechung und Blockierung durch Querverlauf des Straßendammes und Bepflanzungsriegel: Mi **2.2** b) im Trassenquerschnitt mit Wirkung auf Hecken- und Wegeabschnitte: Me, Mi	1) - 2) Richtungsgetreue Überführung des Weges als Brückenbauwerk (mit beidseitiger Heckenanpflanzung, s.o.): A5 (in Pflanzwannen) Zeitziel: Zeitgleich mit Bauabschluß	0 %
x + 443 - x + 450 (7 m) (0.02 ha)	4 Deich 4.1 - 4.3 Form (Trapezprofil) Farbe, keine Transparenz	a) Herausnahme, Verlust **2.1** b) im Trassenquerschnittsbereich: Mi	1) - 2) - 3) -	100%
	04 raumrichtender Kantenverlauf (für Bildareale 4 und 5)	a) Unterbrechung und Blockierung durch Querverlauf des Straßendammes und Bepflanzungsriegel: Mi **2.2** b) im Trassenquerschnitt mit Wirkung auf Deichabschnitte: Me, Mi	1) - 2) - 3) -	100% 0.02 ha (z.B. Abriß einer landschaftsbildverunstaltenden technischen Anlage)

Fortsetzung der Legende zur Karte 4.3

Tabellarische Gegenüberstellung von Beeinträchtigung, Ausgleichs- und Ersatzmaßnahmen beim Schutzgut Landschaftsbild

x + 400 - x + 450 (50 m) (0.16 ha)	5	Komplexer Block aus Graben, doppelreihiger Hecke mit Mittelweg, Deich	a) KFZ-Geräusche ❷.3 b) Verlärmung und Luftverschmutzung im Trassen- und Seitenbereich (beidseitig) bis mind. 300 m: Me, Mi	1) - 2) - 3) -	100%	0.16 ha (z.B. Schließen einer größeren Lücke einer Allee)
		5.1 Laute/Naturgeräusche 5.2 Gerüche 5.3 Relative Bewegungsarmut: ruhende Anordnung			
	05	Parallelität: raumrichtungsgebender Verlauf	a) Unterbrechung und Blockierung durch Querverlauf des Straßendammes und Bepflanzungsriegels b) im Trassenquerschnitt mit Wirkung auf seitliche Abschnitte: Me, Mi	1) - 2) Richtungstreue Fortsetzung des Weges und der Heckenzüge über die Autobahn hinweg (s.o.) 3) -	80%	

Bilanz: Von der maximal erreichbaren Beeinträchtigungsquote (13x100%) werden 5 Punkte (ca. 25%) ausgeglichen. Zusätzliche Ersatzmaßnahmen sind durch den nicht ausgleichsfähigen Teil von 75% erforderlich.

4. Zusammenfassung

Zum vorrangigsten Ziel der Eingriffsregelung zählt die Vermeidung von Eingriffen. So auch in bezug auf das Schutzgut Landschaftsbild im Sinne des Bundesnaturschutzgesetzes § 8.

Hierzu bedarf es jedoch objektiver Kriterien und planerisch praktikabler Methoden, mit deren Hilfe der Landschaftscharakter bestimmt und die daraus resultierenden Empfindlichkeiten für Eingriffstypen abgeleitet werden können. Darüber hinaus sind verständliche Hinweise erforderlich, mit deren Hilfe die Erheblichkeit und Nachhaltigkeit von Eingriffen, die Fläche von Ausgleichs- und Ersatzmaßnahmen festgelegt und die Restbeeinträchtigungen bilanziert werden können.

Auf räumlich-normativer Basis werden in diesem methodischen Beitrag Hinweise entwickelt, wie der Vorhabensträger schon frühzeitig schonend auf das Landschaftsbild reagieren und das Projekt nach Lage, Ausrichtung, Gestalt und Dimension in den herrschenden Bildaufbau integrieren kann. Hierzu wird das Landschaftsbild ganzheitlich-räumlich gegliedert, strukturell und gestalthaft beschrieben und nach Sichtverhältnissen differenziert. Des weiteren werden Hinweise gegeben, wie die Erheblichkeit und Nachhaltigkeit von Eingriffen bestimmt und die erforderlichen Ausgleichs- und Ersatzmaßnahmen flächenmäßig und strukturell herzuleiten und zu planen sind.

Mit Bezug auf die verschiedenen Stufen der Eingriffsregelung bzw. Projektplanung werden die Kriterien und Sachdaten so aufbereitet, daß sie für die jeweilige Planungs- und Entscheidungsstufe in räumlicher und struktureller Sicht effizient sind: vorinformierend, standortdifferenzierend, maßnahmenkonkretisierend.

Anhand realer Landschaftsbilder werden die planungsrelevanten Hinweise als methodische Bausteine eingesetzt. Es werden die in der Praxis relevanten Untersuchungs-, Planungs- und Entscheidungsschritte nachvollzogen und mit den Arbeitsmitteln von Planern und Naturschutzexperten/-verwaltungen dargestellt (kartographisch, zeichnerisch, fotografisch, textlich-tabellarisch, verbal-argumentativ und skalierend-wertend).

Die hier vorgestellten Hinweise zur Berücksichtigung des Landschaftsbildes in der Eingriffsregelung sollen zur Versachlichung des ästhetischen Anliegens von Naturschutz und Landschaftspflege beitragen. Sie leisten einen methodischen Beitrag auf räumlich-normativer Ebene und bilden somit eine Basis für die inhaltliche Gleichbehandlung des Schutzgutes Landschaftsbild mit anderen Naturschutzanliegen im öffentlichen Planungs-, Verwaltungs- und Abwägungsbereich.

5. Literaturverzeichnis

5.1 Allgemeine Literatur

ACHLEITNER, F. (1978a): Landschaft als Lebensraum. - In: ACHLEITNER, F. (Hrsg.): Die Ware Landschaft. Eine kritische Analyse des Landschaftsbegriffs. - Salzburg: Residenz Verl., S. 127 - 133.

ACHLEITNER, F. (1978b): Über das Verhältnis von Bauen und Landschaft. - In: ACHLEITNER, F. (Hrsg.): Die Ware Landschaft. Eine kritische Analyse des Landschaftsbegriffs. - Salzburg: Residenz Verl., S. 61 - 82.

ADORNO, T.W. (1981): Ästhetische Theorie, 5. Aufl. - Frankfurt a.M.: Suhrkamp Verl., 569 S.

ARNHEIM, R. (1965): Kunst und Sehen. Eine Psychologie des schöpferischen Auges. - Berlin: W. De Gruyter Verl. u.a., 436 S.

BANSE, E. (1928): Landschaft und Seele. Neue Wege der Untersuchung und Gestaltung. - München und Berlin: R. Oldenbourg Verl., 469 S.

BAUMGARTEN, K. & HEIM, A. (1991): Landschaft und Bauernhaus in Mecklenburg, 2. Aufl. - Berlin: Verl. für Bauwesen, 168 S.

BLAIR, W.G.E. (1983): Die Analyse des Landschaftsbildes in der US - Praxis. - Garten und Landschaft 93 (8), S. 606 - 609.

BLUME, H. (1991): Das Relief der Erde. - Stuttgart: Ferdinand Enke Verl., 140 S.

BOHN, U. & LOHMEYER, W. (1980): Solitärbäume als lebende Gestaltmerkmale in den landwirtschaftlich genutzten Gebieten der Rhön des Vogelsberges und des Westerwaldes. - Natur und Landschaft 55 (9), S. 355 - 361.

BORN, M. (1977): Geographie der ländlichen Siedlungen. Bd. 1: Die Genese der Siedlungsformen in Mitteleuropa. - Stuttgart: Verl. B.G. Teubner, 228 S.

BRIEM, E. & OELMANN P. (Hrsg.) (o.J.): Geländeformen. Atlas zur Geomorphologie typischer Geländeformen. - Karlsruhe: Heinz W. Holler Verl.

BRINK, A. & WÖBSE, H.H. (1989): Die Erhaltung historischer Kulturlandschaften in der Bundesrepublik Deutschland. Untersuchung zur Bedeutung und Handhabung von § 2, Grundsatz 13, des Bundesnaturschutzgesetzes. - Hannover: Universität, Institut für Landschaftspflege und Naturschutz. o.O. (Bonn): Bundesminister für Umwelt, Naturschutz und Reaktorsicherheit o.J. (1990), 121 S.

BUCHWALD, K. (1968): Naturnahe und ihnen verwandte, vom Menschen mitgeschaffene Elemente der Kulturlandschaft. - In: BUCHWALD, K. & ENGELHARDT, W. (Hrsg.): Handbuch für Landschaftspflege und Naturschutz, Bd. 2: Pflege der freien Landschaft. - München: Bayer. Landwirtschaftsverl., S. 11 - 69.

BUNDESANSTALT FÜR GEOWISSENSCHAFTEN UND ROHSTOFFE (Hrsg.) (1993): Geologische Karte der BRD 1 : 1.000.000. - Hannover: Bundesanstalt für Geowissenschaften und Rohstoffe.

BUNDESANSTALT FÜR GEOWISSENSCHAFTEN UND ROHSTOFFE UND DER GEOLOGISCHEN LANDESÄMTERN IN DER BUNDESREPUBLIK DEUTSCHLAND (Hrsg.) (1982): Bodenkundliche Kartieranleitung, 3. Aufl. - Hannover: AG Bodenkunde, 331 S.

BUNDESFORSCHUNGSANSTALT FÜR NATURSCHUTZ UND LANDSCHAFTSÖKOLOGIE (BFANL) (Hrsg.): Landschaftsbild - Eingriff - Ausgleich. Handhabung der naturschutzrechtlichen Eingriffsregelung für den Bereich Landschaftsbild. Dokumentation einer Arbeitstagung vom 12. bis zum 14. September 1990 in Bonn. - Bonn-Bad Godesberg: BFANL 1991, 244 S.

BURCKHARDT, L. (1978): Landschaftsentwicklung und Gesellschaftsstruktur. In: ACHLEITNER, F. (Hrsg.): Die Ware Landschaft. Eine kritische Analyse des Landschaftsbegriffs. - Salzburg: Residenz Verl., S. 9 - 15.

BURCKHARDT, L. (1979): Warum ist Landschaft so schön? - Basler Magazin Nr. 45, vom 10.11.79.

BURCKHARDT, L. (1991): Künftige Landschaftsbilder. - Garten und Landschaft **101** (3), S. 25 - 29.

CAROL, H. (1957): Grundsätzliches zum Landschaftsbegriff. - In: PAFFEN, K. (Hrsg.) (1973): Das Wesen der Landschaft. - Darmstadt: Wiss. Buchgesellschaft, S. 142 - 155.

DÄUMEL, G. (1969): Das Ästhetische in der Landespflege. - Landschaft und Stadt **1** (3), S. 129 - 133.

DE JONGE, D. (1970): Die Beziehungen des Menschen zur modernen Umgebung. - Das Gartenamt **19** (2), S. 55 - 58.

DEUTSCHE GESELLSCHAFT FÜR KARTOGRAPHIE E.V. (Hrsg.) (1992): Ausbildungsleitfaden Kartograph/Kartographin. - Dortmund: Arbeitskreis Aus- und Weiterbildung, Loseblattausgabe.

DONGUS, H. (1980): Die geomorphologischen Grundstrukturen der Erde. - Stuttgart: Verl. B.G. Teubner, 200 S.

DRIESCH, U. v.d. (1988): Historisch-geographische Inventarisierung von persistenten Kulturlandschaftselementen des ländlichen Raumes als Beitrag zur erhaltenden Planung. - Bonn: Rheinische Friedrich-Wilhelm Universität, Diss., 249 S.

EBERLE, M. (1979): Individuum und Landschaft. Zur Entstehung und Entwicklung der Landschaftsmalerei. - Gießen: Anabas-Verl., 293 S.

EIDGENÖSSISCHES DEPARTEMENT DES INNEREN (1980): Elektrizitätsübertragung und Landschaftsschutz. - Bern.

ELLENBERG, H. (1990): Bauernhaus und Landschaft in ökologischer und historischer Sicht. - Stuttgart: Verl. Eugen Ulmer, 585 S.

FABER, T.F. (1989): Die Luftbildauswertung, eine Methode zur ökologischen Analyse von Strukturveränderungen bei Fließgewässern. - Schriftenreihe für Landschaftspflege und Naturschutz, H. 31. - Bonn-Bad Godesberg: Bundesforschungsanstalt für Naturschutz und Landschaftsökologie, 111 S.

FARCHER, D. (1971): Landschaftsbildbewertung in Tiefenlagen und im Hochgebirge. - Das Gartenamt **20** (6), S. 260 - 271.

FIEDLER, H.J. & HUNGER, W. (1970): Geologische Grundlagen der Bodenkunde und Standortslehre. - Dresden: T. Steinkopff Verl., 382 S.

FISCHER, H. (1985): Naturwahrnehmung im Mittelalter und Neuzeit. - Landschaft und Stadt **17** (3), S. 97 - 110.

GAREIS-GRAHMANN, F.-J. (1993): Landschaftsbild und Umweltverträglichkeitsprüfung. Analyse, Prognose und Bewertung des Schutzgutes "Landschaft" nach dem UVPG. - Beiträge zur Umweltgestaltung, Reihe A 132. - Berlin: Erich Schmidt Verl., 270 S.

GASSNER, E. (1992): Wie teuer ist uns die Erhaltung der traditionellen Kulturlanschaft. - Natur und Landschaft **37** (2), S. 43 - 46.

GESAMTHOCHSCHULE KASSEL (Hrsg.) (1986): Der Beginn der Landschaft. Ein Seminar im Park Wilhelmshöhe, durchgeführt am Studienbereich Architektur, Stadtplanung und Landschaftsplanung am 23.5.1985. - Schriftenreihe 13.S.10. - Kassel: Gesamthochschule, 32 S.

GESAMTHOCHSCHULE KASSEL (Hrsg.) (o.J.): Was ist Landschaft - am Beispiel Riede und Meissner. - Arbeitsbericht des Fachbereichs Stadtplanung und Landschaftsplanung, Heft 14 - Kassel: Gesamthochschule, 104 S.

GIBSON, J.J. (1973): Die Wahrnehmung der visuellen Welt. - Weinheim, Basel: Beltz Verl., 356 S.

GRÖNING, G. (1984): Zur Geschichte der Landschaftsveränderung und ihrer Wahrnehmung. - Das Gartenamt **33** (2), S. 35 - 39.

HARD, G. (1970): Die "Landschaft" der Sprache und die "Landschaft" der Geographen. Semantische und forschungslogische Studien zu einigen zentralen Denkfiguren in der deutschen geographischen Literatur.- Colloquium Geographicum, Bd. 11, Geographisches Institut der Universität Bonn (Hrsg.). - Bonn: F. Dümmlers Verl., 278 S.

HARD, G. (1972): "Landschaft" - Folgerungen aus eigenen Ergebnissen einer semantischen Analyse. - Landschaft und Stadt **4** (2), S. 77 - 89.

HARD, G. (1975): Brache als Umwelt. Bemerkungen zu den Bedingungen ihrer Erlebniswirksamkeit. - Landschaft und Stadt **7** (4), S. 145 - 153.

HARD, G. (1985): Die Landschaft des Künstlers und die des Geographen. In: HOFFMANN, D. (Hrsg.): Landschaftsbilder, Landschaftswahrnehmung, Landschaft. Die Rolle der Kunst in der Geschichte der Wahrnehmung unserer Landschaft. - Loccumer Protokolle 3. - Rehberg-Loccum: Evangelische Akademie, S. 122 - 139.

HARD, G. (1991): Landschaft als professionelles Idol. - Garten und Landschaft **101** (3), S. 13 - 18.

HARD, G. & GLIEDNER, A. (1978): Wort und Begriff Landschaft anno 1976. - In: ACHLEITNER, F. (Hrsg.): Die Ware Landschaft. Eine kritische Analyse des Landschaftsbegriffs. - Salzburg: Residenz Verl. S. 16 - 23.

HARFST, W. (1975): Landschaftsbewertung auf regionaler Ebene. Pragmatische Ermittlung der natürlichen Erholungseignung im badenwürtembergischen Bodenseeraum. - Landschaft und Stadt **7** (3), S. 103 - 113.

HELLPACH, W. (1950): Geopsyche, 6. Aufl. - Stuttgart: Ferdinand Enke Verl., 275 S.

HEMGÅRD, G. (1978): Möglichkeiten der visuellen Strukturerhaltung dargestellt am Beispiel des Weinbauortes Weyer/Pfalz. - Hannover: Universität, Lehrstuhl für Grünplanung, Landschaftsplanung der Ballungsräume, Arbeitspapier 3, 48 S.

HERINGER, J.K. (1981): Landschaftsbild - Eigenart und Schönheit. - In: Tagungsbericht der Akademie für Naturschutz und Landschaftspflege (ANL), Heft 7: Beurteilung des Landschaftsbildes. Wiss. Seminar vom 1. - 3. Juli 1981. - Laufen/ Salzach: ANL, S. 12 - 22.

HOFMANN, W. & LOUIS, H. (Hrsg.) (1969): Landformen im Kartenbild. Topographisch-geomorphologische Kartenproben 1:25.000, Gruppe II: Mittelgebirge. - Braunschweig: G. Westermann Verl., 12 S.

HOFMANN, W. & LOUIS, H. (Hrsg.) (1974): Landformen im Kartenbild. Topographisch-geomorphologische Kartenproben 1:25.000, Gruppe I: Norddeutsches Flachland. - Braunschweig: G. Westermann Verl., 12 S.

HÖH, R. & HÖH, P. (1991): Ostseeküste Mecklenburg. Urlaubshandbuch, 2. Aufl. - Bielefeld: P. Rump Verl., 305 S.

HÖNES, E.R. (1982): Der neue Grundsatz des §2, Abs.1, Nr.13 des BNatSchG.. - Natur und Landschaft 57 (6), S. 207 - 211.

INSTITUT FÜR ANGEWANDTE GEODÄSIE (Hrsg.) (1980): Die nordischen Vereisungen in Mitteleuropa. - Forschungen zur Deutschen Landeskunde, Bd. 204, Frankfurt a.M.: Ivis-Verl.

INSTITUT FÜR DENKMALPFLEGE DER DDR (Hrsg.) (1982): Die Bau- und Kunstdenkmale in der DDR. Bezirk Neubrandenburg. - München: C.H. Beck Verl., 492 S.

INSTITUT FÜR DENKMALPFLEGE DER DDR (Hrsg.) (1990): Die Bau- und Kunstdenkmale in der DDR. Mecklenburgische Küstenregion. - Berlin: Henschel Verl., 512 S.

JACSMAN, J. & SCHILTER, R.C. (1976): Zur Bewertung der Erholungseignung der Landschaft. DISP - Dokumente und Informationen zur Schweizerischen Orts-, Regional- und Landesplanung Nr. 42. - Zürich: Eidgenössische Technische Hochschule, S. 16 - 20.

JEDICKE, L. & JEDICKE, E. (1992): Farbatlas Landschaften und Biotope Deutschlands. - Stuttgart: Verl. Eugen Ulmer, 320 S.

KAULE, G. (1986): Arten- und Biotopschutz. - Stuttgart: Verl. Eugen Ulmer, 461 S.

KERN, H., PRADT, H., SMEETS, P. & WERBECK, M. (1977): Zur Gestalt der Landschaft. - Das Gartenamt 26 (8), S. 504 - 511.

KIEPE, F. (1990): Verunstaltung des Ortsbildes durch Gewerbebetriebe im Außenbereich. - Natur und Landschaft 65 (10), S. 508 f.

KLIEWE, H. et al. (1990): Ostseeküste, mittlerer und östlicher Teil, 2. Aufl. - Gotha: Geograph.-Kartographische Anstalt, H. Haack Verl.

KLING, W. (1991): Rund um Mecklenburgs Seen. Streifzüge durch Land und Wasser. - Berlin: Verl. Schelzky & Jeep, 155 S.

KOCH, M.: Straßen, Kap. 4595, S.1 - 74. - In: STORM, P. & BUNGE, T. (Hrsg.): Handbuch der Umweltverträglichkeitsprüfung (HdUVP). Ergänzbare Sammlung der Rechtsgrundlagen, Prüfungsinhalte und -methoden für Behörden, Unternehmen, Sachverständige und die juristische Praxis. - Berlin, Bielefeld, München: Erich Schmidt Verl. 1989, Loseblattausg., 2. Lfg.

KOHL, H., MARCINEK, J. & NITZ, B. (1981): Geographie der DDR. - Studienbücherei für Lehrer, Bd. 7. - Gotha, Leipzig: VEB H. Haack Verl., 184 S.

KOLODZIEJCOK, K.-G. & RECKEN, J. (1977 fortlfd.): Naturschutz, Landschaftspflege und einschlägige Regelungen des Jagd- und Forstrechts. Ergänzbarer Kommentar mit vollständiger Sammlung der Bundesgesetze nebst Durchführungsverordnungen und Verwaltungsvorschriften der internationalen Übereinkommen sowie des EG-Rechts. - Berlin, Bielefeld, München: Erich Schmidt Verl, 5. Lfg.

KRAUSE, C.L. (1981): Landschaftsbildforschung und Umsetzung der Ergebnisse. - Natur und Landschaft 65 (10), S. 373 - 376.

KRAUSE, C.L. (1985): Zur planerischen Sicherung der Landschaftsbildqualitäten im Eingriffsfall. - In: LINGENAUBER, K. (Bearb.): Eingriffe in Natur und Landschaft durch Fachplanungen und private Vorhaben. Dokumentation zum 183. Kurs des Instituts für Städtebau Berlin gemeinsam mit der Bundesforschungsanstalt für Naturschutz und Landschaftsökologie, Bonn vom 28. bis 30. Mai 1984 in Grünberg/Hessen, S. 136-152. - Berlin: Institut für Städtebau Berlin der Deutschen Akademie für Städtebau und Landesplanung 1985 (= Veröff. d. Inst. f. Städtebau Berlin der Deutschen Akaddemie für Städtebau und Landesplanung, Bd. 37).

KRAUSE, C.L. & ADAM, K. (1983): Landschaftsbilder der Bundesrepublik Deutschland. - In: KRAUSE, C.L., ADAM, K & SCHÄFER, B.: Landschaftsbildanalyse. Methodische Grundlagen zur Ermittlung der Qualität des Landschaftsbildes, S. 52 - 113. - Bonn-Bad Godesberg: Bundesforschungsanstalt für Naturschutz und Landschaftsökologie, Schriftenreihe für Landschaftspflege und Naturschutz, Heft 25, 168 S.

KRAUSE, C.L. & LANGER, G. (1995): Landschaftswandel über die Jahrhunderte. - In: ALTNER, G. et al. (Hrsg.): Jahrbuch Ökologie 1996. - München: Verl. C.H. Beck, S. 101 - 119.

KRAUSE, C.L. & WINKELBRANDT, A. (1982): Diskussionsbeitrag zur Bestimmung von Eingriff, Ausgleich und Ersatz. - Natur und Landschaft 57 (11), S. 392 - 394.

KRAUSS, K.O. (1974): Ästhetische Bewertungsprobleme in der Landschaftsplanung. - Landschaft und Stadt 6 (1), S. 27 - 38.

KRYSMANSKI, R. (1971): Die Nützlichkeit der Landschaft. Überlegungen zur Umweltplanung. - Beiträge zur Raumplanung, Bd. 9, Zentralinstitut für Raumplanung an der Universität Münster (Hrsg.). - Düsseldorf: Bertelsmann Universitätsverl.

KUHN, W. (1980): Steigerung des Erlebniswertes einer Landschaft durch Flurbereinigung? - Natur und Landschaft 57 (6), S. 259 - 260.

LANDESFREMDENVERKEHRSVERBAND MECKLENBURG-VORPOMMERN (Hrsg.) (1992): Mecklenburg-Vorpommern: Kultur. - Rostock: Konrad Reich Verl., 80 S.

LEHMANN, H. (1950): Die Physiognomie der Landschaft. - In: PAFFEN, K. (Hrsg.) (1973): Das Wesen der Landschaft. - Darmstadt: Wiss. Buchgesellschaft, S. 39 - 70.

LESER, H. et al. (1992): Diercke Wörterbuch der Allgemeinen Geographie, Bd. 1 u. 2, 6. Aufl. - München, Braunschweig: Westermann Verl.

LESER, H. et al. (1993): Wörterbuch Ökologie und Umwelt. Bd. 1 u. 2. - München, Braunschweig: Westermann Verl.

LESER, H. & PANZER, W. (1981): Geomorphologie. - Braunschweig: G. Westermann Verl., 216 S.

LESER, H. & STÄBLEIN, G. (1978): Legende der Geomorphologischen Karte 1:25.000 (GMK 25), 3. Fassung im GMK-Schwerpunktprogramm. - Berliner Geographische Abhandlungen, Heft 30.

LIENAU, C. (1986): Geographie der ländlichen Siedlungen. Braunschweig: G. Westermann Verl., 192 S.

LOIDL, H.J. (1981): Landschaftsbildanalyse - Ästhetik in der Landschaftsgestaltung? - Landschaft und Stadt 11 (1), S. 7 - 19.

LORENZ, H. (1971): Trassierung und Gestaltung von Straßen und Autobahnen. - Wiesbaden, Berlin: Bauverl., 440 S.

MACHATSCHEK, F. (1973): Geomorphologie. - Stuttgart: Westermann Verl., 256 S.

MADER, R. (1991): An den Seen in Mecklenburg. - Niedernhausen: Falken-Verl., 96 S.

MARCINEK, J. & Nitz, B. (1973): Das Tiefland der DDR: Leitlinien seiner Oberflächengestaltung. - Gotha, Leipzig: VEB H. Haack Verl., 288 S.

MERLEAU-PONTY, M. (1966): Phänomenologie der Wahrnehmung. - Berlin: De Gruyter Verl., 535 S.

MINISTERIUM FÜR STADTENTWICKLUNG UND VERKEHR DES LANDES NORDRHEIN-WESTFALEN (MSWV) (Hrsg.) (1990): Denkmalschutz und Denkmalpflege in Nordrhein-Westfalen. Bericht 1980 - 1990. - Düsseldorf: MSWV, 240 S.

MÜCKENHAUSEN, E. (1975): Die Bodenkunde und ihre geologischen, geomorphologischen, mineralogischen und petrologischen Grundlagen. - Frankfurt a.M: DLG-Verl., 579 S.

NACHTIGALL, W. (1986): Lebensräume - Mitteleuropäische Landschaften und Ökosysteme. - München, Wien, Zürich: BLV Verl.-Ges., 223 S.

NEEF, E. (1955/56): Einige Grundfragen der Landschaftsforschung. - In: PAFFEN, K. (Hrsg.) (1973): Das Wesen der Landschaft. - Darmstadt: Wiss. Buchgesellschaft, S. 113 - 141.

NOHL, W. (1973): Landschaft als Erlebnis. - Das Gartenamt 22 (7), S. 400 - 405.

NOHL, W. (1977): Messung und Bewertung der Erlebniswirksamkeit von Landschaften. - KTBL-Schrift 218. - Darmstadt: Kuratorium für Technik und Bauwesen in der Landwirtschaft, 244 S.

NOHL, W. (1980): Ermittlung der Gestalt- und Erlebnisqualität. In: BUCHWALD, K. & ENGELHARDT, W. (Hrsg.): Handbuch für Planung, Gestaltung und Schutz der Umwelt, Bd. 3: Die Bewertung und Planung der Umwelt. - München, Wien, Zürich: BLV Verl.-Ges., S. 212 - 230.

NOHL, W. (1982a): Über den praktischen Sinn ästhetischer Theorie in der Landschaftsplanung, dargestellt am Beispiel der Einbindung baulicher Strukturen in die Landschaft. - Landschaft und Stadt 12 (14), S. 49 - 55.

NOHL, W. (1982b): Zur Anwendbarkeit umweltpsychologischer Erkenntnisse in der Planung. - Landschaft und Stadt 14 (4), S. 159 - 164.

NOHL, W. (1982c): Das Naturschöne im Konzept der städtischen Freiraumplanung. - Das Gartenamt 31, S. 525 - 532.

OTTO, F. (1989): Störung des Landschaftsbildes durch ungenehmigte bauliche Anlagen. - Natur und Landschaft 64 (12), S. 594.

PAFFEN, K. (1953): Der Landschaftsbegriff als Problemstellung. - In: PAFFEN, K. (Hrsg.) (1973): Das Wesen der Landschaft. - Darmstadt: Wiss. Buchgesellschaft, S. 71 - 112.

PIAGET, J. & INHALDER, B. et al. (1971): Die Entwicklung des räumlichen Denkens beim Kinde. - Stuttgart: Ernst Klett Verl., 565 S.

RATHJENS, G. (1979): Die Formung der Erdoberfläche unter dem Einfluß des Menschen. - Stuttgart: Verl. B.G. Teubner, 160 S.

REDAKTION GEOGRAPHIE (Hrsg.) (1988): Oberflächenformen der Erde. - Stuttgart: Ernst Klett Verl., 87 S.

RITTER, J. (1963) Landschaft. Zur Funktion des Ästhetischen in der modernen Gesellschaft. In: RITTER, J. (1974): Subjektivität. - Frankfurt a.M.: Suhrkamp Verl., S. 141 - 163.

SCHEFFER, F. & SCHACHTSCHABEL, P. (1989): Lehrbuch der Bodenkunde, 12. Aufl. - Stuttgart: Ferdinand Enke Verl., 491 S.

SCHICK, M. (1988): Zur Methode des Auswerten topographischer Karten, 5. Aufl. - Veröffentlichung aus dem Geographischen Institut der TH Darmstadt, Heft 1. - Darmstadt, Bonn, 42 S.

SCHMIDT, G. (1969): Vegetationsgeographie auf ökologisch-soziologischer Grundlage. - Leipzig: B.G. Teubner Verl., 596 S.

SCHMITHÜSEN, J. (1961): Natur und Geist in der Landschaft. - Natur und Landschaft **36** (9), S. 70 -73.

SCHMITHÜSEN, J. (1963): Was ist eine Landschaft? - In: PAFFEN, K. (Hrsg.) (1973): Das Wesen der Landschaft. - Darmstadt: Wiss. Buchgesellschaft, S. 156 - 174.

SCHÖPPNER, A. (1985): Methoden zur Bewertung der Landschaft für Freizeit und Erholung. - Natur und Landschaft **60** (1), S. 16 - 19.

SCHROEDER, D. (1984): Bodenkunde in Stichworten, 4. Aufl. - Würzburg: Ferdinand Hirt Verl., 160 S.

SCHROEDER-LANZ, H. & Zentralausschuß für deutsche Landeskunde (Hrsg.) (1979): Geographisch-landeskundliche Erläuterungen zur Topographischen Karte 1 : 50.000, Auswahl A: Norddeutsches Tiefland. - Trier: Selbstverl., 81 S.

SCHULTZE, J. H. (1955): Die Naturbedingten Landschaften der Deutschen Demokratischen Republik. - Gotha: Geographisch-Kartographische Anstalt, 329 S.

SCHULZ, G. (1991): Lexikon zur Bestimmung der Geländeformen in Karten, 2. Aufl. - Berliner Geographische Studien, Bd. 28. - Berlin: Selbstverl., 359 S.

SCHWAHN, C. (1990): Landschaftsästhetik als Bewertungsproblem. Zur Problematik der Bewertung ästhetischer Qualität von Landschaft als Entscheidungshilfe bei der Planung von landschaftsverändernden Maßnahmen. - Beiträge zur räumlichen Planung, Heft 28. - Hannover: Universität, Institut für Landschaftspflege und Naturschutz, Diss., 189 S.

SCHWARZ, G. (1966): Allgemeine Siedlungsgeographie, 3. Aufl. - Berlin: W. de Gruyter Verl., 751 S.

SCHWEPPE-KRAFT, B. (1994): Naturschutzfachliche Anforderungen an die Eingriffs - Ausgleichs - Bilanzierung. - Naturschutz und Landschaftsplanung **26** (1/2), Heft 1: S. 5 - 12, Heft 2: S. 69 - 73.

SCHWIND, M. (1950): Sinn und Ausdruck der Landschaft. - In: PAFFEN, K. (Hrsg.) (1973): Das Wesen der Landschaft. - Darmstadt: Wiss. Buchgesellschaft, S. 353 - 366.

SMUDA, M. (Hrsg.) (1986): Landschaft. - Frankfurt a.M.: Suhrkamp Verl., 311 S.

SÖHNGEN, H.H. (1979): Anmerkungen zum Kartierungs- und Bewertungsverfahren von Grothe, Marks & Vuong. - Natur und Landschaft 54 (11), S. 381.

SPERLICH, M. (1979): Das neue Arkadien. Der Garten als utopische Landschaft. - Neue Heimat, Monatszeitschrift für neuzeitlichen Wohnungs- und Städtebau 6, S. 10 - 23.

TOMASEK, W. (1979): Die Stadt als Ökosystem - Überlegungen zum Vorentwurf Landschaftsplan Köln. - Landschaft und Stadt, 11 (2), S. 51 - 60.

ULLERICH, A. & UNGERICHT, H. (1977): Die Architektur der Landschaft. Die Zurückführung des heutigen Landschaftsbildes auf historische Zusammenhänge und die Folgen für den Regionalplaner. - Stadtbauwelt 55 (9), S. 192 - 196.

WEBER, H. (1992): Historische Kulturlandschaften, Bibliographie Nr. 65. Sonderheft der Dokumentation Natur und Landschaft Nr. 19. - Köln: Deutscher Gemeindeverl.

WENZEL, J. (1991): Über die geregelte Handhabung von Bildern. - Garten und Landschaft 101 (3), S. 19 - 24.

WILHELMY, H. (1972): Geomorphologie in Stichworten, Bd. 3. - Würzburg: Ferdinand Hirt Verl., 186 S.

WINKELBRANDT, A. (1991): Anforderungen der Eingriffsregelung an die Erfassung. - In: BUNDES-FORSCHUNGSANSTALT FÜR NATURSCHUTZ UND LANDSCHAFTSÖKOLOGIE (BFANL) (Hrsg.): Landschaftsbild - Eingriff - Ausgleich. Handhabung der naturschutzrechtlichen Eingriffsregelung für den Bereich Landschaftsbild. Dokumentation einer Arbeitstagung vom 12. bis zum 14. September 1990 in Bonn. - Bonn-Bad Godesberg: BFANL, S. 229 - 232.

WÖBSE, H.H. (1981): Landschaftsästhetik - Gedanken zu einem einseitig verwendeten Begriff. - Landschaft und Stadt 23 (4), S. 152 - 160.

WÖBSE, H.H. (1984): Erlebniswirksamkeit der Landschaft und Flurbereinigung - Untersuchungen zur Landschaftsästhetik. - Landschaft und Stadt 16 (1/2), S. 33 - 54.

WÖBSE, H.H. (1987): Die Einheit von Materie, Geist und Seele. Über die Sinnhaftigkeit einer Synthese natur- und geisteswissenschaftlicher Erkenntnisse für die Ethik-Diskussion. - Landschaft und Stadt 19 (1), S. 1 - 12.

WORMBS, B. (1978): Über den Umgang mit Natur. Landschaft zwischen Illusion und Ideal. - Frankfurt a.M.: Verl. Roter Stern, 235 S.

ZÖLLNER, G. (1991): Ästhetische Leitbilder in der Flurbereinigung. - Garten und Landschaft 101 (3), S. 30 - 40.

5.2 In der Synopse ausgewertete Verfahren

ACKEN, D. VAN & KRAUSS, K.A. (1973): Landschaftsbild und Industriebauten. - Das Gartenamt 22 (1), S. 3 - 16.

ADAM, K., NOHL, W. & VALENTIN, W. (1989): Bewertungsgrundlagen für Kompensationsmaßnahmen bei Eingriffen in die Landschaft, 2. Aufl. - Düsseldorf: Minister für Umwelt, Raumordnung und Landwirtschaft des Landes Nordrhein Westfalen, 399 S.

ASSEBURG, M., HÜHN, W. & WÖBSE, H.H. (1985): Landschaftsbild und Flurbereinigung. Die Veränderung des Erlebniswertes ausgewählter Landschaftsräume Niedersachsens durch landwirtschaftliche Maßnahmen und Vorschläge für seine Steigerung im Rahmen von Flurbereinigungsverfahren. - Beiträge zur räumlichen Planung, Heft 12. - Hannover: Universität, Institut für Landschaftspflege und Naturschutz, 218 S.

ATKINS, J.T. & BLAIR, W.G.E. (1983): Visuelle Auswirkungen verschiedener Trassen einer Fernstraße. - Garten und Landschaft 93 (8), S. 632 - 635.

AUWECK, F.-A. (1978): Kartierung von Kleinstrukturen in der Kulturlandschaft. - Natur und Landschaft 53 (3), S. 84 - 89.

AUWECK, F.-A. (1979): Kartierung von Kleinstrukturen in der Kulturlandschaft. - Natur und Landschaft 54 (11), S. 382 - 387.

BAUER, F., FRANKE, J. & GÄTSCHENBERGER, K. (1979a): Die Wirkung agrarstruktureller Maßnahmen auf die Erlebnisqualität der Erholungslandschaft. - Schriftenreihe des Bundesministeriums für Ernährung, Landwirtschaft und Forsten, Reihe B: Flurbereinigung, Heft 68. - Münster-Hiltrup: Landwirtschaftsverl., 123 S.

BAUER, F., FRANKE, J. & GÄTSCHENBERGER, K. (1979b): Zur Messung der Erlebniswirksamkeit von Landschaften. - Natur und Landschaft 54 (7,8), S. 236 - 240.

BECHMANN, A. & JOHNSON, B. (1980): Ein systemanalytisches Verfahren zur Landschaftsbildbewertung. - Landschaft und Stadt 12 (2), S. 55 - 68.

BIELEFELD & GILLICH, Landschaftsplanung Trier (1991): Landschaftsplanung Verbandsgemeinde Winnweiler. Beitrag zum Flächennutzungsplan der Verbandsgemeinde Winnweiler, Donnersbergkreis. - Oppenheim: Landesamt für Umweltschutz u. Gewerbeaufsicht, Rheinland-Pfalz, 87 S.

BIERHALS, E., KIEMSTEDT, H. & PANTELEIT, S. (1986): Gutachten zur Erarbeitung der Grundlagen des Landschaftsplanes in NRW - entwickelt am Bespiel "Dorstener Ebene". - Düsseldorf: Landesamt für Agrarordnung NW, Technische Zentralstelle, 185 S.

BORCHERT, J. & WINKELBRANDT, A. (1979): Untersuchung der visuellen Wirkungen von Straßenbepflanzungen. - Natur und Landschft 54 (10), S. 347 - 352.

DABER, J. (1991): Praxisorientierte Berücksichtigung des Landschaftsbildes in der Eingriffsregelung. - In: BUNDESFORSCHUNGSANSTALT FÜR NATURSCHUTZ UND LANDSCHAFTS-ÖKOLOGIE (BFANL) (Hrsg.): Landschaftsbild - Eingriff - Ausgleich. Handhabung der naturschutzrechtlichen Eingriffsregelung für den Bereich Landschaftsbild. Dokumentation einer Arbeitstagung vom 12. bis zum 14. September 1990 in Bonn. - Bonn-Bad Godesberg: BFANL 1991, S. 143 - 154.

ERINGIS, K. & BUDRIANAS, A.R. (1972): Zur strukturell-ästhetischen Bewertung der Landschaften. - Archiv für Naturschutz und Landschaftsforschung (12), S. 315 - 324.

EVANS, B. (1991): Visual Assessment Of Bridge Crossings. - Garten und Landschaft **101** (3), S. 40 - 44.

FELLER, N. (1979): Landschaftsbildbewertung. - Natur und Landschaft **56** (7,8), S. 240 - 245.

FELLER, N. (1981): Beurteilung des Landschaftsbildes. - In: Tagungsbericht der Akademie für Naturschutz und Landschaftspflege (ANL), Heft 7: Beurteilung des Landschaftsbildes. Wiss. Seminar vom 1. - 3. Juli 1981. - Laufen/Salzach: ANL, S. 33 - 39.

GESAMTHOCHSCHULE KASSEL (Hrsg.) (1977): Ästhetik der Landschaft. Ästhetische Theorie und Praxis am Beispiel des nordhessischen Dorfes Riede. - Schriftenreihe 01, Heft 018. - Kassel: Gesamthochschule, Organisationseinheit Architektur, Stadtplanung, Landschaftsplanung, 83 S.

GROTHE, H., MARKS, R. & VUONG, V. (1979): Die Kartierung und Bewertung gliedernder und belebender Landschaftselemente im Rahmen der Landschafts- und Freiraumplanung. - Natur und Landschaft **54** (11), S. 375 - 380.

HERRCHEN, D., KRAUSE, C.L. & SCHMIDT, C. (1987): Landschaftsbildgutachten zur Beweissicherungssache Abwasserkanal 714 (Az.: H 24/86) i.A. des Amtsgerichts Seligenstadt, Wiesbaden, unveröffentlicht.

HERRCHEN, D., KRAUSE, C.L. & SCHMIDT, C. (1988): Landschaftsbildgutachten zur Beweissicherungssache Volkspark Niddatal (Az.: 4 S 2432/87) i.A. des VGH Kassel, Wiesbaden, unveröffentlicht.

HOISL, R., NOHL, W. & ZEKORN-LÖFFLER, S. (1991): Verprobung des Verfahrens der landschaftsästhetischen Vorbilanz. Materialien zur ländlichen Neuordnung, Heft 27. - München: Bayerisches Staatsministerium für Ernährung, Landwirtschaft und Forsten, 128 S.

HOISL, R., NOHL, W. & ZEKORN-LÖFFLER, S. (1992a): Landschaftsbildschutz in der Flurbereinigung. - Zeitschrift für Kulturtechnik und Landentwicklung 33, S. 344 - 351.

HOISL, R., NOHL, W. & ZEKORN-LÖFFLER, S. (1992b): Flurbereinigung und Landschaftsild. Entwicklung eines landschaftsästhetischen Bilanzierungsverfahrens. - Natur und Landschaft **67** (3), S. 105 - 110.

HOISL, R., NOHL, W. & ZÖLLNER, G. (1985): Lanschaftsästhetik in der Flurbereinigung. Skizze eines Forschungsprojekts. - Zeitschrift für Kulturtechnik und Flurbereinigung (26), S. 346 - 353.

HOISL, R., NOHL, W. & ZÖLLNER, G. (1987): Landschaftsästhetik in der Flurbereinigung. Empirische Grundlagen zum Erlebnis der Agrarlandschaft. - Materialien zur Flurbereinigung, Heft 11. - München: Bayerisches Staatsministerium für Ernährung, Landwirtschaft und Forsten, 161 S.

HOISL, R., NOHL, W. & ZÖLLNER, G. (1989): Verfahren zur landschaftsästhetischen Vorbilanz. Abschlußbericht eines Forschungsvorhabens. - Materialien zur Flurbereinigung, Heft 17. - München: Bayerisches Staatsministerium für Ernährung, Landwirtschaft und Forsten, 265 S.

JACOB, H. (1973): Zur Messung der Erlebnisqualität von Erholungs-Waldbeständen. Eine experimentalpsychologische Analyse als Beitrag zur Umweltgestaltung. - Beiheft 9 zu Landschaft und Stadt. - Stuttgart: Verl. Eugen Ulmer, 124 S.

KAUPA, H. (1982): Erlebniswerte bei wasserbaulichen Planungen und Entscheidungen. - In: KEMMERLING, W., KAUPA, H., RICCABONA, S., & DOLP, M.: Praxis der Landschaftsbildbewertung, Landschaftswasserbau Bd. 4. - Wien: Technische Universität, Institut für Wassergüte und Landschaftswasserbau, S. 7 - 27.

KRAUSE, C.L. (1980): Inhaltliche und methodische Ansätze für den staatlichen Landschaftsbildschutz in Frankreich. - Natur und Landschaft 55 (11), S. 407 - 413.

KRAUSE, C.L. (1981): Landschaftsbild und Landschaftsplanung. - In: Tagungsberichte der Akademie für Landschaftspflege (ANL), Heft 7: Beurteilung des Landschaftsbildes. Wiss. Seminar vom 1. - 3. Juli 1981. - Laufen/Salzach: ANL, S. 40 - 50.

KRAUSE, C.L. (1987a): Jagdeinrichtungen und Landschaftsbild in Schutzgebieten - Jahrbuch für Naturschutz und Landschaftspflege, Heft 40, S. 128 - 154.

KRAUSE, C.L. (1987b): Arbeitsmaterialien und Konzept zur Untersuchung der visuellen Wirkungen von Freileitungen auf die Landschaft. Unveröffentlicht.

KRAUSE, C.L. (1991): Die Praxis der Landschaftsbilderfassung am Beispiel Straßenbau. - In: BUNDESFORSCHUNGSANSTALT FÜR NATURSCHUTZ UND LANDSCHAFTSÖKOLOGIE (BFANL) (Hrsg.): Landschaftsbild - Eingriff - Ausgleich. Handhabung der naturschutzrechtlichen Eingriffsregelung für den Bereich Landschaftsbild. Dokumentation einer Arbeitstagung vom 12. bis zum 14. September 1990 in Bonn. - Bonn-Bad Godesberg: BFANL, S. 121 - 141.

KRAUSE, C.L., ADAM, K. & SCHÄFER, B. (1983): Landschaftsbildanalyse. Methodische Grundlagen zur Ermittlung der Qualität des Landschaftsbildes. - Schriftenreihe für Landschaftspflege und Naturschutz, Heft 25, Bundesforschungsanstalt für Naturschutz und Landschaftsökologie (BFANL) (Hrsg.). - Bonn-Bad Godesberg: BFANL, 168 S.

MANN, R. (1983): Einschätzung visueller Folgen der Entwicklung eines Küstengebietes. - Garten und Landschaft 93 (8), S. 615 - 618.

NOHL, W. (1976): Erlebniswirksamkeit von Brachflächen (unter Mitarbeit von Helmut Scharpf). - In: BIERHALS, E., GEKLE, L., HARD, G. & NOHL, W.: Brachflächen in der Landschaft. - KTBL-Schrift 195. - Darmstadt: Kuratorium für Technik und Bauwesen in der Landwirtschaft, 132 S.

NOHL, W. (1989): Kompensation bei Eingriffen in das Landschaftsbild. Ergebnisse eines Gutachtens im Auftrag des Landes Nordrhein-Westfalen. - In: BUNDESFORSCHUNGSANSTALT FÜR NATURSCHUTZ UND LANDSCHAFTSÖKOLOGIE (BFANL) & INSTITUT FÜR STÄDTEBAU BERLIN DER DEUTSCHEN AKADEMIE FÜR STÄDTEBAU UND LANDESPLANUNG: Landschaftsplanung als Instrument umweltverträglicher Kommunalentwicklung. Landschaftsplanung, Bauleitplanung, Eingriffsregelung, Baugenehmigung, Umweltverträglichkeitsprüfung (UVP). Dokumentation zum 249. Kurs vom 30. Nov. bis 2. Dez. 1988 in Mainz. - Bonn-Bad Godesberg: BFANL, S. 180 - 189.

NOHL, W. (1991): Konzeptionelle und methodische Hinweise auf landschaftsästhetische Bewertungskriterien für die Eingriffsbestimmung und die Festlegung des Ausgleichs. - In: BUNDESFORSCHUNGSANSTALT FÜR NATURSCHUTZ UND LANDSCHAFTSÖKOLOGIE (BFANL) (Hrsg.): Landschaftsbild - Eingriff - Ausgleich. Handhabung der naturschutzrechtlichen Eingriffsregelung für den Bereich Landschaftsbild. Dokumentation einer Arbeitstagung vom 12. bis zum 14. September 1990 in Bonn. - Bonn-Bad Godesberg: BFANL, S. 59 - 73.

NOHL, W. & NEUMANN, K.-D. (1986): Landschaftsbildbewertung im Alpenpark Berchtesgaden, 2. Aufl. - Schriftenreihe "MAB-Mitteilungen", Heft 23, Deutsches Nationalkomitee für das UNESCO-Programm "Der Mensch und die Biosphäre" (Hrsg.). - Bonn, 153 S.

NOHL, W. & NEUMANN, K.-D. (1987): Ästhetische Wahrnehmung der Landschaft und Freizeitmotivation, oder wie beurteilen Wintersportler ihr Skigebiet im sommerlichen Zustand? - Landschaft und Stadt **19** (4), S. 156 - 164.

RICCABONA, S. (1982): Die Bewertung der Eigenart und Schönheit des Landschaftsbildes im Rahmen von Naturschutzverfahren (prakt. Vorgangsweise). - In: KEMMERLING, W., KAUPA, H., RICCABONA, S., & DOLP, M.: Praxis der Landschaftsbildbewertung, Landschaftswasserbau Bd 4. - Wien: Technische Universität, Institut für Wassergüte und Landschaftswasserbau, S. 31 - 84.

RICCABONA, S. (1991): Die Praxis der Landschaftsbildbewertung bei komplexen, flächenhaften Eingriffen im Bergland. - In: BUNDESFORSCHUNGSANSTALT FÜR NATURSCHUTZ UND LANDSCHAFTSÖKOLOGIE (BFANL) (Hrsg.): Landschaftsbild - Eingriff - Ausgleich. Handhabung der naturschutzrechtlichen Eingriffsregelung für den Bereich Landschaftsbild. Dokumentation einer Arbeitstagung vom 12. bis zum 14. September 1990 in Bonn. - Bonn-Bad Godesberg: BFANL, S. 37 - 58.

SCHILTER, R.C. (1976): Bewertung des Erlebnispotentials ausgewählter Landschaften. DISP - Dokumente und Informationen zur Schweizerischen Orts-, Regional- und Landesplanung, Nr. 43. - Zürich: Eidgenössische Technische Hochschule, S. 17 - 22.

SCHWAHN, C. & STÄHR, E. (1985): Bewertung des Landschaftsbildes, dargestellt und bewertet in SCHWAHN, C. (1990): Landschaftsästhetik als Bewertungsproblem. Zur Problematik der Bewertung ästhetischer Qualität von Landschaft als Entscheidungshilfe bei der Planung von landschaftsverändernden Maßnahmen. - Beiträge zur räumlichen Planung, Heft 28. - Hannover: Universität, Institut für Landschaftspflege und Naturschutz, Diss., 189 S.

SHERER, S.D. & EMBREE, R.C. (1983): Fotomontagetechnik zur Trassierung von Hochspannungsleitungen. - Garten und Landschaft **93** (8), S. 629 - 631.

WERBECK, M. & WÖBSE, H.H. (1980): Raumgestalt- und Gestaltwertanalyse als Mittel zur Beurteilung optischer Wahrnehmungsqualität in der Landschaftsplanung. - Landschaft und Stadt **12** (12), S. 128 - 140.

WINKELBRANDT, A. & PEPER, H. (1989): Zur Methodik der Landschaftsbilderfassung und -bewertung für Umweltverträglichkeitsprüfungen. - Natur und Landschaft **64** (7,8), S. 303 - 309.

5.3 Kommentare zu Rechtssprechungen

Auswertung von Rechtsfällen, dargestellt in den Fachzeitschriften:
Natur und Landschaft - Jahrgänge 1980 - 1993 (N+L)
Natur und Recht - Jahrgänge 1980 - 1993 (N+R)

Beispiele:

VG Karlsruhe, Urt. vom 9.11.1978 - V 19/78 - in N+L, 55.Jg., 1980, H.10, S.392

VerwG Kassel, Urt. vom 9.3.1989 - 3 UE 801/86 - in N+L, 65. Jg., 1990, H.2, S.82

BayOblG NuR 1984, 246 unter Bezugnahme auf OVG Saarlouis NuR 1982, 28 - in N+R, 1993, H.9, S.454

BVerwG, Urt. vom 25.1.1985 - 4 C 2981 - in N+L, 60. Jg., 1985, H.7/8, S.314

VerwG Mannheim, Urt. vom 25.6.1987 - 5 S 3185/86 - in N+L, 63. Jg., 1988, H.12, S.518

BVerwG, Beschluß vom 17.1.1991 - 4 B 186.90 - in N+L, 66. Jg., 1991, H.5, S.300

OVerwG NRW, Urt. vom 12.12.1988 - 10 A 1109/86 - in N+L. 64. Jg., 1989, H.12, S.594

BVerwG, Urt. 8.11.1967 - IV C 76.65 und Beschluß vom 13.10.1976 - IV B 149.76 - in N+L, 57. Jg., 1982, H.4 ,S.141

BVerwG, Urt. v. 24.8.1979 - 4 C 8.78 - (VGH) - in N+L, 56 Jg., 1981, H. 7/8, S.281

BVerwG, Urt. vom 12.8.1977 - IV C 48 u. 49.75; Urt.v. 20.10. 1978 - 4 C 75.76 - in N+L, 57. Jg., 1982, H.4, S.141

BVerwG, Beschluß vom 8.2.1991 - 4 B 10.91 - (VGH München, NuR 1991, 384) - in N+R, 1992, H.1, S.29

OVG Rhld.-Pf. vom 22.1.1992 - 10 C 10428/91 - in N+L, 1992, H.10, S.506)

BVerwG, Urt. vom 27.9.1990, NuR 1991, 124; OVG Koblenz, Urt. v. 22.1.1992 - 10 C 10428/91 - in N+R, 1992, H.6, S.290

OVG Münster, Beschluß vom 6.7.1992 - 7 B 2904/91 - in N+R, 1993, H.5, S.241

LVG Stade, Beschluß vom 25.7.1990 - 2 B 78/90 - in N+R, 1992, H.1, S.37

VHG München, Beschluß vom 24.1.1992 - 8 CS 91.01233-35 - in N+R, 1992, H.7, S.337

Veröffentlichungen des Bundesamtes für Naturschutz

Schriftenreihe für Landschaftspflege und Naturschutz	Seite II
Schriftenreihe für Vegetationskunde	Seite VI
Angewandte Landschaftsökologie	Seite VIII
Natur und Landschaft	Seite IX
Dokumentation Natur und Landschaft	Seite IX
Bibliographien	Seite IX
Sonstige Veröffentlichungen	Seite XI
Schriftenreihe „MAB-Mitteilungen"	Seite XII
Lieferbare Hefte	Seite XV

Schriftenreihe für Landschaftspflege und Naturschutz

Heft 1: Der Landschaftsplan – Inhalt, Methodik, Anwendungsbereiche.
Hochwasserbedingte Landschaftsschäden im Einzugsgebiet der Altenau und ihrer Nebenbäche.
Bad Godesberg: 1966, 190 Seiten, ISBN 3-7843-2001-5

Heft 2: I. Aktuelle Rechtsfragen des Naturschutzes. II. Gutachten über das Naturschutzgebiet „Lister Dünen mit Halbinsel Ellenbogen auf Sylt".
Bad Godesberg: 1967, 114 Seiten, ISBN 3-7843-2002-3

Heft 3: Beiträge zur Neuordnung des ländlichen Raumes. Wettbewerb „Unser Dorf soll schöner werden" – ein Instrument zur Neuordnung des ländlichen Raumes. Erholung – ein wachsender Anspruch an eine sich wandelnde Landschaft.
Bad Godesberg: 1968, 196 Seiten, ISBN 3-7843-2003-1

Heft 4: Zur Belastung der Landschaft.
Bonn-Bad Godesberg: 1969, 160 Seiten, ISBN 3-7843-2004-X

Heft 5: Landschaftsplan und Naturparke.
Bonn-Bad Godesberg: 1970, 211 Seiten, ISBN 3-7843-2005-8

Heft 6: Naturschutz und Erziehung; Landschaftsplanung – Bauleitplanung; Naturschutzgebiete und ihre Probleme. Seminare im Europäischen Naturschutzjahr 1970.
Bonn-Bad Godesberg: 1971, 279 Seiten, ISBN 3-7843-2006-6

Heft 7: Aktuelle Probleme des Schutzes von Pflanzen- und Tierarten.
Bonn-Bad Godesberg: 1972, 143 Seiten, ISBN 3-7843-2007-4

Heft 8: Internationale Arbeit in Naturschutz und Landschaftspflege.
Öffentlichkeitsarbeit für Naturschutz und Landschaftspflege.
Bonn-Bad Godesberg: 1973, 178 Seiten, ISBN 3-7843-2008-2

Heft 9: Gessner, E., Brandt, K. und Mrass, W.: Ermittlung von aktuellen und potentiellen Erholungsgebieten in der Bundesrepublik Deutschland.
Bonn-Bad Godesberg: 1975, 76 Seiten, 18 Karten, ISBN 3-7843-2009-0 (vergriffen)

Heft 10: Bürger, K.: Auswertung von Untersuchungen und Forschungsergebnissen zur Belastung der Landschaft und ihres Naturhaushaltes.
Bonn-Bad Godesberg: 1975, 119 Seiten, ISBN 3-7843-2010-4

Heft 11: Solmsdorf, H., Lohmeyer, W. und Mrass, W.: Ermittlung und Untersuchung der schutzwürdigen und naturnahen Bereiche entlang des Rheins (Schutzwürdige Bereiche im Rheintal).
Bonn-Bad Godesberg: 1975, Textband: 186 Seiten, Kartenband: 5 Übersichtskarten, 160 Einzelkarten, ISBN 3-7843-2011-2 (vergriffen)

Heft 12: Erz, W. u.a.: Schutz und Gestaltung von Feuchtgebieten.
Bonn-Bad Godesberg: 1975, 136 Seiten, ISBN 3-7843-2012-0 (vergriffen)

Heft 13: Untersuchungen zu Nationalparken in der Bundesrepublik Deutschland:
1. Henke, H.: Untersuchung der vorhandenen und potentiellen Nationalparke in der Bundesrepublik Deutschland im Hinblick auf das internationale Nationalparkkonzept.
2. Gutachtliche Stellungnahme der Bundesforschungsanstalt für Naturschutz und Landschaftsökologie zu einem umfassenden Naturschutz, insbesondere zur Einrichtung eines Nationalparks, im Nordfriesischen Wattenmeer.
Bonn-Bad Godesberg: 1976, 180 Seiten, 36 Karten, ISBN 3-7843-2013-9

Heft 14: Krause, C. L., Olschowy, G., Meisel, K., Finke, L.: Ökologische Grundlagen der Planung.
Bonn-Bad Godesberg: 1977, 204 Seiten, 3 Karten, 2 Matrizes, 30 Abbildungen, 39 Tabellen, ISBN 3-7843-2014-7 (vergriffen)

Heft 15: Fritz, G., Lassen, D.: Untersuchung zur Belastung der Landschaft durch Freizeit und Erholung in ausgewählten Räumen.
Bonn-Bad Godesberg: 1977, 130 Seiten, 4 Karten, 24 Abbildungen, 37 Tabellen, ISBN 3-7843-2015-5 (vergriffen)

Heft 16: 1. Arnold, F. u.a.: Gesamtökologischer Bewertungsansatz für einen Vergleich von zwei Autobahntrassen.
2. Bürger, K., Olschowy, G., Schulte, Cl.: Bewertung von Landschaftsschäden mit Hilfe der Nutzwertanalyse.
Bonn-Bad Godesberg: 1977, 264 Seiten, 9 Tabellen, 31 Abbildungen, 74 Computerkarten, ISBN 3-7843-2016-3 (vergriffen)

Heft 17: Zvolský, Z.: Erarbeitung von Empfehlungen für die Aufstellung von Landschaftsplanungen im Rahmen der allgemeinen Landeskultur und Agrarplanung.
Bonn-Bad Godesberg: 1978, 262 Seiten, 11 Abbildungen, 4 Computerkarten, 76 Tabellen, ISBN 3-7843-2017-1

Heft 18: Blab, J.: Biologie, Ökologie und Schutz von Amphibien. 3. erweiterte und neubearbeitete Auflage.
Bonn-Bad Godesberg: 1986, 150 Seiten, 33 Abbildungen, 18 Tabellen, ISBN 3-88949-128-6

Heft 19: Mader, H.-J.: Die Isolationswirkung von Verkehrsstraßen auf Tierpopulationen untersucht am Beispiel von Arthropoden und Kleinsäugern der Waldbiozönose.
Bonn-Bad Godesberg: 1979, 131 Seiten, 33 Abbildungen, 30 Tabellen, ISBN 3-7843-2019-8 (vergriffen)

Heft 20: Wirkungsanalyse der Landschaftsplanung.
1. Krause, C. L.: Methodische Ansätze zur Wirkungsanalyse im Rahmen der Landschaftsplanung.
2. Krause, C. L., Henke, H.: Beispielhafte Untersuchung von Wirkungszusammenhängen im Rahmen der Landschaftsplanung.
Bonn-Bad Godesberg: 1980, 300 Seiten, 64 Abbildungen, 36 Tabellen, 15 Matrizen, ISBN 3-7843-2020-1

Heft 21: Koeppel, H.-W., Arnold, F.: Landschafts-Informationssystem.
Bonn-Bad Godesberg: 1981, 192 Seiten, 26 Abbildungen, 9 Tabellen, ISBN 3-7843-2021-X

Heft 22: Mader, H.-J.: Der Konflikt Straße-Tierwelt aus ökologischer Sicht.
Bonn-Bad Godesberg: 1981, 104 Seiten, 20 Abbildungen, 19 Tabellen, ISBN 3-7843-2022-8 (vergriffen)

Heft 23: Nowak, E., Zsivanovits, K.-P.: Wiedereinbürgerung gefährdeter Tierarten. Wissenschaftliche Grundlagen, Erfahrungen und Bewertung.
Bonn-Bad Godesberg: 1982, 153 Seiten, 23 Abbildungen, 7 Tabellen, ISBN 3-7843-2023-6

Heft 24: Blab, J.: Grundlagen des Biotopschutzes für Tiere. Ein Leitfaden zum praktischen Schutz der Lebensräume unserer Tiere. 4., erweiterte und neubearbeitete Auflage.
Bonn-Bad Godesberg: 1993, 479 Seiten, Abbildungen, Tabellen, Quellen.
ISBN 3-88949-115-4

Heft 25: Krause, C. L., Adam, K., Schäfer, R.: Landschaftsbildanalyse, Methodische Grundlagen zur Ermittlung der Qualität des Landschaftsbildes.
Bonn-Bad Godesberg: 1983, 168 Seiten, 24 Abbildungen, 19 Tabellen, 3 Karten, ISBN 3-7843-2025-2 (vergriffen)

Heft 26: Bless, R.: Zur Regeneration von Bächen der Agrarlandschaft, eine ichthyologische Fallstudie,
Bonn-Bad Godesberg: 1985, 80 Seiten, 31 Abbildungen, 23 Tabellen, ISBN 3-7843-2026-0

Heft 27: Mader, H.-J., Klüppel, R., Overmeyer, H.: Experimente zum Biotopverbundsystem – tierökologische Untersuchungen an einer Anpflanzung.
Bonn-Bad Godesberg: 1986, 136 Seiten, 39 Abbildungen, 6 Tabellen, ISBN 3-7843-2027-9

Heft 28: Nowak, E., Zsivanovits, K.-P.: Gestaltender Biotopschutz für gefährdete Tierarten und deren Gemeinschaften.
Bonn-Bad Godesberg: 1987, 204 Seiten, 96 Abbildungen, 21 Tabellen, ISBN 3-7843-2028-7 (vergriffen)

Heft 29: Blab, J., Nowak, E. (Hrsg.): Zehn Jahre Rote Liste gefährdeter Tierarten in der Bundesrepublik Deutschland. Situation, Erhaltungszustand, neuere Entwicklungen.
Bonn-Bad Godesberg: 1989, 312 S., Abbildungen, Tabellen, Kartenskizzen,
ISBN 3-88949-157-X

Heft 30: Blab, J., Terhardt, A., Zsivanovits, K.-P.: Tierwelt in der Zivilisationslandschaft.
1. Raumeinbindung und Biotopnutzung bei Säugetieren und Vögeln im Drachenfelser Ländchen.
Bonn-Bad Godesberg: 1989, 223 S., Abbildungen, Tabellen, Kartenskizzen,
ISBN 3-88949-158-8

Heft 31: Faber, T. F.: Die Luftbildauswertung, eine Methode zur ökologischen Analyse von Strukturveränderungen bei Fließgewässern.
Bonn-Bad Godesberg: 1989, 119 S., Abbildungen, Tabellen, Karten,
ISBN 3-7843-2029-5

Heft 32: Riecken, U. (Hrsg.): Möglichkeiten und Grenzen der Bioindikation durch Tierarten und Tiergruppen im Rahmen raumrelevanter Planungen.
Bonn-Bad Godesberg: 1990, 228 S., Abbildungen, Tabellen,
ISBN 3-7843-2071-6

Heft 33: Schulte, W. u.a.: Zur Biologie städtischer Böden. Beispielraum: Bonn-Bad Godesberg.
Bonn-Bad Godesberg: 1990, 184 S., Abbildungen, Kartenskizzen, Tabellen,
ISBN 3-88949-168-5

Heft 34: Blab, J., Brüggemann, P., Sauer, H.: Tierwelt in der Zivilisationslandschaft. 2. Raumeinbindung und Biotopnutzung bei Reptilien und Amphibien im Drachenfelser Ländchen.
Bonn-Bad Godesberg: 1991, 94 S., Abbildungen, Tabellen, Quellen,
ISBN 3-88949-175-8

Heft 35: Bless, R.: Einsichten in die Ökologie der Elritze – *Phoxinus phoxinus (L.)*, praktische Grundlagen zum Schutz einer gefährdeten Fischart.
Bonn-Bad Godesberg: 1992, 57 S., Abbildungen, Tabellen, Quellen,
ISBN 3-7843-2030-9

Heft 36: Riecken, U.: Planungsbezogene Bioindikation durch Tierarten und Tiergruppen – Grundlagen und Anwendung.
Bonn-Bad Godesberg: 1992, 187 S., Abbildungen, Tabellen,
ISBN 3-7843-2031-7

Heft 37: Gießübel, J.: Erfassung und Bewertung von Fließgewässern durch Luftbildauswertung.
Bonn-Bad Godesberg: 1993, 77 S., Abbildungen, Tabellen, Quellen,
ISBN 3-7843-2033-3

Heft 38: Blab, J., Riecken, U.: Grundlagen und Probleme einer Roten Liste der gefährdeten Biotoptypen Deutschlands. Referate und Ergebnisse des gleichnamigen Symposiums der Bundesforschungsanstalt für Naturschutz und Landschaftsökologie vom 28.–30. Oktober 1991.
Bonn-Bad Godesberg: 1993, 339 S., Abbildungen, Tabellen, Quellen,
ISBN 3-88949-192-8

Heft 39: Haarmann, K., Pretscher, P.: Zustand und Zukunft der Naturschutzgebiete in Deutschland – Die Situation im Süden und Ausblicke auf andere Landesteile.
Bonn-Bad Godesberg: 1993, 266 S., Abbildungen, Tabellen, Quellen,
ISBN 3-7843-2032-5

Heft 40: Blab, J., Schröder, E. und Völkl, W. (Hrsg.): Effizienzkontrollen im Naturschutz. Referate und Ergebnisse des gleichnamigen Symposiums vom 19.–21. Oktober 1992.
Bonn-Bad Godesberg: 1994, 300 S., Abbildungen, Tabellen, Quellen,
ISBN 3-88949-193-6

Heft 41: Riecken, U., Ries, U. und Ssymank, A.: Rote Liste der gefährdeten Biotoptypen der Bundesrepublik Deutschland.
Bonn-Bad Godesberg, 1994, 184 S., Abbildungen, Tabellen, Quellen.
ISBN 3-88949-194-4

Heft 42: Blab, J., Bless, R. und Nowak, E.: Rote Liste der Wirbeltiere.
Bonn-Bad Godesberg: 1994, 190 S., Abbildungen, Tabellen, Quellen
ISBN 3-88949-195-2

Heft 43: Riecken, U. und Schröder, E. (Bearb.): Biologische Daten für die Planung. Auswertung, Aufbereitung und Flächenbewertung.
Bonn-Bad Godesberg, 1995, 427 S., Abbildungen, Tabellen, Quellen.
ISBN 3-7843-2078-5

Heft 44: Nordheim, H. v. und Merck, T. (Bearb.): Rote Liste der Biotoptypen, Tier- und Pflanzenarten des deutschen Wattenmeer- und Nordseebereichs.
Bonn-Bad Godesberg, 1995, 138 S., Tabellen.
ISBN 3-89624-101-X

Heft 45: Arbeitsgemeinschaft Naturschutz der Landesämter, Landesanstalten und Landesumweltämter, Arbeitsgruppe CIR-Bildflug (Bearb.): Systematik der Biotoptypen- und Nutzungstypenkartierung (Kartieranleitung).
Bonn-Bad Godesberg, 1995, 154 S., Abbildungen, Tabellen, Quellen.
ISBN 3-89624-100-1

Heft 46: Boye, P. u. a. (Bearb.): Säugetiere in der Landschaftsplanung. Standardmethoden und Mindestanforderungen für säugetierkundliche Beiträge zu Umwelt- und Naturschutzplanungen.
Bonn-Bad Godesberg: 1996, ca. 180 S.
(in Vorbereitung)

Auslieferung Schriftenreihen:
BfN-Schriftenvertrieb im Landwirtschaftsverlag GmbH
Postfach 480249 · 48079 Münster
Telefon 0 25 01 / 8 01-1 17 · Telefax 0 25 01 / 8 01-2 04

Schriftenreihe für Vegetationskunde

Heft 1: Trautmann, W.: Erläuterungen zur Karte der potentiellen natürlichen Vegetation der Bundesrepublik Deutschland 1 : 200 000 Blatt 85 Minden, mit einer Einführung in die Grundlagen und Methoden der Kartierung der potentiellen natürlichen Vegetation. Beilage: eine mehrfarbige Vegetationskarte 1 : 200 000.
Bad Godesberg: 1966, 137 Seiten, ISBN 3-7843-2051-1 (vergriffen)

Heft 2: Ant, H. u.a.: Pflanzensoziologisch-systematische Übersicht der westdeutschen Vegetation, verschiedene tierökologische und vegetationskundliche Beiträge.
Bad Godesberg: 1967, 240 Seiten, ISBN 3-7843-2052-X (vergriffen)

Heft 3: Seibert, P.: Übersichtskarte der natürlichen Vegetationsgebiete von Bayern 1 : 500 000 mit Erläuterungen.
Bad Godesberg: 1968, 84 S., ISBN 3-7843-2053-8 (vergriffen)

Heft 4: Brahe, P. u.a.: Gliederung der Wiesen- und Ackerwildkrautvegetation Nordwestdeutschlands; Einzelbeiträge über Moore, zur Vegetationsgeschichte und Waldfauna.
Bad Godesberg: 1969, 154 Seiten, ISBN 3-7843-2054-6 (vergriffen)

Heft 5: Bohn, U. u.a.: Vegetationsuntersuchung des Solling als Beitrag zum IBP-Programm (mit mehrfarbiger Vegetationskarte); Höhengliederung der Buchenwälder im Vogelsberg, Einfluß von Luftverunreinigungen auf die Bodenvegetation u.a.
Bonn-Bad Godesberg: 1970, 236 Seiten, ISBN 3-7843-2055-4 (vergriffen)

Heft 6: Trautmann, W., Krause, A., Lohmeyer, W., Meisel, K. und Wolf, G.: Vegetationskarte der Bundesrepublik Deutschland 1 : 200 000 – Potentielle natürliche Vegetation – Blatt CC 5502 Köln. Unveränderter Nachdruck 1991.
Bonn-Bad Godesberg: 1973, 172 Seiten, ISBN 3-7843-2056-2

Heft 7: Korneck, D.: Xerothermvegetation in Rheinland-Pfalz und Nachbargebieten.
Bonn-Bad Godesberg: 1974, 196 S. und Tabellenteil, ISBN 3-7843-2057-0 (vergriffen)

Heft 8: Krause, A., Lohmeyer, W., Rodi, D.: Vegetation des bayerischen Tertiärhügellandes (mit mehrfarbiger Vegetationskarte), flußbegleitende Vegetation am Rhein u.a.
Bonn-Bad Godesberg: 1975, 138 Seiten, ISBN 3-7843-2058-9

Heft 9: Lohmeyer, W. und Krause, A.: Über die Auswirkungen des Gehölzbewuchses an kleinen Wasserläufen des Münsterlandes auf die Vegetation im Wasser und an den Böschungen im Hinblick auf die Unterhaltung der Gewässer.
Bonn-Bad Godesberg: 1975, 105 Seiten, ISBN 3-7843-2059-7 (vergriffen)

Heft 10: Sukopp, H. und Trautmann, W. (Hrsg.): Veränderungen der Flora und Fauna in der Bundesrepublik Deutschland. Ergebnisse des gleichnamigen Symposiums vom 7.–9. Oktober 1975.
Bonn-Bad Godesberg: 1976, 409 Seiten, ISBN 3-7843-2060-0

Heft 11: Meisel, K.: Die Grünlandvegetation nordwestdeutscher Flußtäler und die Eignung der von ihr besiedelten Standorte für einige wesentliche Nutzungsansprüche.
Bonn-Bad Godesberg: 1977, 121 Seiten, ISBN 3-7843-2061-9

Heft 12: Sukopp, H., Trautmann, W. und Korneck, D.: Auswertung der Roten Liste gefährdeter Farn- und Blütenpflanzen in der Bundesrepublik Deutschland für den Arten- und Biotopschutz.
Bonn-Bad Godesberg: 1978, 138 Seiten, ISBN 3-7843-2062-7 (vergriffen)

Heft 13: Wolf, G.: Veränderung der Vegetation und Abbau der organischen Substanz in aufgegebenen Wiesen des Westerwaldes.
Bonn-Bad Godesberg: 1979, 117 Seiten, ISBN 3-7843-2063-5 (vergriffen)

Heft 14: Krause, A. und Schröder, L.: Vegetationskarte der Bundesrepublik Deutschland 1 : 200 000 – Potentielle natürliche Vegetation – Blatt CC 3118 Hamburg-West. 2., unveränd. Aufl.
Bonn-Bad Godesberg: 1994, 138 Seiten, ISBN 3-7843-2064-3

Heft 15: Bohn, U.: Vegetationskarte der Bundesrepublik Deutschland 1 : 200 000 – Potentielle natürliche Vegetation – Blatt CC 5518 Fulda.
Bonn-Bad Godesberg: 1981, 330 Seiten, ISBN 3-7843-2065-1
(Nachdruck in Vorbereitung)

Heft 16: Wolf, G. (Red.): Primäre Sukzessionen auf kiesig-sandigen Rohböden im Rheinischen Braunkohlerevier.
Bonn-Bad Godesberg: 1985, 203 Seiten, ISBN 3-7843-2066-X

Heft 17: Krause, A.: Ufergehölzpflanzungen an Gräben, Bächen und Flüssen.
Bonn-Bad Godesberg: 1985, 74 Seiten, ISBN 3-7843-2067-8   (vergriffen)

Heft 18: Rote Listen von Pflanzengesellschaften, Biotopen und Arten. Referate und Ergebnisse eines Symposiums in der Bundesforschungsanstalt für Naturschutz und Landschaftsökologie vom 12.–15. November 1985.
Bonn-Bad Godesberg: 1986, 166 Seiten, ISBN 3-7843-1234-9

Heft 19: Korneck, D. und Sukopp, H.: Rote Liste der in der Bundesrepublik Deutschland ausgestorbenen, verschollenen und gefährdeten Farn- und Blütenpflanzen und ihre Auswertung für den Arten- und Biotopschutz.
Bonn-Bad Godesberg: 1988, 210 Seiten, ISBN 3-7843-2068-6   (vergriffen)

Heft 20: Krause, A.: Rasenansaaten und ihre Fortentwicklung an Autobahnen – Beobachtungen zwischen 1970 und 1988.
Bonn-Bad Godesberg: 1989, 125 Seiten, ISBN 3-7843-2069-4

Heft 21: Bundesforschungsanstalt für Naturschutz und Landschaftsökologie (Hrsg.): Naturwaldreservate.
Bonn-Bad Godesberg: 1991, 247 Seiten, ISBN 3-7843-2070-8

Heft 22: Fink, Hans G. u.a.: Synopse der Roten Listen Gefäßpflanzen. Übersicht der Roten Listen und Florenlisten für Farn- und Blütenpflanzen der Bundesländer, der Bundesrepublik Deutschland (vor dem 3. Oktober 1990) sowie der ehemaligen DDR.
Bonn-Bad Godesberg: 1992, 262 Seiten, ISBN 3-7843-2075-9

Heft 23: Bundesforschungsanstalt für Naturschutz und Landschaftsökologie (Hrsg.): Rote Listen gefährdeter Pflanzen in der Bundesrepublik Deutschland. Referate und Ergebnisse eines Arbeitstreffens in der Internationalen Naturschutzakademie, Insel Vilm, vom 25.–28. 11. 1991.
Bonn-Bad Godesberg: 1992, 245 Seiten, ISBN 3-7843-2074-0

Heft 24: Hügin, G., Henrichfreise, A.: Naturschutzbewertung der badischen Oberrheinaue – Vegetation und Wasserhaushalt des rheinnahen Waldes.
Bonn-Bad Godesberg: 1992, 48 Seiten, ISBN 3-7843-2072-4

Heft 25: Lohmeyer, W., Sukopp, H.: Agriophyten in der Vegetation Mitteleuropas.
Bonn-Bad Godesberg: 1992, 185 Seiten, ISBN 3-7843-2073-2

Heft 26: Schneider, C., Sukopp, U. und Sukopp, H.: Biologisch-ökologische Grundlagen des Schutzes gefährdeter Segetalpflanzen.
Bonn-Bad Godesberg: 1994, 356 Seiten, ISBN 3-7843-2077-5

Heft 27: Kowarik, I., Starfinger, U. und Trepl, L. (Schriftleitg.): Dynamik und Konstanz. Festschrift für Herbert Sukopp.
Bonn-Bad Godesberg: 1996, 490 Seiten, Karten, ISBN 3-89624-000-5

Heft 28: Bundesamt für Naturschutz (Hrsg.):
Rote Listen gefährdeter Pflanzen Deutschlands
(in Vorbereitung)

Auslieferung Schriftenreihen:
BfN-Schriftenvertrieb im Landwirtschaftsverlag GmbH
Postfach 480249 · 48079 Münster
Telefon 0 25 01 / 8 01-1 17 · Telefax 0 25 01 / 8 01-2 04

Angewandte Landschaftsökologie

Heft 1: Büro für Tourismus- und Erholungsplanung & Planungsbüro Stefan Wirz, Landschaftsplanung: Landschaftsplanung und Fremdenverkehrsplanung.
Bonn-Bad Godesberg: 1994, 136 Seiten, Abbildungen, Karten, Quellen,
ISBN 3-7843-2676-5

Heft 2: Kaule, G., Endruweit, G. und Weinschenck, G.: Landschaftsplanung, umsetzungsorientiert!
Bonn-Bad Godesberg: 1994, 170 Seiten, ISBN 3-7843-2678-1

Heft 3: Bauer, S.: Naturschutz und Landwirtschaft.
Bonn-Bad Godesberg: 1994, 108 Seiten, ISBN 3-7843-2679-X

Heft 4: Bundesamt für Naturschutz (Hrsg.): Klimaänderungen und Naturschutz.
Bonn-Bad Godesberg: 1995, 236 Seiten, Abbildungen, Tabellen, Quellen,
ISBN 3-89624-300-4

Heft 5: Schiller, J. und Könze, M. (Bearb.): Verzeichnis der Landschaftspläne und Landschaftsrahmenpläne in der Bundesrepublik Deutschland. Landschaftsplanverzeichnis 1993. 11. Fortschreibung. Gesamtausgabe.
Bonn-Bad Godesberg: 1995, 426 Seiten
ISBN 3-89624-301-2

Heft 6: Thomas, A., Mrotzek, R. und Schmidt, W.: Biomonitoring in naturnahen Buchenwäldern.
Bonn-Bad Godesberg: 1995, 140 Seiten
ISBN 3-89624-302-4

Heft 7: Institut für Bahntechnik (Bearb.): Auswirkung eines neuen Bahnsystems auf Natur und Landschaft. Untersuchungen zur Bauphase der Magnetschwebebahn Transrapid.
(in Vorbereitung)

Heft 8: Krause, C. L. und Klöppel, D.: Landschaftsbild in der Eingriffsregelung. Hinweise zur Berücksichtigung von Landschaftselementen.
Bonn-Bad Godesberg: 1996, 196 Seiten, Abbildungen, Tabellen, Lit.
ISBN 3-89624-303-9

Natur und Landschaft, Zeitschrift für Naturschutz, Landschaftspflege und Umweltschutz
Verlag: W. Kohlhammer, Postfach 40 02 63, 50832 Köln, Tel. 02234/106-0 Erscheinungsweise: monatlich.
Bestellungen nimmt der Verlag entgegen und übersendet auf Anforderung Probehefte.

Dokumentation Natur und Landschaft, Der Literatur-Informationsdienst für Naturschutz und Landschaftspflege
Verlag: W. Kohlhammer, Postfach 40 02 63, 50832 Köln, Tel. 0 22 34 / 1 06-0 Erscheinungsweise: vierteljährlich.
Bestellungen nimmt der Verlag entgegen und übersendet auf Anforderung Probehefte

Bibliographien Sonderhefte der Dokumentation Natur und Landschaft
Erscheinungsweise: unregelmäßig

Nr.		Anzahl der Titel
So.-H. 1: (1982)	Wiederansiedlung gefährdeter Tier- und Pflanzenarten (= Bibliographien Nr. 39 u. 40)	523
So.-H. 2: (1983)	Rekultivierung und Folgenutzung von Entnahmestellen (Kies-, Sandentnahmen, Steinbrüche, Baggerseen) (= Bibliographie Nr. 41)	490
So.-H. 3: (1983)	Feuchtgebiete – Gefährdung, Schutz, Pflege, Gestaltung (= Bibliographie Nr. 42)	942
So.-H. 4: (1983)	Zur Tier- und Pflanzenwelt an Verkehrswegen (= Bibliographien Nr. 43 bis 45)	315
So.-H. 5: (1984)	Naturschutz und Landschaftspflege: Main-Donau-Wasserstraße; Einsatz der EDV; Öffentlichkeitsarbeit (= Bibliographien Nr. 46 bis 48)	468
So.-H. 6: (1985)	Sport und Naturschutz; Waldreservate – Waldnaturschutzgebiete (= Bibliographien Nr. 49 u. 50)	547
So.-H. 7: (1986)	Untersuchungen zu Naturschutz und Landschaftspflege im besiedelten Bereich (= Bibliographie Nr. 51)	1294
So.-H. 8: (1987)	Untersuchungen zu Naturschutz und Landschaftspflege im besiedelten Bereich. Literaturnachträge bis 1986 (= Bibliographie Nr. 52)	467
So.-H. 9: (1988)	Hecken und Feldgehölze. Ihre Funktionen im Natur- und Landschaftshaushalt (= Bibliographie Nr. 53)	624
So.-H. 10: (1988)	Untersuchungen zu Naturschutz und Landschaftspflege im besiedelten Bereich. Literaturnachträge bis 1987 (= Bibliographie Nr. 54)	551
So.-H. 11: (1988)	Abgrabung (Bodenentnahme, Tagebau, Gewinnung oberflächennaher mineralischer Rohstoffe) und Landschaft (= Bibliographie Nr. 55)	2660
So.-H. 12: (1989)	Naturnaher Ausbau, Unterhaltung und Biotoppflege von Fließgewässern (= Bibliographie Nr. 56)	912
So.-H. 13: (1990)	Natur- und Umweltschutz in der Sowjetunion (= Bibliographien Nr. 57 u. 58)	560
So.-H. 14: (1990)	Untersuchungen zu Naturschutz und Landschaftspflege im besiedelten Bereich. Literaturnachträge bis 1990 (= Bibliographie Nr. 59)	1048
So.-H. 15: (1990)	Naturschutz in der DDR. Eine Auswahlbibliographie 1977–1990 (= Bibliographie Nr. 60)	2050

Nr.		Anzahl der Titel
So.-H. 16: (1991)	Spontane Vegetation an Straßen, Bahnlinien und in Hafenanlagen (= Bibliographien Nr. 61 u. 62)	312
So.-H. 17: (1991)	Naturwaldreservate (= Bibliographie Nr. 63)	1173
So.-H. 18: (1992)	Sport und Naturschutz (= Bibliographie Nr. 64)	938
So.-H. 19: (1992)	Historische Kulturlandschaften (= Bibliographie Nr. 65)	481
So.-H. 20: (1993)	Untersuchungen zu Naturschutz und Landschaftspflege im besiedelten Bereich. Literaturnachträge 1990 bis 1992 (= Bibliographie Nr. 66)	1182
So.-H. 21: (1993)	Baikalsee, eine Literaturdokumentation zur Umweltsituation am Baikalsee (= Bibliographie Nr. 67)	151
So.-H. 22: (1995)	Arktische Gebiete. Eine Literaturdokumentation zur Umweltsituation des russischen Arktis-Anteils (= Bibliographie Nr. 68)	211
So.-H. 23: (1995)	Streuobst. Bindeglied zwischen Naturschutz und Landwirtschaft (= Bibliographie Nr. 69)	1500
So.-H. 24: (1995)	Naturschutzgebiet Lüneburger Heide. (= Bibliographie Nr. 70)	1077
So.-H. 25: (1995)	Naturschutz und Landschaftspflege im besiedelten Bereich. Literaturnachträge 1992 bis 1995. (= Bibliographie Nr. 71)	900
So.-H. 26: (1996)	Störungsbiologie (= Bibliographie Nr. 72) (in Vorbereitung)	

Vertrieb: Deutscher Gemeindeverlag, Postfach 40 02 63, 50832 Köln, Tel. 0 22 34 / 1 06-0.
Abonnenten der Dokumentation Natur und Landschaft erhalten auf die Sonderhefte 25 % Rabatt.

Sonstige Veröffentlichungen

Planzeichen für die örtliche Landschaftsplanung mit Wiedergabe der Verordnung über die Ausarbeitung der Bauleitpläne und die Darstellung des Planinhalts (Planzeichenverordnung 1981 – PlanzV 81). Erarbeitet vom Ausschuß „Planzeichen für die Landschaftsplanung" der Länderarbeitsgemeinschaft für Naturschutz, Landschaftspflege und Erholung (LANa).
Bonn-Bad Godesberg: 1994, 64 S., mehrfarbig, ISBN 3-7843-1219-5

Landschaftsplanung als Instrument umweltverträglicher Kommunalentwicklung. Landschaftsplanung – Bauleitplanung, Eingriffsregelung – Baugenehmigung, Umweltverträglichkeitsprüfung (UVP). – Bundesforschungsanstalt für Naturschutz und Landschaftsökologie gemeinsam mit dem Institut für Städtebau Berlin der Deutschen Akademie für Städtebau und Landesplanung.
Bonn-Bad Godesberg: 1989, 207 S., ISBN 3-7843-1330-2

Landschaftsbild – Eingriff – Ausgleich. Handhabung der naturschutzrechtlichen Eingriffsregelung für den Bereich Landschaftsbild. – Bundesforschungsanstalt für Naturschutz und Landschaftsökologie.
Bonn-Bad Godesberg: 1991, 244 S., ISBN 3-7843-2511-4

Landschaftsplanung als Entwicklungschance für umweltverträgliche Flächennutzungsplanung. Landschaftsplanung, Bauleitplanung, Umweltplanung, Verkehrsprojekte in Ost und West. Bundesamt für Naturschutz gemeinsam mit dem Institut für Städtebau Berlin der Deutschen Akademie für Städtebau und Landesplanung.
Bonn-Bad Godesberg: 1994, 257 S., ISBN 3-7843-2681-1

Materialien zur Situation der biologischen Vielfalt in Deutschland.
Bonn-Bad Godesberg: 1995, 120 S., ISBN 3-89624-600-3

Materials on the situation of biodiversity in Germany.
Bonn-Bad Godesberg: 1995, 120 S., ISBN 3-89624-601-1

Bundesamt für Naturschutz (Hrsg.): Perspektiven für den Artenschutz. Symposium zur Novellierung der EG-Artenschutzverordnung und des nationalen Artenschutzrechts.
Bonn-Bad Godesberg: 1996, 182 S., ISBN 3-89624-603-8

Daten zur Natur 1995.
ISBN 3-89624-602-X (in Vorbereitung)

Auslieferung Schriftenreihen:
BfN-Schriftenvertrieb im Landwirtschaftsverlag GmbH
Postfach 48 02 49 · 48079 Münster
Telefon 0 25 01 / 8 01-1 17 · Telefax 0 25 01 / 8 01-2 04

Schriftenreihe „MAB-Mitteilungen"

1. Das UNESCO-Programm „Der Mensch und die Biosphäre" (MAB) – eine Übersicht über seine Projekte und den Stand der Beiträge.
   Oktober 1977 (vergriffen)

2. Ökologie und Planung im Verdichtungsgebiet – die Arbeiten zu MAB-Projekt 11 der Region Untermain.
   Juli 1978, Deutsch/Englisch (vergriffen)

3. Kaule, G., Schober, M. u. Söhmisch, R.: Kartierung erhaltenswerter Biotope in den Bayerischen Alpen. Projektbeschreibung.
   November 1978 (vergriffen)

4. Internationales Seminar „Schutz und Erforschung alpiner Ökosysteme" in Berchtesgaden vom 28. 11.–1. 12. 1978. Seminarbericht.
   Juni 1979 (vergriffen)

5. The Development and Application of Ecological Models in Urban and Regional Planning. International Meeting in Bad Homburg. March 13–19, 1979.
   September 1980 (vergriffen)

6. Forschungsbrücke zwischen Natur- und Sozialwissenschaften im Hinblick auf Umweltpolitik und Entwicklungsplanung. MAB-Seminar vom 13. 2.–16. 2. 1980 in Berlin.
   September 1980 (vergriffen)

7. Wechselwirkungen zwischen ökologischen, ökonomischen und sozialen Systemen agrarischer Intensivgebiete. Beitrag des deutschen MAB-Programms zum Projektbereich 13 (Wahrnehmung der Umweltqualität). September 1981.
   2. verbesserte Auflage Oktober 1982 (vergriffen)

8. Bick, H., Franz, H. P. u. Röser, B.: Möglichkeiten zur Ausweisung von Biosphären-Reservaten in der Bundesrepublik Deutschland. Droste zu Hülshoff, B.V.: Ökosystemschutz und Forschung in Biosphären-Reservaten.
   Dezember 1981 (vergriffen)

9. Der Einfluß des Menschen auf Hochgebirgsökosysteme im Alpen- und Nationalpark Berchtesgaden. November 1981.
   2. erweiterte Auflage September 1982 (vergriffen)

10. Brünig, E. F. (Ed.) (1982): Transaction of the Third International MAB-IUFRO Workshop of Ecosystem Research, held on 9th and 19th September 1981 at the XVIIth IUFRO Congress, Kyoto 1981.
    Second amended edition January 1983 (vergriffen)

11. Bericht über das internationale MAB-6-Seminar „Der Einfluß des Menschen auf Hochgebirgsökosysteme im Alpen- und Nationalpark Berchtesgaden" vom 2. 12.–4. 12. 1981 in Berchtesgaden.
    Juni 1982 (vergriffen)

12. Podiumsdiskussion im Rahmen des MAB-13-Statusseminars „Wechselwirkungen zwischen ökologischen, ökonomischen und sozialen Systemen agrarischer Intensivgebiete" am 8./9. Oktober 1982 in Vechta/Südoldenburg.
    Februar 1983 (vergriffen)

13. Angewandte Ökologie. Beispiele aus dem MAB-Programm „Der Mensch und die Biosphäre". Kurzbeschreibung der Bildtafeln für die Ausstellung „Ecology in Action".
    April 1983 (vergriffen)

14. Thober, B., Lieth, H., Fabrewitz, S. unter Mitarbeit von Müller, N., Neumann, N., Witte, T.: Modellierung der sozioökonomischen und ökologischen Konsequenzen hoher Wirtschaftsdüngergaben (MOSEC). Müller, N.: Das Problem der Nitratbelastung des Grundwassers in Regionen mit intensiver Landwirtschaft: ein regionales Pilotmodell mit ausdrücklichem Bezug zu nicht-ökonomischen Institutionen.
    November 1983 (vergriffen)

15. Angewandte Ökologie. Beispiel aus dem MAB-Programm „Der Mensch und die Biosphäre". Übertragung der Postertexte für die Ausstellung „Ecology in Action" in die deutsche Sprache. November 1983.
    2. Auflage Januar 1985 (vergriffen)

16. Ziele, Fragestellungen und Methoden. Ökosystemforschung Berchtesgaden.
    Dezember 1983 (vergriffen)

17. Szenarien und Auswertungsbeispiele aus dem Testgebiet Jenner. Ökosystemforschung Berchtesgaden. Dezember 1983.
2. verbesserte Auflage September 1984 (vergriffen)

18. Franz, H. P.: Der deutsche Beitrag zum UNESCO-Programm „Der Mensch und die Biosphäre" (MAB). Stand, Entwicklung und Ausblick eines umfassenden Forschungsprogramms. April 1984.
2. Auflage Februar 1985 (vergriffen)

19. Bericht über das III. Internationale MAB-6-Seminar „Der Einfluß des Menschen auf Hochgebirgsökosysteme im Alpen- und Nationalpark Berchtesgaden" vom 16.–17. April 1984 in Berchtesgaden. Oktober 1984.
2. Auflage September 1985 (vergriffen)

20. „Biosphären-Reservate". Bericht über den I. Internationalen Kongreß über Biosphären-Reservate vom 26. 9.–2. 10. 1983 in Minsk/UdSSR.
November 1984 (vergriffen)

21. Bericht über das IV. Internationale MAB-6-Seminar „Der Einfluß des Menschen auf Hochgebirgsökosysteme im Alpen- und Nationalpark Berchtesgaden" vom 12.–14. Juni 1985 in Berchtesgaden.
2. Auflage April 1988 (vergriffen)

22. Mögliche Auswirkungen der geplanten Olympischen Winterspiele 1992 auf das Regionale System Berchtesgaden. Deutscher Beitrag zum MAB-Projektbereich 6 (Einfluß menschlicher Aktivitäten auf Gebirgs- und Tundraökosysteme).
August 1986 (vergriffen)

23. Landschaftsbildbewertung im Alpenpark Berchtesgaden – Umweltpsychologische Untersuchung zur Landschaftsästhetik. Ökosystemforschung Berchtesgaden. Deutscher Beitrag zum MAB-Projektbereich 6 (Einfluß menschlicher Aktivitäten auf Gebirgs- und Tundraökosysteme).
2. verbesserte Auflage April 1988 (vergriffen)

24. Brünig, E. F. et al: Ecologic-Socioeconomic System Analysis to the Conservation, Utilization and Development of Tropical and Subtropical Land Resources in China. Deutscher Beitrag zum MAB-Projektbereich 1 (Ökologische Auswirkungen zunehmender menschlicher Tätigkeiten auf Ökosysteme in tropischen und subtropischen Waldgebieten).
Januar 1987 (vergriffen)

25. Probleme interdisziplinärer Ökosystem-Modellierung. MAB-Workshop März 1985 in Osnabrück.
Juli 1987, Deutsch/Englisch (vergriffen)

26. Studien zum Osnabrücker Agrarökosystem-Modell OAM für das landwirtschaftliche Intensivgebiet Südoldenburg. Deutscher Beitrag zum MAB-Projektbereich 13: Perception of the Environment. Arbeitsgruppe Systemforschung Universität Osnabrück.
September 1987 (vergriffen)

27. Wirtschafts- und Sozialwissenschaften in der Ökosystemforschung. Ökosystemforschung Berchtesgaden. Deutscher Beitrag zum MAB-Projektbereich 6 (Einfluß menschlicher Aktivitäten auf Gebirgs- und Tundraökosysteme).
April 1988 (vergriffen)

28. Problems with future land-use changes in rural areas. Working meeting for the organization of an UNESCO theme study November 2–5, 1987, in Osnabrück.
September 1988

29. Lewis, R. A. et al: Auswahl und Empfehlung von ökologischen Umweltbeobachtungsgebieten in der Bundesrepublik Deutschland.
Mai 1989

30. Report on MAB-Workshop „International scientific workshop on soils and soil zoology in urban ecosystems as a basis for management and use of green/open spaces" in Berlin, September 15–19, 1986.
Oktober 1989 (vergriffen)

31. Final Report of the International Workshop „Long-Term Ecological Research – A Global Perspective". September 18–22, 1988, Berchtesgaden.
Bonn, August 1989 (vergriffen)

32. Brettschneider, G.: Vermittlung ökologischen Wissens im Rahmen des MAB-Programms. Erarbeitung eines spezifischen Programmbeitrages für das UNESCO-Programm „Man and the Biosphere" (MAB).
Bonn, April 1990

33. Goerke, W., Nauber, J. u. Erdmann, K.-H. (Hrsg.): Tagung des MAB-Nationalkomitees der Bundesrepublik Deutschland und der Deutschen Demokratischen Republik am 28. und 29. Mai 1990 in Bonn.
Bonn, September 1990

34. Ashdown, M., Schalter, J. (Hrsg.). Geographische Informationssysteme und ihre Anwendung in MAB-Projekten, Ökosystemforschung und Umweltbeobachtung.
Bonn, Dezember 1990

35. Kerner, H. F., Spandau, L. u. Köppel, J. G.: Methoden zur angewandten Ökosystemforschung. Entwickelt im MAB-Projekt 6 „Ökosystemforschung Berchtesgaden" 1981–1991. Abschlußbericht.
Freising-Weihenstephan, September 1991 (vergriffen)

36. Erdmann, K.-H. u. Nauber, J. (Hrsg.): Beiträge zur Ökologie-, Ökosystemforschung und Umwelterziehung.
Bonn, März 1992

37. Erdmann, K.-H. u. Nauber, J. (Hrsg.): Beiträge zur Ökosystemforschung und Umwelterziehung II.
Bonn, August 1993

38. Erdmann, K.-H. u. Nauber, J. (Hrsg.): Beiträge zur Ökosystemforschung und Umwelterziehung III.
Bonn, (in Vorbereitung)

39. Deutsches MAB-Nationalkomitee (Hrsg.): Entwicklungskonzept Bayerischer Wald, Sumava (Böhmerwald), Mühlviertel.
Bonn, Juni 1994

40. German MAB National Committee (Ed.): Development concept Bavarian Forest, Sumava (Bohemian Forest), Mühlviertel.
Bonn, Juni 1994

41. Kruse-Graumann, L. in cooperation with Dewitz, F. v.; Nauber, J. and Trimpin, A. (Eds.): Proceedings of the EUROMAB Workshop, 23–25 January 1995, Königswinter „Societal Dimensions of Biosphere Reserves – Biosphere Reserves for People." 1995

Die „MAB-Mitteilungen" sind kostenlos zu beziehen über die
MAB-Geschäftsstelle c/o Bundesamt für Naturschutz
Konstantinstraße 110
D-53179 Bonn
Tel.: (02 28) 84 91-1 36, Fax-Nr. (02 28) 84 91-2 00

Weitere Veröffentlichungen im Rahmen des MAB-Programms:

Erdmann, K.-H. (Hrsg.): Perspektiven menschlichen Handelns: Umwelt und Ethik. – Springer Verlag Berlin-Heidelberg u.a., 2. Aufl. 1993.
Zu beziehen im Buchhandel.

Erdmann, K. H., Nauber, J.: Der deutsche Beitrag zum UNESCO-Programm „Der Mensch und die Biosphäre" (MAB) im Zeitraum Juli 1988 bis Juni 1990. Bonn 1990.
Zu beziehen über: MAB-Geschäftsstelle.

Erdmann, K.-H. u. Nauber, J.: Der deutsche Beitrag zum UNESCO-Programm „Der Mensch und die Biosphäre" (MAB) im Zeitraum Juli 1990 bis Juni 1992. Bonn 1993.
Zu beziehen über: MAB-Geschäftsstelle.

Goodland, R., Daly, H., El Serafy, S. u. Droste, B. v. (Hrsg.): Nach dem Brundtland-Bericht: Umweltverträgliche wirtschaftliche Entwicklung. Bonn, Februar 1992.
Zu beziehen über: MAB-Geschäftsstelle.

Solbrig, O.T.: Biodiversität. Wissenschaftliche Problematik und Vorschläge für die internationale Forschung. Bonn, April 1994.

Erdmann, K.-H. u. Nauber, J.: Der deutsche Beitrag zum UNESCO-Programm „Der Mensch und die Biosphäre" (MAB) im Zeitraum Juli 1992 bis Juni 1994.
(in Vorbereitung)
Zu beziehen über: MAB-Geschäftsstelle.

Ständige Arbeitsgruppe der Biospärenreservate in Deutschland: Biosphärenreservate in Deutschland. Leitlinien für Schutz, Pflege und Entwicklung. Springer Verlag, Berlin-Heidelberg 1995.

Zu beziehen im Buchhandel.

Lieferbare Hefte

Aus postalischen Gründen werden die Preise der Veröffentlichungen gesondert aufgeführt.

Im Landwirtschaftsverlag sind erschienen:

Schriftenreihe für Landschaftspflege und Naturschutz

Heft 1 = DM 12,–	Heft 20 = DM 32,–	Heft 35 = DM 12,50
Heft 2 = DM 5,–	Heft 21 = DM 24,–	Heft 36 = DM 29,–
Heft 3 = DM 12,50	Heft 23 = DM 19,–	Heft 37 = DM 26,80
Heft 4 = DM 12,–	Heft 24 = DM 69,80	Heft 38 = DM 29,80
Heft 5 = DM 7,50	Heft 26 = DM 13,–	Heft 39 = DM 29,80
Heft 6 = DM 10,–	Heft 27 = DM 18,–	Heft 40 = DM 29,80
Heft 7 = DM 6,–	Heft 29 = DM 39,80	Heft 41 = DM 29,80
Heft 8 = DM 7,50	Heft 30 = DM 29,80	Heft 42 = DM 29,80
Heft 10 = DM 15,–	Heft 31 = DM 15,–	Heft 43 = DM 39,–
Heft 13 = DM 20,–	Heft 32 = DM 29,–	Heft 44 = DM 29,80
Heft 17 = DM 27,–	Heft 33 = DM 29,80	Heft 45 = DM 27,80
Heft 18 = DM 29,80	Heft 34 = DM 24,80	

Schriftenreihe für Vegetationskunde:

Heft 6 = DM 29,–	Heft 16 = DM 22,–	Heft 23 = DM 29,–
Heft 8 = DM 9,–	Heft 17 = DM 18,–	Heft 24 = DM 10,–
Heft 10 = DM 17,50	Heft 18 = DM 15,–	Heft 25 = DM 25,–
Heft 11 = DM 17,–	Heft 20 = DM 25,–	Heft 26 = DM 49,60
Heft 14 = DM 26,–	Heft 21 = DM 29,–	Heft 27 = DM 49,80
Heft 15 = DM 45,–	Heft 22 = DM 29,–	

Angewandte Landschaftsökologie

Heft 1 = DM 36,–	Heft 4 = DM 23,80
Heft 2 = DM 16,80	Heft 5 = DM 19,90
Heft 3 = DM 11,60	Heft 6 = DM 22,–

Sonstige Veröffentlichungen:

Planzeichen für die örtliche Landschaftsplanung	DM 24,80
Landschaftsplanung als Instrument umweltverträglicher Kommunalentwicklung	DM 25,–
Landschaftsbild – Eingriff – Ausgleich	DM 36,–
Landschaftsplanung als Entwicklungschance für umweltverträgliche Flächennutzungsplanung	DM 28,–
Materialien zur Situation der biologischen Vielfalt in Deutschland	DM 10,–
Materials on the Situation of biodiversity in Germany	DM 10,–
Perspektiven für den Artenschutz	DM 29,80

Im Kohlhammer Verlag/Deutscher Gemeindeverlag sind erschienen:

Natur und Landschaft

Bezugspreis: DM 118,– jährlich (einschl. Porto und MwSt.). Für Studenten 33 % Rabatt.
Einzelheft: DM 12,50 (zuzüglich Porto und MwSt.).

Dokumentation Natur und Landschaft

Bezugspreis: DM 84,– jährlich (einschl. Porto und MwSt.). Für Studenten 33 % Rabatt.

Bibliographien, Sonderhefte der Dokumentation Natur und Landschaft:

So.-Heft 1 = DM 10,–	So.-Heft 10 = DM 12,80	So.-Heft 19 = DM 19,80
So.-Heft 2 = DM 10,–	So.-Heft 11 = DM 25,–	So.-Heft 20 = DM 19,80
So.-Heft 3 = DM 10,–	So.-Heft 12 = DM 14,80	So.-Heft 21 = DM 12,80
So.-Heft 4 = DM 10,–	So.-Heft 13 = DM 12,80	So.-Heft 22 = DM 15,–
So.-Heft 5 = DM 10,–	So.-Heft 14 = DM 17,80	So.-Heft 23 = DM 32,–
So.-Heft 6 = DM 10,–	So.-Heft 15 = DM 25,–	So.-Heft 24 = DM 22,–
So.-Heft 7 = DM 19,80	So.-Heft 16 = DM 12,80	So.-Heft 25 = DM 32,–
So.-Heft 8 = DM 12,80	So.-Heft 17 = DM 19,80	
So.-Heft 9 = DM 12,80	So.-Heft 18 = DM 19,80	

Auslieferung Schriftenreihen:
BfN-Schriftenvertrieb im Landwirtschaftsverlag GmbH
Postfach 480249 · 48079 Münster
Telefon 02501/801-117 · Telefax 02501/801-204